hänssler

JAKOB DAMKANI

Mitten ins Herz

Jakob Damkani
P.O. Box 8355
IL-Jaffo 61082
Israel
Tel.: 00972-3-5181888
Fax: 00972-3-6910096
Email: jdamkani@netvision.net.il
Homepage: http://www.wp.com/trumpsal

ISBN 3-7751-2620-1

hänssler-Paperback
Bestell-Nr. 392.620

Originaltitel : Lama davka ani?
Übersetzt von Gitta Wittemann

Titelfoto: Damkani (privat)
Fotos im Innenteil: PhotoDisc, Inc.
Umschlaggestaltung: Ingo Riecker
Bibelzitate aus Luther '84 © Deutsche Bibelgesellschaft, Stuttgart
Satz: AbSatz Ewert-Mohr, Klein Nordende
Printed in Germany

Inhalt

Trumpeldor und andere Helden

Kirjat Shmona, 1964 – eine kleine Stadt unterhalb der *Golanhöhen*, an der Grenze zum Libanon. Die israelische Flagge war auf halbmast gezogen. Wir Schüler standen in langen, geraden Reihen und richteten unsere Augen auf das Banner des jüdischen Staates. Heute kann ich mich nicht mehr an die vielen eindrucksvollen Reden erinnern, die der Rektor und die Schüler der höheren Klassen damals hielten. Sie sprachen eindringlich und ergreifend von den schrecklichen Greueltaten der Naziverbrecher gegen die Juden, in einem fernen Land namens Deutschland. Wann genau brach der Zweite Weltkrieg aus? Vor zehn Jahren? Vor 2000 Jahren? Wer wußte das schon! Schließlich gibt es in der Geschichte des jüdischen Volkes unzählige Berichte über derartige Verbrechen. Jeder nationale und religiöse Feiertag erinnert an unsere Feinde, die sich in allen Generationen gegen uns erhoben, um uns zu vernichten. Aber der Heilige, gelobt sei Er, befreite uns aus ihren Händen. Im Bewußtsein eines zwölfjährigen Jungen vermischten sich diese Geschichten zu einem Durcheinander von Verfolgungen, Anfeindungen, böswilligen Verordnungen und Judenhaß – wir hatten die Griechen an *Chanukka*, die Perser an *Purim*, die Ägypter an *Pessach*, die Römer am *Lag baOmer* und die Araber am *Unabhängigkeitstag*. Welches Kind vermochte zwischen den zahlreichen Feinden in allen Generationen, in den Jahrhunderten und Jahrtausenden unserer Geschichte zu unterscheiden?

Seltsamerweise blieb ein Satz, der damals gesprochen wurde, bis heute in meinem Gedächtnis: »Wir werden niemals vergessen, noch werden wir jemals vergeben!« Auch erinnere ich mich an die bedrückende Trauerstimmung und das schrille Heulen der Sirene, das mir wie das Wehgeschrei einer Mutter über ihr totes Kind erschien. Das Singen der Nationalhymne *Hatikwa* beendete die Gedenkfeier.

Ich versuchte ernsthaft, mir vorzustellen, was in Nazideutschland tatsächlich geschehen war und hoffte, wenigstens einen winzigen Tropfen aus dem Todesmeer der Vernichtungslager und Gaskammern zu erhaschen. Es gelang mir nicht; ich konnte in meinem Geist nicht wieder lebendig werden lassen, was tot und in fremder Erde begraben war. Reglos stand ich auf dem riesigen Schulhof inmitten von aufgereihten Schülern. Meine Augen beobachteten die israelische Flagge, die im galiläischen Morgenwind auf halbmast wehte. Die vertraute Melodie der Nationalhymne erfüllte mein Herz mit dem Stolz, ein Bürger Israels zu sein. Die Liebe zu meinem Land und die Bereitschaft, mich jederzeit für seine Verteidigung einzusetzen, überwältigten mein aufgeregtes Herz.

Eines Tages tauchte eine riesige Planierraupe vor unserem Haus auf. Wir wohnten damals in einer Straße im äußersten Norden Kirjat Shmonas, nahe der Grenze zum Libanon. Die Ziegen, Enten und Hühner, die frei im Hof umherliefen, flüchteten vor dem lauten Fahrzeug. Ich beobachtete die Planierraupe, wie sie ein tiefes Loch in den Boden grub. Meine Gedanken schweiften ab zu den verfluchten Gruben in Europa, die mit den Leichen von alten und jungen Männern und Frauen unseres Volkes gefüllt waren. ›Niemand wird je Gruben dieser Art in unserem Land ausheben!‹ schwor ich mir.

Dieses Loch aber, genau wie alle anderen, die damals in der Stadt gegraben wurden, diente einem völlig anderen Zweck. Es wurde mit Holzbrettern verschalt, in deren Zwischenräume Eisengeflecht und Beton kam. Schließlich verwandelte es sich in einen Luftschutzbunker. Die dunkle Erde, die ihn bedeckte, wurde mit blutroten Anemonen bepflanzt. Sie versinnbildlichten für mich das Blut der Juden, die von aus dem Libanon abgefeuerten Katjuscha-Raketen getroffen wurden – und immer noch getroffen werden.

Ich stand dort, starrte auf den neu erbauten Luftschutzbunker und dachte: ›Unsere Feinde haben nie einen Hehl aus ihrem Haß auf uns gemacht. Wenn und falls ein neuer Krieg ausbricht, werden wir in Kirjat Shmona die ersten sein, die von ihren Angriffen getroffen werden. Das Heulen der Sirenen wird uns wie aufgeschreckte Kaninchen in die Bunker jagen. Werde auch ich dann laufen und mich verstecken? Werde ich auch fliehen?‹

›Nein, niemals!‹ schwor ich mir feierlich, ›ich werde zurückschlagen! Niemals werde ich zulassen, daß diese Nichtjuden uns noch einmal Leid zufügen! Lieber Gott, warum hast Du überhaupt diese Nichtjuden erschaffen? War es Dir nicht möglich, sie alle zu Juden zu machen? Wäre es nicht interessant, wie diese Welt sich gestaltet hätte, wenn alle ihre Bewohner Juden wären?‹

Die häuslichen *Shabbat*feiern und die Festtage waren etwas Besonderes. Im Anschluß an den Morgengottesdienst in der *Synagoge* versammelten wir uns um den langen festlichen Tisch, den meine Mutter und meine Schwestern gedeckt hatten. Nachdem der *Kiddush* über *Jajin* und *Challot* gesprochen war, aßen wir in dieser gesegneten Atmosphäre den traditionellen Brunch – gebackene Kartoffeln, rote Bete und hartgekochte Eier, die die ganze Nacht gesiedet hatten, bis sie eine dunkle Farbe annahmen. Dazu tranken wir starken, süßen Tee, der nicht wegzudenken war. Außerdem gab es gebratene Auberginenstücke und Kürbis und manchmal roten gewürzten Fisch. Nach dem Essen, wenn Vater seinen *Shabbat*schlaf hielt und Mutter sich über alles und jeden aufregte, machte ich meinen Nachmittagsspaziergang in den umliegenden Hügeln. Dort pflückte ich Blumen, beobachtete Schmetterlinge und verzehrte Himbeeren, Feigen und Granatäpfel, die in der Umgebung wild wuchsen. Ich erfrischte mich an dem kalten Flußwasser und der würzigen Luft Obergaliläas.

Oberhalb von Kirjat Shmona liegt *Tel-Chai* mit den Grabstätten der toten Helden. Dort besuchte ich meinen Freund *Trumpeldor*. An die Eindrücke und Düfte, die ich auf dem Weg nach *Tel-Chai* in jenen frühen Frühlingstagen in mich aufnahm, entsinne ich mich, als sei es gestern gewesen. Riesige Eukalyptusbäume überschatteten die steil sich windende Asphaltstraße. Die *Kibbuz*-Kinder fuhren in ihrem Wagen, der von einem langohrigen schwarzen Maultier gezogen wurde, die Straße hinunter. Auch spüre ich noch die Last der Körbe mit bitteren Oliven, die ich Mutter zum Einlegen nach Hause brachte.

Eine Fülle von Gedanken und Gefühlen bestürmte mich, als ich diesen »blutdurchtränkten« Hügel hinaufging. Ich betrat das Gelände des Militärfriedhofs von *Tel-Chai* mit ehrfurchtsvoll gesenktem Kopf. Die Toten, deren Schreie durch die dunkle Erde verstummt waren, waren für mich ein Vorbild an Patriotismus und ein Beispiel von Liebe für das Vaterland. Ich mußte an *Yosef Trumpeldor* und seine legendären letzten Worte denken: »Es ist gut, für unser Land zu sterben!« Er äußerte diese Worte nicht wie der »brüllende Löwe«, der als Statue aus Stein über seiner Grabstätte thront; vielmehr flüsterte er sie in einem letzten Seufzer auf seinem Totenbett. Dieses Flüstern war bereits in seinem Herzen, als er den Pflug mit seiner eigenen Hand in den Feldern von *Tel-Chai* führte. Es klingt und hallt auch heute noch in den Seelentiefen eines jeden Juden wider ...

Acht Helden fielen dort, deshalb wurde Kirjat Shmona (»die Stadt der acht«) zu deren Ehre benannt. ›Lebe ich heute, weil ihr Blut vergossen wurde? Hätten sich diese acht Helden von *Tel-Chai* nicht auf dem Altar des nationalen Wiedererwachens geopfert, wäre ich dann auf fremdem Boden geboren und aufgewachsen?‹

Jeder Besuch auf *Tel-Chai* weckte in mir tiefgründige Gedanken und viele unbeantwortete Fragen: ›Wie ist es, wenn man als Jude unter antisemitischen Nichtjuden lebt? Warum wurde das jüdische Volk in der Zerstreuung so schwer verfolgt? Aus welchem Grund verließen meine Vorväter ihr Land? Warum wurden sie aus ihrem Vaterland jahrhundertelang verbannt und durften dann wieder in ihre Heimat zurückkehren?‹

Unsere *Rabbis* lehrten, daß unser Volk bei der ersten Verbannung[1] 70 Jahre lang wegen »Götzendienst, Unzucht und Blutvergießen« ins Exil mußte. In den letzten 2000 Jahren wurden wir wegen »grundlosem Haß«[2] aus unserem Land vertrieben. ›Ist das wahr? Wieviele Tage, Wochen und Monate zählen 2000 Jahre? Gegen wen richtete sich dieser »grundlose Haß«? Warum sind wir nicht früher heimgekehrt, um die Wüste zu erobern, die Wildnis zum Blühen zu bringen und das brachliegende Land aufleben zu lassen? Weshalb sind wir nicht früher zurückgekommen, um die malariaverseuchten Sümpfe des *Hule-Tals* trockenzulegen?

Wir wurden unter alle Heidenvölker zerstreut, und das uns von Gott gegebene Land wurde ein Wohnort der Schakale. Warum beschloß Gott, uns gerade jetzt heimkehren zu lassen?

Beginnt die Erlösung Israels, sich hier und jetzt zu verwirklichen, vor unseren eigenen Augen? Sind wir wirklich die »letzte Generation der Knechtschaft und die erste Generation des Heils«? Sind wir besser oder heiliger als unsere Vorväter? Womit haben wir das Privileg, »der Anfang des Heils« zu sein, verdient? Weshalb gehöre ich zu dieser Generation?

Warum gerade ich? Weshalb dürfen wir endlich in dem Land leben, das bis jetzt für »ein Land, das seine Bewohner verzehrt«[3] gehalten wurde? War es Gott oder war es das Land, das uns verabscheut und ausgespien hatte? Gibt es auf dieser Erde irgendein anderes Volk, das zweimal aus seinem Heimatland vertrieben wurde und zurückkehrte, um Geist und Sprache wieder aufleben zu lassen? Wem gebührt für diese Rückkehr Ehre und Dank? *Theodor Herzl*? *Lord Balfour*? *Chaim Weizmann* oder *David Ben Gurion*? Oder müssen wir vielmehr dem allmächtigen Gott Israels danken, der uns wegen unserer Sünden aus unserem Land vertrieben hatte und uns aufgrund Seiner ewig gültigen Verheißungen heimkehren ließ?‹

Alle diese existentiellen Fragen beschäftigten mich auf eigenartige Weise. ›Warum und für wen brüllt der steinerne Löwe auf *Tel-Chai* seinen stummen Schrei? Fordert er den Haß und die Grausamkeit unserer Feinde heraus, die von den *Golanhöhen* auf unsere jungen Siedlungen in unserem neugeborenen Staat heruntersehen? Oder hebt er seinen Kopf im Trotz – Gott bewahre – gegen den Herrn, der den Nichtjuden erlaubte, uns zum Galgen zu führen wie Schafe zur Schlachtbank? Welche schreckliche Sünde haben wir begangen, daß uns die ganze Welt so leidenschaftlich haßt – die Christen, die Moslems? Wer wird unsere Nachkommen verfolgen?‹

Ich betrachtete den schneebedeckten Berg *Hermon* am fernen Horizont und die grüne Landschaft rings um mich her. Der Gegensatz zwischen der Schönheit der Natur und der Häßlichkeit der Geschichte verwirrte mich. Am *Holocaust*-Gedenktag, wenn die israelische Flagge auf halbmast gezogen wird, überdenke ich die Greueltaten der Christen und frage mich, wo Gott war, als die Nazis uns gnadenlos niedermetzelten. Hier auf *Tel-Chai* denke ich über den leidenschaftlichen Haß der moslemischen Araber nach.

In der *Synagoge* bete ich und frage mich, was es heißt, ein Jude zu sein, und warum Gott gerade uns unter allen Völkern der Erde auserwählte.

Die Existenz Gottes habe ich niemals bezweifelt. Ich konnte jedoch nicht verstehen, warum und wozu Er den Nichtjuden erlaubte, uns mit solcher Grausamkeit zu verfolgen. ›Warum gestattete Er ihnen, uns zu töten? Sind wir deshalb auserwählt worden? Was genau will Gott von uns? Und warum ist es so schwierig, Ihm zu gefallen?‹

In der Mitte des Heldenfriedhofs auf *Tel-Chai* steht an einer Wand aus behauenen Steinen eine breite Inschrift in riesigen eisernen Buchstaben:

»In Blut und Feuer ist Juda gefallen: mit Blut und Feuer wird Juda aus der Asche auferstehen!«

Ich betrachtete einmal diese Inschrift und dachte: ›Wir mußten immer durch Ströme von Blut und Feuer gehen. Auch heute noch müssen wir kämpfen und Blutzoll zahlen, um unser so wertvolles Land zu schützen; andernfalls wird unser Land wieder in die Hände unserer Feinde fallen!‹ Da kam mir plötzlich ein trotziger, ketzerischer Gedanke in den Sinn: ›Wenn wir deshalb auserwählt wurden, wäre es dann nicht besser, wir wären unbeschnitten wie die Nationen um uns herum? Ist der *Goy* nicht besser dran als der *beschnittene* Jude, der stets bis zum Tod von dem vernichtenden Schwert verfolgt wird?

Gott bewahre! Laß diese frevlerischen Gedanken!‹ schalt ich mich. ›Bin ich nicht ein Jude? Ich wurde als Jude geboren, um mich niemals mit so etwas Abscheulichem zu beschmutzen! Lieber würde ich mich bei lebendigem Leib verbrennen lassen, als das Leben dieser unbeschnittenen Heiden zu führen, die sich in allerlei Unmoral und Unflat wälzen!‹

Von frühester Kindheit an wurde uns von unseren Lehrern ein tiefes Ekelgefühl vor den verachtenswerten »Hellenisierern« und »Konvertiten« eingeimpft – diese Verräter, die die unbekümmerte und bequeme Lebensweise der Nichtjuden bevorzugten, anstatt sich mit der bloßen Geistigkeit jüdischen Lebens zufriedenzugeben. Wir lernten, diejenigen zu verachten, die ängstlich versuchten, den Verfolgungen der Nichtjuden zu entkommen. Sie wollten dem grausamen Schicksal entfliehen, das uns verhaßte Juden erwartete.

›Wir, die Juden, sind lebende Beweise der tatsächlichen Existenz Gottes‹, überlegte ich. ›Wenn wir uns wie die Nichtjuden benehmen, wird es in der Welt niemanden mehr geben, der Zeugnis von dem einzig wahren Gott ablegt! Die Heiden, die sich der Juden entledigen wollen, streben in Wirklichkeit danach, Gott loszuwerden, um ihr eigener Herr und Meister zu sein. Ist es das, was die Heiden im Schilde führen – Gott von Seinem Thron der Herrlichkeit zu stoßen und sich Seiner Autorität zu bemächtigen? Aber versuchen wir, die Juden, nicht genau das gleiche?

Was unterscheidet den Menschen vom Tier? Was unterscheidet mich, den Juden, vom Rest der Schöpfung, von den Bäumen, den Felsen und den Meeren? Sieht der Nichtjude etwas Besonderes und Liebenswertes in mir? Ermutigt das Zeichen der *Beschneidung* an meinem Fleisch den Nichtjuden, danach zu streben, meinen Gott kennenzulernen und Ihn mehr als alles andere zu lieben? Wie aber kann ein Nichtjude herausfinden, daß ich *beschnitten* bin? Schließlich ist das keine Angelegenheit, die man zur Schau stellt! Selbst wenn sie das wäre, würde es einen Unterschied machen?

Vielleicht sind es die *Kippa*, *Tzitzijot* und *Peijot*, – die ohnehin von den meisten Juden nicht mehr getragen werden – die uns vom Rest der Menschheit unterscheiden und zeigen, daß wir Gottes auserwähltes Volk sind? Selbst wenn es so wäre, würde das die Nichtjuden zur Eifersucht reizen und in ihnen den Wunsch wecken, wie wir zu sein?‹

Trotz meines Nationalstolzes konnte ich mir nicht vorstellen, von jemandem beneidet zu werden, der nach dem Gott Israels sucht. ›Ich bin gewiß kein Beispiel für einen Mann Gottes, der von Ihm auserwählt wurde, um den Heiden ein Licht zu sein‹, mußte ich mir eingestehen.

›Oder, wenn wir vielleicht nur versuchten, moralisch besser als alle anderen Völker zu sein, würden dann die Nichtjuden die Existenz Gottes in uns erkennen? Aber sind wir denn besser? Selbst wenn es uns gelänge, das netteste und freundlichste Volk auf Erden zu werden, würden dann die Nichtjuden nicht unsere Gutmütigkeit mißbrauchen und unsere freundliche Art ausnutzen? Was ist besser, auszubeuten oder ausgebeutet zu werden? Wer kennt die Antworten auf diese vielen widersprüchlichen und verwirrenden Fragen?‹

Die tiefe Stille auf dem Friedhof erinnerte mich an das feierliche Schweigen auf dem Schulgelände, während der Zeremonie am *Holocaust*- und Gefallenengedenktag. Die langen Gräberreihen erschienen mir wie die langen, geraden Reihen der Schüler auf dem Schulhof. Unweigerlich mußte ich daran denken, daß so viele junge Leute, Kinder noch, hier in der dunklen Erde auf *Tel-Chai* begraben lagen, so nahe an Kirjat Shmona. Die Kinder von Kirjat Shmona sind jedoch nicht wie diese steinernen Gräber! Sie sprühen vor Leben, ihre Herzen sehnen sich nach einem besseren Morgen, hoffen auf ein Leben in einer Welt ohne Angst – ohne Furcht vor dem plötzlichen Lärm eines tieffliegenden Düsenflugzeugs oder vor dem Pfeifen einer weiteren Katjuscha-Rakete aus dem Libanon.

›Wie lange noch werden wir dieses finstere Todestal durchwandern, das einen so hohen Blutzoll von uns verlangt? Es ist wahr, daß dieses wertvolle Stück Land im Besitz unserer Väter war. Gott gab es uns durch Seine Verheißungen zum Erbe. Sind aber die vielen Opfer gerechtfertigt, die wir dafür brachten? Ich jedenfalls werde bestimmt bis zum bitteren Ende mein Land verteidigen! Mit meinem Körper werde ich es schützen und keinem Feind erlauben, es mir zu stehlen! Zu gegebener Zeit werde ich in die Armee eintreten – Pilot oder zumindest Fallschirmspringer werden! Für mein geliebtes Land werde ich um jeden Preis kämpfen!‹

Das stumme Brüllen des steinernen Löwen über *Trumpeldors* Grabstätte wurde zum Schrei meines verängstigten Herzens. Das steinerne Denkmal hinterließ einen bleibenden Eindruck in meinem kindlichen Gemüt. Dann machte ich mich auf den Nachhauseweg und ließ die Toten, die friedlich in der Erde ruhen, hinter mir.

Die hohen Tannen berührten den wolkenlosen Himmel, und die Vögel sangen fröhlich in den Zweigen. Es wehte kein Lüftchen, und mir schien, als ob sogar der Wind den Atem anhielte, um den heiligen *Shabbat* zu ehren. Wildblumen zierten den Straßenrand mit Farbtupfern. Rote Anemonen und Klatschmohn, gelbe Chrysanthemen und Teppiche von wildem gelben Senf verströmten ihren lieblichen Duft. Die Kette der Naftali-Berge thronte zu meiner Rechten. Im Osten erhoben sich die fernen *Golanhöhen* mit ihren hellblauen Schatten über den glitzernden Fischteichen des fruchtbaren *Hule-Tals*. Ich füllte meine Lungen mit der reinen Luft und versuchte, diese Empfindungen für immer in meinem Herzen zu bewahren: das Wunder der Schöpfung wie auch das Wunder des Überlebens des jüdischen Volkes – meines eigenen Volkes – während der Jahrtausende unserer Existenz.

Jäh holte mich die Wirklichkeit mit ihren täglichen Pflichten und Sorgen ein. Dennoch wußte ich ohne jeden Zweifel, daß es gut war – wenn auch nicht einfach – ein Jude zu sein.

Als ich nach Hause kam, bereitete sich Vater gerade darauf vor, wieder zur *Synagoge* zu gehen. Die Zeit für das Nachmittagsgebet war gekommen.

In der Synagoge

Ich freute mich auf jeden *Shabbat*, wenn ich Vater in die *Synagoge* begleiten durfte. Sie befand sich auf halbem Weg zwischen unserer Wohnung und der Schule. Mit den Nachbarskindern tollte ich durch die *Synagoge* und um sie herum. Die schmalen, hohen Fenster, die mit Davidssternen verziert waren, beeindruckten mich immer wieder aufs Neue. Damals erschien mir die *Synagoge* weitaus höher und größer als alle anderen Gebäude in Kirjat Shmona. Was auch der Fall war, da die anderen Häuser sehr klein waren und die *Synagoge* die Größe eines zweistöckigen Gebäudes hatte! Erst viele Jahre später, als ich zu Besuch in Kirjat Shmona war, erkannte ich, wie klein sie tatsächlich war.

Gegenüber der Eingangstür befand sich der *Aron Hakodesh*. Er war durch einen purpursamtenen, mit goldenen Löwen bestickten Vorhang geschützt. Der Hühnerhändler vom Markt teilte mit den Gottesdienstteilnehmern in festlicher Manier seinen Schnupftabak, den er einer Silberdose entnahm, die mit den Jahren dunkel geworden war. Der beißende Geruch des Tabaks erfüllte den Raum. Gelegentlich nahm ich auch eine Prise, nieste laut und genoß es. Von der Frauenempore wehte der süße Duft von Rosenwasser und Myrte zu uns herüber und vermischte sich mit dem Geruch brennender Kerzen. Es war der betäubende Geruch des *Shabbats* – des heiligen *Shabbats*.

Bei *Bar Mizwa*-Feiern und Hochzeiten fiel ein Regen bunter Bonbons zum Jubel der Kinder und zur Freude der Frauen auf uns nieder. Die Kinder sammelten die begehrten Süßigkeiten ein und rissen sie sich gegenseitig aus den Händen. Sie trugen damit ihren Teil zur fröhlichen Atmosphäre bei.

Die Männer sangen ehrfurchtsvoll die Gebete, die sie auswendig kannten, während die Frauen mit ihren farbenfrohen parfümierten

Taschentüchern winkten. Die Feier erreichte ihren Höhepunkt, wenn die Hauptperson, der Bräutigam oder das *Bar Mizwa*-Kind, aufgerufen wurde, um aus der *Thora* zu lesen – sie wurden buchstäblich mit Bonbons überschüttet!

Ungefähr 100 Gottesdienstteilnehmer – ausschließlich Einwanderer aus dem Irak und aus Persien – besuchten regelmäßig die *Synagoge*. Unsere Eltern sprachen gebrochen Hebräisch. Wir Kinder fühlten uns vergleichsweise sehr »gebildet« und hielten es für unsere heilige Pflicht, sie zu verbessern und ihnen »gutes israelisches Hebräisch« beizubringen. Bei den Gebeten jedoch staunten wir, daß die Erwachsenen trotz ihres mangelhaften Hebräisch so schnell lesen konnten. Sie kannten ihre Gebetbücher so gut, daß es uns schien, als ob sie nur zu einem Schnellesewettbewerb in die *Synagoge* gingen. Wenn ich zu Beginn des *Amida*-Gebetes niederkniete und *Magen Avraham* sprach, hatten sie es längst drei Schritte rückwärts[4] mit *Oseh Shalom* beendet. Als ich älter wurde, entdeckte ich, daß wir *Sephardim* nicht die einzigen waren, die durch ihre Gebete hetzten. Ich stellte fest, daß die *Ashkenasim* beim Aufsagen ihrer Gebete noch viel schneller waren.

Als Kind sah ich nichts Außergewöhnliches darin. Schließlich waren es fromme, gottesfürchtige Leute, die die *Synagoge* von klein auf besuchten. Die Gebete waren ein fester Bestandteil ihres Tagesablaufs. Offensichtlich kannten sie ihren *Siddur* auswendig, während ich erst damit begann, mit ihm vertraut zu werden. Mein Vater hielt mich wohl für einen von Geburt an reifen Juden. Er erwartete anscheinend von mir, den *Siddur* auswendig zu kennen, als sei das ein Naturgesetz. Deshalb erachtete er es nicht für notwendig, sich mit mir hinzusetzen und mich zu lehren, wie man ihn benutzt oder wie man betet. In meiner kindlichen Unwissenheit glaubte ich, es reiche aus, die schönen, aber scheinbar bedeutungslosen Laute und Silben aus dem heiligen Buch zu murmeln, um die Pflicht des Gebets zu erfüllen. Das Gebet war für mich ein vorgeschriebener traditioneller Brauch, der an jedem *Shabbat* drei Besuche in der *Synagoge* erforderte. Es wurde mir nie bewußt, daß der Sinn des Gebets darin bestand, in eine innige und unmittelbare Beziehung zum lebendigen Gott zu treten. Ich hatte aber oft das Bedürfnis, die Gebete absichtlich langsamer zu sprechen, um die Bedeutung der Worte zu erfassen; oder um allein vor Gott zu stehen, der sich (wie ich in meiner kindlichen Naivität glaubte) im *Aron Hakodesh* verbarg. Letztendlich war jedoch das Vorbild der Gruppe maßgebend, und ich lernte wie jeder andere, beim Lesen der heiligen Bücher schnell und hastig vorzugehen.

Ich beneidete König David, den Helden meiner Jugendzeit. Wäre David in unsere *Synagoge* zu Besuch gekommen, hätte er dann die Gebete bis zum Schlußgebet *Alenu* genauso schnell heruntergesagt? Sicherlich hätte er vor dem Herrn, seinem Gott, mit Furcht und Zittern gestanden oder gekniet und in Liebe vor seinem Schöpfer verweilt. Bedauerlicherweise erinnerten mich die Beter in unserer *Synagoge* eher an König Saul als an David, weil Saul an seiner ruhmreichen Vergangenheit festhielt, ohne zu erkennen, daß der Herr ihn verlassen hatte. Die Beter erinnerten Gott an Seine Gnadentaten gegenüber den Vorvätern, an Seine Segnungen für Sein Volk in längst vergangenen Zeiten, an das Opfer Isaaks und den Wohlgeruch der Opfer. Heute aber haben sie Ihm praktisch nichts mehr anzubieten. Ich habe festgestellt, daß der Glaube an die »Verdienste der Väter« eine ziemlich zentrale Rolle im religiösen Denken des heutigen Judentums spielt. Ist das nicht der Grund dafür, daß wir in unseren Gebeten bekennen »wir haben keine guten Werke«? Den Betern war wahrscheinlich nicht bewußt, daß der Gott der Väter – der Gott Abrahams, Isaaks und Jakobs – ein lebendiger Gott ist, der sich nicht verändert und die Macht hat, den heutigen Gläubigen genauso Gutes zu tun, wie Er es damals den Vätern tat. Außerdem ließen sie außer acht, daß die Rechtschaffenheit und der Glaube der Vorväter in keiner Weise die ungehorsamen sündigen Nachkommen retten kann, denn es steht geschrieben: ›*Jeder, der sündigt, soll sterben.*‹ (Hesekiel 18,4)

Damals kannte ich Gott noch nicht in der Art, wie ich Ihn heute kenne; aber irgendwie hatte ich bereits das seltsame Gefühl, daß Gott nicht in Eile und Hast war. Ich empfand, daß Gott uns liebte und uns näher zu sich hinziehen wollte – während wir in die entgegengesetzte Richtung gingen, sozusagen vor Ihm wegliefen und uns Seiner Liebe vollkommen unbewußt waren. Es beunruhigte mich, daß die Beter in der *Synagoge* Gott nicht als liebenden Vater sahen, sondern als strengen und zornigen Herrn, der durch die Erfüllung eines Gebetspensums besänftigt werden mußte. Ich wollte entschieden mehr als das. Meine Liebe zu Gott wollte ich in Taten ausdrükken, und nicht nur in Worten. Wie sollten aber diese Taten aussehen? Ich wußte, daß die Schrift uns gebot, den Herrn, unseren Gott, von ganzem Herzen, ganzer Seele und mit all unserer Kraft zu lieben. Aber wie kann jemand einem anderen befehlen, ihn zu lieben? Oder wie kann man einen fernen Gott lieben? Reicht es aus, *Tzitzijot* und eine *Kippa* zu tragen und sich *Peijot* und einen Bart wachsen zu lassen? Reicht es aus, sich vom Genuß unreiner Nahrung[5] zu enthalten und den heiligen *Shabbat* dem Gesetz entsprechend einzuhalten[6], um die strengen Forderungen des Herrn zu erfüllen? Es schien mir, daß Gott mehr nach meinem Herzen als nach meiner Kleidung, dem Waschen meiner Hände oder anderen Dingen fragte – aber ich wußte noch nicht, wie ich Ihm mein Herz geben sollte.

›Warum war Gott so fern? Weshalb verbarg Er Seine Liebe vor mir? Warum offenbarte Er sich mir nicht?‹ Diese Fragen bedrängten mich ständig. Ich verließ die *Synagoge* und fühlte mich frustriert und leer wie jemand, der von weither gekommen war, um einen geliebten Freund zu besuchen, der aber nicht erschien.

In der *Synagoge* befielen mich »ketzerische« Gedanken, von denen niemand etwas wußte. Ich teilte sie nicht einmal meinem Vater mit. Trotz der heiligen Atmosphäre, die während des *Shabbat*gottesdienstes herrschte, der Lesung der *Thora*, dem priesterlichen Segen, dem Gesang und dem Gebet ... hungerte und dürstete mich nach Gott, aber dort gab es keine geistliche Nahrung – sie existierte nicht.

Wenn der *Chasan* die *Bima* bestieg und die *Mizwot* (unterschiedliche Hilfshandlungen während des Gottesdienstes, die als geistliches Verdienst angesehen werden) – das Öffnen des *Thora*schrankes, die Lesung der *Thora*, das Hochhalten und Einrollen der *Thorarolle* – an den Meistbietenden versteigerte, empfand ich das als Beleidigung. Als sei das Haus meines Herrn eine Räuberhöhle geworden, ein Handelsmarkt für heilige Dinge – und das ausgerechnet am heiligen *Shabbat*!

›Vater‹, wollte ich fragen, ›warum werden *Thora* und *Mizwot* auf diese Art und Weise verkauft? Könnten die Leute nicht einfach eine Gabenbüchse am Eingang der *Synagoge* aufstellen, so daß die Beter an einem Werktag kommen und im Verborgenen ihre Spende einwerfen könnten, anstatt ihre Frömmigkeit öffentlich zur Schau zu stellen? Beleidigt es nicht die, die weniger betucht sind? Sind die Armen weniger würdig, zu Gott zu beten?‹

Mein Vater sah mich traurig an. Ich spürte, daß ihn diese Versteigerung genausosehr verletzte wie mich. An den Festtagen war es noch schlimmer. Und am schlimmsten war es an *Jom Kippur*, wenn die Preise in die Höhe schossen. Liebte Gott die Armen unter Seinen Kindern weniger als die, die es sich leisten konnten, an der Versteigerung teilzunehmen und in der *Synagoge* die *Thora* zu lesen? Es schien mir, daß menschliche Tradition am schwierigsten zu verändern war – und immer sein wird – und häufig wird sie heiliger gehalten als die Schriften.

Hinsichtlich der üblichen *Shabbat*gebete waren unsere Väter ziemlich tolerant. Sie machten aber keine Zugeständnisse oder Kompromisse bezüglich der Lesung der *Thora* und der *Haftara*. Wir mußten still neben ihnen sitzen und ehrfürchtig dem traditionellen Sprechgesang zuhören. Es bemühte sich allerdings niemand darum, uns die Schriften zu erläutern. Offensichtlich wurde die Lesung der *Thora* als heiligster Teil des Gottesdienstes angesehen, und man lehrte uns von klein auf, der Stimme des Lesers mit tiefer Bewunderung und hoher Achtung zuzuhören.

Ich erinnere mich besonders an einen *Shabbat*, an dem der *Thora*abschnitt aus dem 4. Buch Mose stammte. Hierin wurden alle Rastplätze Israels in der Wüste nacheinander aufgezählt. Meine Gedanken schweiften ab zur Zerstreuung der Kinder Israels, wo auch immer sie in den letzten 2000 Jahren gelebt hatten. Die Liste dieser Orte ist viel länger als die in der *Thora* erwähnte, weil es kaum einen Ort auf dieser Erde gibt, den die Juden nicht mühsam durchwandert hatten und wo Juden nicht verfolgt wurden. Die Namen dieser Orte sind zu zahlreich, um auf eine Steintafel eingemeißelt und neben den steinernen Löwen auf *Tel-Chai* gelegt zu werden.

Weshalb und warum wurden wir unter die Nationen zerstreut? Im *Tachanun*-Gebet bekennen wir: »Wegen unserer Sünden wurden wir aus unserem Land vertrieben.« Was war die schreckliche Sünde, wegen der wir so lange Zeit aus unserem Land verbannt wurden und die uns zur Zielscheibe des Spottes unter den Völkern machte? An jenem *Shabbat* wurde auch der folgende Abschnitt aus dem Buch Jeremia gelesen:

›*Hört des Herrn Wort, ihr vom Haus Jakob und alle Geschlechter vom Haus Israel! So spricht der Herr: Was haben doch eure Väter Unrechtes an Mir gefunden, daß sie von Mir wichen und den nichtigen Götzen anhingen, und wurden so zunichte, und dachten niemals: Wo ist der Herr, der uns aus Ägyptenland führte und leitete uns in der Wüste, im wilden, ungebahnten Land, im dürren und finsteren Land, im Land, das niemand durchwandert und kein Mensch bewohnt? Und Ich brachte euch in ein fruchtbares Land, daß ihr seine Früchte und Güter äßet. Aber als ihr hineinkamt, machtet ihr Mein Land unrein und Mein Eigentum Mir zum Greuel. Die Priester fragten nicht: Wo ist der Herr? Und die Hüter des Gesetzes achteten Meiner nicht, und die Hirten des Volkes wurden Mir untreu, und die Propheten weissagten im Namen des Baal und hingen den Götzen an, die nicht helfen können. Darum muß Ich noch weiter mit euch und mit euren Kindeskindern rechten, spricht der Herr. Denn geht hin zu den Inseln der Kittiter und schaut, und sendet nach Kedar und gebt genau acht und schaut, ob es daselbst so zugeht: Ob die Heiden ihre Götter wechseln, die doch keine Götter sind. Aber Mein Volk hat seine Herrlichkeit eingetauscht gegen einen Götzen, der nicht helfen kann! Entsetze dich, Himmel, darüber, erschrick und erbebe gar sehr, spricht der Herr. Denn Mein Volk tut eine zweifache Sünde: Mich, die lebendige Quelle, verlassen sie und machen sich Zisternen, die doch rissig sind und kein Wasser geben. Ist denn Israel ein Sklave oder unfrei geboren, daß er jedermanns Raub sein darf? Löwen brüllen über ihm, brüllen laut ...*‹ (Jeremia 2,4-15)

Unverzüglich lenkte diese *Haftara* meine Gedanken auf den »brüllenden« Löwen, den steinernen Löwen von *Tel-Chai*. ›Worüber denken die Beter nach, wenn sie diese *Haftara* lesen?‹ dachte ich. ›Schenken sie überhaupt dem tiefen Sinn dieser harten, zurechtweisenden Worte Beachtung? Oder sagen sie diese einfach auf, ohne auch nur im geringsten über ihre Bedeutung nachzudenken?‹

Ich betrachtete den Vorbeter und stellte mir für einen Augenblick den Propheten Jeremia vor, wie er vor uns auf dem Podium stehen und im heißen Ringen um das Volk seine gewaltige Botschaft herausschreien würde: ›Ist denn Israel ein Sklave oder unfrei geboren, daß er jedermanns Raub sein darf?‹ Unweigerlich mußte ich denken: ›Anscheinend ist das Volk Israel immer noch ein Sklave. Denn wären wir wirklich die wahren Kinder des allerhöchsten Gottes, so hätten wir Sein Licht in die Welt hinausgetragen. Und die Völker hätten sich von allen vier Enden der Erde um uns versammelt, so daß sogar die *Säkularen* in unserer Nachbarschaft erkennen würden, daß Gottes Name über uns genannt ist. Hätte der Prophet Jeremia heute wirklich vor uns gestanden und ausgerufen, »und die, die die *Thora* handhabten, kannten mich nicht«, würden wir ihn dann nicht auch ins Gefängnis werfen, wie es unsere Vorväter taten? Sind wir denn besser, als sie es waren?‹

Der Vorbeter verließ das Podium. Er war bedeckt mit einem schneeweißen Gebetsschal, dessen Quasten um seinen Zeigefinger gewunden waren. Er küßte sie ergeben, winkte mit ihnen den Gottesdienstteilnehmern zu und segnete diese: »Gesegnet seid ihr! Gesegnet seid ihr im Herrn!«

Und wieder wanderten meine Gedanken zum Friedhof auf *Tel-Chai.* Ich sah Yosef den Galiläer (*Trumpeldor*) und seine Freunde Yaakov Toker, Benjamin Munter und all die anderen vor mir. Irgendwie konnte ich mir nicht vorstellen, daß diese Pioniere, in Gebetsschals gehüllt, die Beter in der *Synagoge* segneten: »Gesegnet seid ihr! Gesegnet seid ihr im Herrn!« Am Ende des *Shabbats* suchten sie sicherlich nicht in der Dämmerung den Himmel nach den ersten drei Sternen ab[7], um ihre Zigaretten anzünden zu dürfen. Es umgab sie nur der Geruch der schwarzen Erde und der Gestank der Sümpfe, und ihre Körper rochen nach Schweiß und Blut. Was zog sie hin zur Erde dieses geliebten Vaterlandes, was verband sie damit? Was drängte sie, ihr Leben seiner Verteidigung zu weihen und zu seinem Wohl als Märtyrer zu sterben? Sie sind nicht aus religiöser Überzeugung[8] gestorben!

Der Gottesdienst ging zu Ende. Die Gottesdienstteilnehmer sangen *Shir Hakkavod* und *Adon Olam*. Während sie noch sangen, falteten sie ihre Gebetsschals und legten sie wieder in ihre Samttaschen. Plötzlich herrschte eine Atmosphäre weltlicher Profanität in der *Synagoge*. Die *Shabbat*heiligkeit nahm ein abruptes Ende, als sei sie mit einem Schwert durchtrennt worden. Die Gottesdienstbesucher begaben sich auf den Nachhauseweg und sperrten Gott (sozusagen) in Seine Kiste. Sie verhüllten Ihn mit einem purpurfarbenen, mit goldenen Löwen bestickten und silbernen Granatäpfeln verzierten Mantel[9] und verwahrten Ihn im *Thora*schrank. Dort wartete Er, bis sie zum Abendgebet zurückkehrten. Der allmächtige Gott aber lebt nicht in von Menschenhand gefertigten Schränken. Er will in den Herzen der Menschen wohnen, die Er zu Seinem Ebenbild geschaffen hat!

Allmählich dämmerte mir, daß die *Synagoge* nichts anderes als ein sozialer Verein war, dessen Mitglieder eines gemeinsam hatten – religiöse Tradition. Die Menschen neigen zu nebensächlichen religiösen Ritualen oder zu allem, was unterhält, sofern es sie von der wesentlichen Sache abhält – nämlich Gott näher zu kommen und Ihn im Geist und in der Wahrheit anzubeten. Deshalb wurden auch die Gebete in der *Synagoge* so schnell heruntergelesen. Die Beter hatten Angst davor, ihre Herzen zur Ruhe kommen zu lassen, um nicht die stille, leise Stimme Gottes zu hören, der sie liebevoll ermahnte. Hätten wir doch nur still vor dem Herrn gesessen und auf Seine Stimme gehört, die im Verborgenen leise zu uns spricht. Würden wir doch wie König David in seinen Psalmen beten: ›*Erforsche mich, Gott, und erkenne mein Herz; prüfe mich und erkenne, wie ich es meine.*‹ (Psalm 139, 23) Dann würde Er unsere Denkweise ändern, uns ein reines Herz geben und Seinen Heiligen Geist in uns erneuern! Aber in Wirklichkeit haben wir gar kein Verlangen danach, ein reines Herz und einen neuen Geist zu bekommen – oder Gott ernsthaft zu dienen, Ihn in Wahrheit anzubeten. Wir ziehen es vielmehr vor, das Notwendigste zu tun, indem wir Gebete flüstern, Ihn mit unseren Lippen ehren und rituelle Gebote befolgen – was dem Herrn ein Greuel ist, weil wir Ihn nicht in unser Herz lassen.

In Wahrheit ist das menschliche Herz unehrlich und schrecklich böse. Es ist gewillt, alle möglichen religiösen Bräuche auszuführen, sofern das Gott daran hindert, Autorität über es zu ergreifen. Aus gutem Grund erhoben sich die Propheten mit ganzer Kraft gegen die leeren, pseudoreligiösen Rituale und menschlichen Traditionen, die weder dem Willen Gottes noch Seinem Geist entsprechen:

›*Wenn ihr kommt, zu erscheinen vor Mir – wer fordert denn von euch, daß ihr Meinen Vorhof zertretet? Bringt nicht mehr dar so vergebliche Speisopfer! Das Räucherwerk ist Mir ein Greuel! Neumonde und Shabbate, wenn ihr zusammenkommt, Frevel und Festversammlung mag Ich nicht! Meine Seele ist feind euren Neumonden und Jahresfesten; sie sind Mir eine Last, Ich bin es müde, sie zu tragen. Und wenn ihr auch eure Hände ausbreitet, verberge Ich doch Meine Augen vor euch; und wenn ihr auch viel betet, höre Ich euch doch nicht; denn eure Hände sind voll Blut. Wascht euch, reinigt euch, tut eure bösen Taten aus Meinen Augen, laßt ab vom Bösen! Lernt Gutes tun, trachtet nach Recht, helft den Unterdrückten, schafft den Waisen Recht, führt der Witwen Sache! So kommt denn und laßt uns miteinander rechten, spricht der Herr. Wenn eure Sünde auch blutrot ist, soll sie doch schneeweiß werden, und wenn sie rot ist wie Scharlach, soll sie doch wie Wolle werden.*‹ (Jesaja 1, 12-18)

Ich mußte feststellen, daß sich Lebensweise und Moral der »Frommen« in der Tat nicht sehr von denen der »Weltlichen« abhoben – sie unterschieden sich lediglich in ihren Bräuchen. Die Religiösen trugen die *Tefillin* an Werktagen und gingen am *Shabbat* in die *Synagoge*, während die *Säkularen* am *Shabbat* zu den herrlichen Naturerholungsgebieten in Obergaliläa oder zum See Genezareth fuhren.

Irgendwie hatte ich das Gefühl, daß die Verehrung Gottes weit mehr beinhalten mußte, als bloße religiöse Riten. ›Wäre es Gott nicht lieber, die Juden würden es lassen, dreimal täglich mit bedeutungslosem Geplapper in einer Sprache zu Ihm zu beten, die sie selbst kaum verstanden? Wünschte Er sich nicht vielmehr, daß Seine geliebten Kinder zu Ihm kommen und einfach und spontan in ihren eigenen Worten mit Ihm sprechen würden? Ganz persönlich und ehrlich, anstatt die Worte eines unbekannten Dichters zu benutzen, der seine Verse vor mehr als 500 Jahren in einer altertümlichen und nicht mehr aktuellen Sprache verfaßte?‹ Am liebsten hätte ich meine Gedanken laut ausgesprochen. Aber wer würde schon auf die verrückten Ideen eines Kindes hören?

Nach dem Abschlußgebet machten wir uns wieder auf den Nachhauseweg. Vater, von Natur aus ein schweigsamer Mann, ging gemächlichen Schrittes, die Hände auf dem Rücken verschränkt. Selten drückte er seine Gefühle oder Gedanken aus, sondern war eher ein stiller, nachdenklicher Beobachter.

Daheim

Auf unserem Rückweg von der *Synagoge* kamen wir an der Wasserquelle vorbei, wo Mutter werktags die Wäsche wusch. Diese Quelle, die dem Fuße der Naftali-Berge entspringt, war Mutters »Privatschule« und ihre sehr persönliche *Synagoge.* Hier lernte sie, mit den Problemen des Alltags fertigzuwerden. Sie lernte es auf harte Weise. Mit nackten Füßen trat sie die nasse Wäsche wie jemand, der Trauben in der Weinkelter zertritt – und betete dabei still, mit sorgenvollen Augen, aber gottergebenem Herzen. Man schien das Seufzen ihrer Seele im zarten Flüstern des Quellwassers zu hören. Sie mußte sich um acht Kinder kümmern. Ich fand nie heraus, woher sie die Kraft nahm, diese schwere Last alleine zu tragen und gleichzeitig uns allen so viel Liebe und Wärme zu schenken. Früh am Morgen half ich ihr, die schmutzige Wäsche zur Quelle zu tragen und die saubere in der Abenddämmerung nach Hause zu bringen. Im Licht der untergehenden Sonne glänzten die Schweißperlen auf ihrem Gesicht wie Diamanten. Niemals murrte sie oder beklagte sich. Sie arbeitete unermüdlich, ohne sich um ihre eigenen Bedürfnisse oder Wünsche zu kümmern.

Mutters Augen halfen mir, bereitwillig zu akzeptieren, was immer das Leben bringen würde. Ihre »private *Synagoge*« an der Wasserquelle unterschied sich sehr von Vaters großer und schöner *Synagoge.* Sie war jedoch nicht weniger heilig!

Ich erinnere mich an jene *Jamim Noraim* (die »zehn Tage der Ehrfurcht« vor *Jom Kippur*), als wir zur Quelle gingen und den traditionellen Brauch des *Taschlich* vollzogen, um unsere Sünden symbolisch ins Wasser zu »werfen«. Es schien mir, als ob Mutter dieses heilige Ritual tagein und tagaus durch das ganze Jahr hindurch praktizierte.

Vater hatte seine Familie, die damals aus einer schwangeren Ehefrau und fünf Kindern bestand, von Persien nach Israel gebracht. Als Mutters Zeit kam, ihr sechstes Kind zu gebären, wurde sie eilends auf die nächstgelegene Entbindungsstation ins schottische Krankenhaus nach Tiberias gebracht. An einem glühendheißen Julitag erblickte dann der erste *Sabra*-Junge in unserer Familie das Licht der Welt und erhielt den Namen »Yaakov« (Jakob). Später folgten zwei weitere Mädchen. Insgesamt waren wir acht Kinder.

Vater war Schneider und Mattenmacher von Beruf. Beides erlernte er im Iran. Er war von Natur aus in sich gekehrt und zog sich von uns Kindern und vom Familienleben ziemlich zurück. Ich brachte ihm hin und wieder sein Essen. Er nahm es wortlos wie etwas, das man für selbstverständlich zu halten hatte. Er war nicht besonders gesprächig und redete selten mit uns Kindern. Vater tat sein bestmögliches, um für die Familie zu sorgen. Viele Jahre lang arbeitete er auf dem Bau. Sein Herzenswunsch jedoch war, eines Tages unabhängig zu werden und ein eigenes Geschäft zu gründen. Zunächst betrieb er einen Obst- und Gemüseladen auf dem Markt in Kirjat Shmona. Es war, genau wie das Restaurant, das er später am zentralen Busbahnhof in Tel Aviv führte, nicht gerade ein Erfolg. Vater war kein guter Geschäftsmann und alles ersparte Geld ging für seine Geschäfte verloren. Trotz seiner ehrlichen Bemühungen, uns zu ernähren, lasteten Haushalt und Broterwerb hauptsächlich auf Mutters schmalen Schultern. Sie arbeitete Tag und Nacht als Putzfrau in den Häusern anderer Leute. Es machte mich weder verlegen, noch sah ich darin irgendetwas Unehrenhaftes. Mutter arbeitete von früh bis spät. Wir Kinder taten unser Bestes, um sie nach Kräften zu unterstützen. Wenn ich so zurückdenke, wünschte ich, ich hätte mehr getan.

Meine Eltern lebten mit uns acht Kindern in einer 1 ½-Zimmer-Wohnung in der nördlichsten Straße von Kirjat Shmona. Jeden Abend breiteten wir unsere Matratzen in der Wohnung aus. Dann rollten und kullerten wir hin und her, kuschelten uns aneinander und schliefen als große und glückliche Schar ein. Niemand beklagte sich über zu wenig Platz. Ich frage mich oft, warum die Familien heutzutage für jedes Kind ein eigenes Zimmer benötigen und trotzdem nicht zufrieden sind!

Während der langen und kalten Winternächte in Kirjat Shmona stand ein Kerosinbrenner in der Mitte des Zimmers. Wir versammelten uns, in eine riesige Wolldecke gehüllt, um ihn herum. Mutter saß in der Mitte wie eine Henne, die ihre Küken unter ihre Flügel sammelt. Dann erzählte sie uns Geschichten. Zum Beispiel wie sie und Vater aus Persien einwanderten:

»Als wir am Internationalen Flughafen Ben Gurion aus dem Flugzeug stiegen, luden uns die Leute der *Jewish Agency* zusammen mit anderen Neueinwanderern auf große Lastwagen und fuhren uns in unseren neuen Heimatort. Nachdem wir uns ungefähr auf halbem Weg dorthin befanden, bemerkte euer Vater plötzlich, daß etwas nicht stimmen konnte. Die Strecke erschien ihm zu lang. Obwohl er die Geographie Israels nicht kannte, besaß er genug gesunden Menschenverstand, um festzustellen, daß uns diese lange Fahrt zu weit von der Landesmitte wegführte. Er beschwerte sich lautstark, schlug mit den Fäusten an die Wände und auf den Boden des Lastwagens und fragte, wohin sie uns bringen würden. Dem Fahrer gelang es schließlich, ihn zu beschwichtigen. Er setzte die Fahrt fort und brachte uns in den nördlichsten Landesteil nach Halsa, das heutige Kirjat Shmona.«

Jede Neueinwandererfamilie erhielt eine kleine Blechhütte als Wohnung und einen Kerosinbrenner mit einem glimmenden Docht zum Kochen. Diesen Kocher ersetzte man später durch den moderneren, geräuschvollen und weitaus gefährlicheren Primus-Kerosinkocher. Außerdem bekamen wir mehrere Kerosinlampen, einige Wolldecken sowie nach Anzahl der Personen rationierte Essensmarken, um uns im Lebensmittelladen mit Grundnahrungsmitteln eindecken zu können. Damals schöpfte die Regierung angesichts der gewaltigen Einwanderungswelle aus ihren mageren Reserven, um alle Neueinwanderer mit einer Mindestration an Lebensmitteln zu versorgen. Wir erhielten zwei frische Eier pro Person in der Woche, etwas Öl, Mehl, Zucker, Milchpulver, Eipulver, Kokosin (ein weißer, fettiger Margarineersatz aus Kokosnußöl) – und etwa 200 Gramm Rindfleisch pro Person im Monat. Später wurden Fischfilets aus Skandinavien ausgeteilt. Das war lange Zeit unsere einzige Eiweißquelle.

Manche der schwangeren Frauen, die stundenlang vor dem Lebensmittelladen Schlange standen und auf ihre Wochenrationen warteten, erlitten vor Erschöpfung Fehlgeburten.

Wir lebten in der Tat am »Ende der Welt«. Im Norden waren nur in der Ferne die Lichter der wenigen Araberdörfer jenseits der libanesischen Grenze zu sehen. Im Süden erstreckte sich unterhalb unserer kleinen Stadt das Sumpfgebiet des *Hule-Tals* mit seinen engen, kurvenreichen Asphaltstraßen. Sie verbanden Obergaliläa mit Tiberias, einer Stadt im Norden Israels, die wir als den fernen Süden ansahen.

Vater und meine älteren Geschwister verrichteten Jätarbeiten in den Vorgärten der *Ashkenasim*, deren Bevölkerungsanteil in Kirjat Shmona weit unter dem der *Sephardim* lag. Damals bezeichneten wir das als »Notstandsarbeit«. Schließlich besaß niemand Geld. Wer benötigte auch schon Geld? Die Essensmarken waren das einzige Zahlungsmittel zum »Kauf« von Lebensmitteln. Sie waren wertvoller als Gold. Da es nur die zugeteilten Lebensmittel gab, konnte man nichts mit Bargeld kaufen. Der »Schwarzmarkt«, der in den großen Städten blühte, drang nicht bis ins nördliche Kirjat Shmona vor.

Mutter erzählte uns zum unzähligsten Mal eine Geschichte aus früheren Tagen:

»Wollt ihr wissen, wie ich euren Vater kennenlernte?«

Wir kannten die Geschichte natürlich schon auswendig, aber wir wollten sie immer wieder hören.

»Nun, eines Tages ritt ein junger Mann in die iranische Hauptstadt Teheran. Er kam aus dem kleinen Bergdorf Demoband. Seine Eltern waren gestorben, als er noch sehr jung war. Er hatte nur begrenzte Möglichkeiten, es in seinem Dorf zu etwas zu bringen. Deshalb bestieg er seinen Esel und begab sich in die Hauptstadt, weil er dort mehr Geld verdienen konnte. Damals war das ein äußerst ungewöhnlicher Schritt!

Dieser junge Mann mietete dann ein Zimmer in der Wohnung meiner Eltern und folgte mir Tag und Nacht mit seinen Augen. Abends warf er kleine Kieselsteine an mein Fenster, um meine Aufmerksamkeit zu erregen. Meinen Eltern gefiel die Art seines Hofierens nicht besonders. Aber er blieb beharrlich, bis er schließlich mein Herz eroberte. So wurde die junge und attraktive Französischlehrerin die Frau dieses jungen, ungebildeten und wagemutigen Bauernjungen. Und später wurde sie eure Mutter ... «

Ab und zu bemerkte ich eine gewisse Wehmut in der Stimme meiner Mutter. Sie hätte einen Arzt oder Juristen heiraten können, einen Mann mit höherer Bildung oder sozialem Status, mußte sich aber mit einem »einfachen« Mann wie meinem Vater »zufriedengeben«. Dennoch bin ich Gott dankbar, daß sie ihn heiratete, andernfalls wäre ich nicht ich selbst. Offen gesagt, ich habe keinerlei Verlangen danach, jemand anderes zu sein!

Ich erinnere mich auch an Lupu, einen alleinstehenden und einsamen Juden aus Rumänien, der dem *Holocaust* entkam. Er sprach sehr langsam und stotterte. Lupu lebte in einem winzigen, dunklen Zimmer in der Nähe unseres Zuhauses. Er hütete die Schafe seines Hauswirts in den umliegenden Hügeln und verdiente sich dadurch seinen mageren Lebensunterhalt. Jeden Abend, bei Sonnenuntergang, hörten wir aus der Ferne das Läuten der Glocken an den Hälsen der Leitschafe, das laute Blöken der Schafe und die rollenden »rrrrrrrr-rrrrrr«-Laute, mit denen Lupu die Herde zu ihren Hürden leitete. Dann rannten wir der großen Schafherde entgegen. Jeder fing sich »sein eigenes« Schaf und ritt es wie einen Esel. Der arme Schafhirte schleuderte uns Flüche in saftigem Rumänisch hinterher, über die wir nur vergnüglich lachten. Viele Jahre später, als wir Einzelheiten über seine düstere und traurige Vergangenheit erfuhren, machten wir uns nicht mehr über ihn lustig.

Eines Abends fing das Stroh in der Nachbarscheune Feuer. Die hohen Flammen loderten bis zum Himmel, verzehrten alles Brennbare und zersprengten die aufgeschreckten Tiere. Zwischen unserem Haus und den Nachbarhäusern lag ein mit Dornen bewachsener Acker. Dort standen wir mit Gummischläuchen in den Händen und spritzten Wasser auf die Flammen, um das Feuer daran zu hindern, auf unseren Hof überzugreifen.

Auf diesem dornigen Stück Land wuchsen mehrere Weinstöcke und einige Apfelbäume. Mein älterer Bruder, der sehr dominant war, verbot uns immer strengstens, auch nur einen grünen, unreifen

Apfel zu pflücken. Natürlich hatte er mit seinem Verbot keinen Erfolg.

Damals, als es noch keine Stahltüren und modernen Schlösser gab, waren die Türen unseres Hauses weit geöffnet – genau wie unsere Herzen. Jeder konnte kommen und gehen, wann er wollte. Wir waren alle mehr oder weniger wie eine große Familie. Niemand besaß mehr als sein Nachbar. Echter brüderlicher Zusammenhalt ohne jeden Neid oder Ehrgeiz verband die armen Leute. Wir lernten diese Krankheiten menschlicher Natur erst viele Jahre später kennen, als der »Fortschritt« kam.

Als ich zehn Jahre alt war, beschloß ich, zusammen mit meiner Schwester Zivah zum Familieneinkommen beizutragen. Am ersten Tag der Sommerferien gingen wir bei Sonnenaufgang zum nahegelegenen *Moshaw*, um dort als Apfelpflücker zu arbeiten. Wir schufteten den ganzen Tag. Am Abend, als wir beim Vormann unseren Lohn abholten, zahlte er uns einen Betrag, der gerade ausreichte, um unseren Busfahrschein nach Hause zu lösen. Allerdings gestattete er uns auch, so viele Äpfel mit nach Hause zu nehmen, wie wir in unseren Händen tragen konnten. Obwohl ich erst zehn Jahre alt war, kränkte mich diese Behandlung doch zutiefst.

Auf die näheren Einzelheiten meiner Kindheitserlebnisse möchte ich hier nicht weiter eingehen, da sie zur Geschichte an sich nicht viel beitragen würden, außer vielleicht zum allgemeinen Verständnis dieses Zeitabschnitts. Ich empfinde weder Verhärtung, noch Bitterkeit oder Groll gegen das, was sich damals zutrug. Das Gegenteil ist der Fall! Wir waren sehr naiv. Wir benötigten nicht viel und waren völlig zufrieden mit dem, was wir hatten. Wenn meine Eltern Streitigkeiten hatten, verbargen sie diese vor uns Kindern. Sie behielten ihre Probleme und Schwierigkeiten für sich und ermöglichten es uns, unsere Kindheit glücklich und sorglos zu verbringen. Wenn ich zurückblicke und mein Leben noch einmal beginnen könnte, würde ich mir nicht wünschen, in irgendeiner Weise anders zu leben.

Umzug in die Großstadt

Eines Abends ertönte das vertraute, laute Rattern eines Motorrades im Hof. Mein älterer Bruder Shmuel, der vor kurzem aus der Luftwaffe entlassen worden war und nun als Flugzeugtechniker auf dem Flughafen in Lod arbeitete, kam mit der frohen Nachricht nach Hause: »Wir ziehen nach Holon, in die Großstadt!« Vater war nicht allzu begeistert von dieser Idee. Mutter aber, deren vordringliche Sorge immer das Wohl der Familie war, gelang es schließlich, ihn zu überzeugen. Natürlich fragte niemand, wie ich darüber dachte. Schließlich war ich ein kleines Kind, noch nicht *Bar Mizwa*!

Unser ganzer Besitz wurde wieder auf einen Lastwagen verladen. Und die ganze Familie machte sich auf den Weg nach Süden – bis auf meine ältere Schwester, die bereits verheiratet war und es vorzog, mit ihrem Ehemann in Kirjat Shmona zu bleiben.

Schließlich erreichten wir unser Traumziel. Es war ein viergeschossiger, weiß gekalkter und sauberer Neubau. Wir stiegen die Treppen zum dritten Stock hoch und betraten unsere neue Mietswohnung, sprachlos vor Staunen. An der Wohnungstür befand sich eine Klingel – eine aufregende Neuheit! Ganz besonders begeisterte uns die Toilette: endlich mußten wir nicht mehr wie in den frostigen, regnerischen Nächten Obergaliläas zum »Häuschen« gehen. Das große Fenster zum Balkon hatte Markisen, die man mit einer Schnur hochziehen und runterlassen konnte – ein weiteres technisches Wunder, das wir noch nicht kannten. Nun lebten wir etwas weniger beengt, da die Wohnung zwei Schlafzimmer und ein Wohnzimmer hatte. Auch bildeten wir eine kleinere Familie, weil meine verheiratete Schwester nicht mehr bei uns lebte.

Damals war ich ein unwissender Landjunge, der zum ersten Mal in seinem Leben in die Großstadt kam. Alles schien so wundervoll, so aufregend, so anders, so neu und so groß. Es gab hier sogar einen richtigen Ozean! Das furchterregende, donnernde Pfeifen der Düsenjäger, die so oft Kirjat Shmona auf ihrem Weg in den Libanon oder nach Syrien überflogen, machte dem lauten Dröhnen der großen Fracht- und Passagierflugzeuge Platz, die geradewegs über unseren Köpfen den nahegelegenen Flughafen ansteuerten. Gespannt beobachtete ich ihre blitzenden Landelichter am dunklen Abendhimmel.

In der Volksschule, die ich nun besuchte, lernte ich Kinder kennen, die ganz anders waren als meine Schulfreunde in Kirjat Shmona. Als einmal eines der Kinder dem Bibellehrer einen lustigen Streich spielen wollte, indem es in der Mitte des Klassenzimmers eine Stinkbombe explodieren ließ, verriegelte er sämtliche Fenster und verbot uns, sie wieder zu öffnen. Er verließ den Raum und ließ uns im Gestank sitzen. Eigentlich hatte ich diesen Lehrer, der Meir Tzubari hieß, sehr gern. Er verstand es so gut, in die biblischen Geschichten »den Geist des Lebens hineinzuhauchen«, und sie uns so lebendig zu machen, daß wir uns beinahe mit ihren Gestalten identifizieren konnten. Ich war mir absolut sicher, daß er die ganze Bibel auswendig kannte! Mit Ausnahme seines Unterrichts und der Fächer Sport und Landwirtschaft fand ich die Schule wenig interessant. Am meisten störten mich die Hausaufgaben. Die Bibelstunden dagegen faszinierten mich. Ich konnte sie kaum abwarten. Von frühester Kindheit an hegte ich eine besondere Liebe für die Heiligen Schriften. Heute liebe ich es, sie intensiv zu studieren. Vielen Dank, Herr Tzubari!

Im gleichen Jahr, als wir nach Holon umzogen, wurde ich dreizehn Jahre alt und *Bar Mizwa*. Damals nahm ich an den Treffen der Jugendbewegung *Hanoar Ha-Oved* teil, die jetzt mit der Arbeiterpartei politisch verbunden ist. Ein Jahr später schloß ich mich der *Hashomer Hatzair* an. Diese Zusammenkünfte liebte ich sehr. Während dieser Zeit begann ich auch, Diskotheken und Tanzlokale zu besuchen. Dort beobachtete ich die Jungs aus den höheren Klassen unserer Schule, wie sie den Mädchen aus meiner Klasse nachstellten. Ich fing an, Geschmack an dieser Lebensart zu finden.

Der Wechsel von der frommen Welt der *Synagoge* in Kirjat Shmona zum weltlichen Holon, zu den offenen Stränden und der Großstadtatmosphäre war so eingreifend, daß ich schließlich selber weltlich wurde. Es war mir damals ziemlich gleichgültig. Meinen Eltern gefiel jedoch diese Veränderung an mir überhaupt nicht!

In Holon besuchten wir die *Synagoge* der *Ashkenasim* – da wir keine andere Wahl hatten. Wir fühlten uns aber in dieser *Synagoge* nicht zu Hause. Wir vermißten den gewohnten persischen Vorbetergesang. Einige Jahre später zogen wir wieder um. Wir mieteten eine kleine Zwei-Zimmer-Wohnung mit einem winzigen Vorgarten in einem der ärmsten Stadtteile. Nach und nach bauten wir mehrere Räume an, und die kleine Wohnung wurde zum »Zug«. In der Nachbarschaft lebten viele orientalische Juden, und in der Nähe des Parkes entdeckten wir dann eine persische *Synagoge*. Es dauerte jedoch nicht lange, bis ich die *Synagoge* nicht mehr besuchte. Und das geschah so:

Am Tag vor Neujahr, als ich 16 Jahre alt war, weigerte ich mich, morgens aufzustehen und mein Bett zu machen. Das erzürnte meinen Bruder, und er schrie mich an: »Wenn du dich nicht mehr als einen Teil unserer Familie empfindest, dann verlaß gefälligst dieses Haus!« Niemand dachte, daß ich ihn beim Wort nehmen würde, aber ich tat es. Ich stand auf, zog meine Bluejeans, ein rotes T-Shirt und Turnschuhe an, und verließ zum ersten Mal in meinem Leben mein Elternhaus.

Ohne einen Pfennig in der Tasche und ohne die entfernteste Vorstellung, wohin ich gehen und was ich als nächstes tun wollte, machte ich mich auf den Weg. Ich stahl (zum ersten Mal in meinem Leben) eine Wassermelone von einem Stand, schlug sie an der Bordsteinkante auf und stillte meinen Hunger und Durst. Dann fuhr ich per Anhalter Richtung Süden zu einem *Kibbuz* im nördlichen *Negev*, wo eine meiner Schwestern lebte. Sie hatte unser Elternhaus einige Zeit vor mir verlassen, weil sie mit meinem Vater nicht auskam. Sie hatte gegen seine Autorität und seine Verbote rebelliert. Ich konnte ihr natürlich nicht erzählen, daß ich von zu Hause weggelaufen war! Meine Schwester freute sich sehr mich zu sehen. Ich übernachtete bei ihr, und am nächsten Morgen nahm ich von ihr einen Rucksack und ein Taschenmesser mit. Ich »borgte«

mir auch etwas Proviant aus der *Kibbuz*küche, und setzte meinen Weg nach Süden fort.

Bald lebte ich am Strand von Elat und faulenzte mit einer Gruppe langhaariger und schlampig gekleideter Hippies. Ich fing an zu rauchen – bis dahin wußte ich nicht, wie eine Zigarette schmeckte – und hatte Umgang mit Leuten, die kein anständiger Mensch in einer dunklen Straße hätte treffen wollen. Diese Nichtstuer lagen Tag und Nacht, betäubt mit Drogen, träge in ihren Hängematten und sangen monotone Lieder. Sie waren Fremde im Land, von Natur aus faul und kamen mit ihrem Leben und in Israel nicht zurecht. So half ich ihnen, Asbestpappe aus verlassenen Baracken zu stehlen, damit sie sich kleine Hütten am Strand bauen konnten, die wie Hundehütten aussahen. Im Lauf der Zeit wurden wir gute Nachbarn im Gehölz in der Nähe des Red Rock Hotels in Elat. Es gab Nächte, aber auch Tage, wo ich beobachten konnte, wie die Drogenabhängigen unter Entzugssymptomen litten. Ich empfand tiefes Mitleid, wenn ich sie stundenlang verzweifelt stöhnen hörte: »Wer verschafft mir etwas Opium?« Obwohl ich selbst ein wenig von diesem Stoff probierte, gelangte ich bald zu dem verhältnismäßig reifen Entschluß (in Anbetracht der Umstände), daß ich niemals Drogen konsumieren wollte!

Eines Nachts durchsuchte die Polizei die Gegend nach den Verantwortlichen für einen schweren Raubüberfall am Strand. Ich lag in meiner kleinen Asbesthütte, als ein Polizist plötzlich seine grelle Taschenlampe auf mich richtete. Obwohl ich am Verbrechen nicht persönlich beteiligt war, wurde ich dennoch für verdächtig gehalten. Der Polizist bestand darauf, daß ich mich ausweise. Als ich das tat, ergriffen mich mehrere Polizisten mit Geschrei: »Bist du der Jakob Damkani, nach dem im ganzen Land gesucht wird? Wie konntest du deiner Mutter so etwas antun? Das Radio meldet dich noch immer als vermißt!« Sie brachten mich sofort in die Arrestzelle der Polizeistation. Am nächsten Tag kamen meine Eltern nach Elat, um mich mit nach Hause zu nehmen.

Es war der erste Besuch meiner Eltern in Elat, seit sie in dieses Land gekommen waren. Ich wünschte, ich hätte sie mit zum Strand hinunternehmen können, um ihnen zu zeigen, wie ihr Sohn lebte.

Ich bat sie: »Kommt und seht euch den Ort an, wo sich das Rote Meer teilte und die Kinder Israels trockenen Fußes hindurchgingen!«[10] Ich hoffte, daß der biblische Zusammenhang ihre Phantasie anregen und bei ihnen genügend Interesse wecken würde. Daher war ich sogar bereit, zu diesem Zweck die historischen und geographischen Tatsachen zu fälschen – jenes Ereignis fand nämlich nicht in der Nähe dieses Ortes statt. Zu meiner Enttäuschung mußte ich jedoch feststellen, daß sie nicht das geringste Interesse zeigten! Sie machten sich nichts aus Besichtigungen oder Besuchen von historischen Stätten. Ihre einzige Sorge war das Wohl der Familie.

›Wie wunderbar wäre es‹, dachte ich mir, ›wenn sie zumindest einen Tag mit mir am Strand verbringen würden, um auszuruhen, zu schwimmen und die Sonne an diesem Ort des ewigen Sommers zu genießen!‹ Sie hielten sich aber in Elat nicht eine Stunde länger als notwendig auf. Beschämt und enttäuscht bestieg ich den erstbesten Bus nach Norden, der uns nach Hause brachte. Erst später erfuhr ich – von anderen Leuten – wie qualvoll die langen Monate meiner Abwesenheit für meine Mutter gewesen waren. Sie irrte kummervoll durch die Straßen der Stadt und klagte um mich wie jemand, der um ein totes Kind trauert: ›Jakob, mein Sohn, wo bist du? Jakob, mein Sohn, mein liebes Kind, bitte, bitte komm nach Hause zurück!‹

In Holon besuchte ich dann wieder die weiterführende Abendschule. Ich war zwar körperlich anwesend, geistig aber ganz woanders. In meinen Tagträumen vergnügte ich mich an den sonnigen Stränden Elats. Meine Schulleistungen waren dementsprechend. So verließ ich die Schule endgültig. Und ich verließ nicht nur die Schule – ich besuchte auch die *Synagoge* nicht mehr. Ich verbrachte meine Zeit abwechselnd in Holon, Jerusalem und Elat. Bis zu meiner Armeezeit ließ ich mich zu Hause nur noch sporadisch sehen, um Hallo zu sagen.

Bevor ich nach Elat ging, stammten die meisten meiner Freunde aus der weiterführenden Abendschule. Als ich zurückkam von der »Perle des Südens«, lernte ich andere Jugendliche aus dem benachbarten Elendsviertel kennen, deren Gesellschaft zweifellos einen schlechten Einfluß auf mich ausübte. Zu dieser Zeit arbeitete ich als selbständiger Stahllieferant und konnte meine Arbeitszeiten frei einteilen.

Das Leben, das ich führte, beeinflußte nicht nur mein allgemeines Verhalten, sondern auch meine Denkweise, meine Wertvorstellungen und meine Prioritäten. Allmählich verdrängte ich die aufregende Erfahrung in der Nähe des steinernen Löwen auf *Tel-Chai*. Unbewußt fing ich an, gegen alle Autoritäten zu rebellieren. Zuerst gegen meine Eltern und später gegen meine Lehrer und *Rabbis*. Das ging soweit, daß ich jede Person in Uniform für einen persönlichen Feind hielt, vor dem ich mich in acht nehmen mußte. Bald übertrug ich meine negative Einstellung auf alle Autoritäten und Uniformträger. Diese Veränderung in meinen Gedanken vollzog sich so langsam und allmählich, daß ich mich schließlich dabei ertappte, wie ich mich der bloßen Vorstellung des Uniformtragens und des Eintritts in die Armee widersetzte.

Was war aus dem jungen, feurigen Patrioten von Kirjat Shmona geworden – der so feierlich versprochen hatte, sein Land und die Menschen wie ehemals *Trumpeldor* zu verteidigen, anstatt sich wie ein Küken im Luftschutzraum zu verstecken? Wie kam es zu diesem »Kriegsdienstverweigerer«, der mich jeden Morgen aus dem Spiegel anblickte?

Ich konnte mir das noch nicht einmal selbst erklären.

Als der Einberufungstag kam, ging ich mit meiner schulterlangen Hippiemähne zur Aufnahmebasis, voller Ressentiments und Feindseligkeit gegen das *Establishment*, das die »Schwarzen« (*Sephardim*) ausbeutet und ausnutzt. Unglücklicherweise war man bei der Armee von meiner Darbietung gespielter Härte überhaupt nicht beeindruckt. So tat ich alles in meiner Macht stehende, um meine verlorene Freiheit wiederzuerlangen.

›Ich werde für niemand den Stiefellecker spielen‹, beschloß ich. In der ersten Woche meiner Grundausbildung, als ich noch absolut unerfahren und ahnungslos war, bat ich um Urlaub »nach Dienstschluß«. Eines der Mädchen aus unserer Nachbarschaft wollte heiraten. Ich fand, daß ich unbedingt bei ihrer Hochzeit dabei sein mußte! Just vor den amüsierten Augen der anderen Rekruten demütigte mich mein zuständiger Befehlshaber mit einer endlosen

Kette kerniger Flüche in der schmutzigsten Sprache, die ich je gehört hatte. Das würde ich nicht stillschweigend hinnehmen! Als der Appell beendet war, verließ ich das Armeelager und verschwand für 17 Tage.

Eines Nachts saß ich dann um drei Uhr morgens zusammen mit einem meiner Freunde auf dem Rasen, unter dem Guavenbaum im Vorgarten meines Elternhauses. Wie vielen anderen aus unserer Nachbarschaft war es ihm gelungen, aus dem Militärdienst entlassen zu werden. Plötzlich wurde er nervös. Er hatte schon einschlägige Erfahrungen mit der Militärpolizei. Sein gut trainiertes Gehör vernahm die MPs bereits, bevor sie unser Haus erreichten. »Lauf!« bellte er mich an, und ich lief so schnell wie ein Hase und so weit mich meine Beine trugen. Ich überquerte den Nachbarhof und verschwand. Mein Kumpel blieb ruhig im Gras liegen, ließ sich von den MPs Handschellen anlegen und zum Polizeiauto führen, um mir genügend Zeit zur Flucht zu verschaffen.

Mein Vater kam aufgrund des Tumults aus dem Haus gelaufen und war bestürzt über die Fehlidentifikation: »Ihr dummen Esel! Das ist nicht mein Sohn. Er muß da lang gelaufen sein!« rief er und deutete zum Nachbarhaus. Aber ich war längst über alle Berge!

17 Tage nach meiner Fahnenflucht wurde ich von der Militärpolizei am Strand von Elat gefaßt. Man brachte mich vor Gericht und verurteilte mich zu 35 Tagen Militärarrest.

Schon als Zivilist hatte ich eine sehr wichtige Lektion gelernt: laß niemals zu, daß »sie« dich von der Aufnahmebasis verlegen, ohne vorher den Psychiater gesehen zu haben. Beim Appell, wenn sie die Soldaten in die unterschiedlichen Heereslager schickten, weigerte ich mich zu antworten, als mein Name aufgerufen wurde – bis ich eine Überweisung zum Psychiater erhielt. Erst dann würde ich zum Artillerieübungslager in Samaria gehen. Mit Hilfe mehrerer Freunde überzeugte ich meinen Befehlshaber, daß ich zum Militärdienst ungeeignet sei. Als ich schließlich bis zum Psychiater durchdrang, war die Grundarbeit geleistet. Nach einem halben Jahr miserablen Militärdienstes wurde ich als »untauglich« aus der Armee entlassen. Das war leider das unwiederbringliche Ende meiner Militärlaufbahn.

Meine persönliche Situation verschlimmerte sich zunehmend. Am *Jom Kippur* 1973, als das Sirenengeheul den Beginn dieses schrecklichen Krieges ankündigte, lungerte ich mit einigen Freunden in einer ihrer Wohnungen in Holon herum. Wir dachten nicht im geringsten daran, in den Luftschutzkeller zu gehen. Die *Synagoge* am höchsten jüdischen Feiertag zu besuchen, stand ganz außer Frage. Ein schlechtes Gewissen hatte ich schon, weil ich an diesem besonderen Tag der *Synagoge* fernblieb, aber sie hatte mir bereits seit langem nichts mehr zu bieten. Die Rebellion, die ich gegen jede Autorität entwickelt hatte, erstreckte sich auch auf die *Rabbis* und ihre Stellvertreter. Weder kannte ich Gott noch empfand ich, daß ich Ihm für meine Taten Rechenschaft schuldete. Meiner Meinung nach war jeder Mensch ein Sünder. Ich sah nicht ein, warum gerade ich für mein Tun verantwortlich gemacht werden sollte. Meine Welt beschränkte sich damals auf das, was innerhalb der Wände dieses kleinen Zimmers geschah, in dem wir saßen und vor uns hinträumten.

Während des *Jom Kippur*-Krieges war es mir unangenehm, in der Stadt herumzulaufen. Es waren keine anderen jungen Männer zu sehen, sondern nur Frauen, Kinder und alte Leute. Alle Männer befanden sich an der Front. Überall war die Kriegsatmosphäre zu spüren. Ich bedauerte zutiefst meine dumme Weigerung, wie alle anderen Männer den Streitkräften beizutreten. Mit der Hilfe meines Bruders versuchte ich, mich als Freiwilliger für den aktiven Dienst zu melden. Jetzt aber wies mich die Armee zurück. So blieb mir nichts anderes übrig, als ziellos die Straßen entlang zu laufen und wortlos die stummen Fragen zu beantworten, die mir die starrenden Blicke der Menschen stellten!

Aufbruch in den Westen

Mit der Zeit wurde mir klar, daß ich auf diese Art und Weise nicht mehr weiterleben konnte. Die große, weite Welt schien mir die einzige Chance zu sein, um Erfüllung und Sinn in meinem Leben zu finden. So beschloß ich, das Land eine Zeitlang zu verlassen.

Mein Bruder Shmuel, der uns nach Holon gebracht hatte, lebte mittlerweile in Kopenhagen, Dänemark. Er arbeitete für den skandinavischen Luftfahrtdienst (S.A.S.) und eröffnete später ein Juweliergeschäft in der Fußgängerzone der Kopenhagener Innenstadt. Ich dachte, es wäre doch ganz nett, dorthin zu fliegen und ihn zu besuchen. So kam ich an einem kühlen Herbsttag am internationalen Flughafen in Dänemark an.

Eigentlich wollte ich nur kurze Zeit bleiben, aber mein Besuch dauerte zwei Monate. Europa entsprach nicht meinem Geschmack. Im Gegensatz zu den Israelis wirkten die Menschen auf mich so kalt wie toter Fisch. Außerdem bezweifelte ich sehr, daß ich jemals die dänische Sprache beherrschen würde.

Ich erfuhr von einem großen Bauboom in Australien. Da ich einige Erfahrung als Stahl- und Bauarbeiter hatte, beschloß ich, nach Australien zu gehen, um schnell viel Geld zu verdienen. Der gütige Gott aber hatte andere Pläne mit mir. Mein Bruder erzählte mir, daß er ein Grundstück auf der Insel Freeport auf den Bahamas besitze. Er überredete mich dazu, dorthin zu gehen und ein Hotel zu bauen.

»Bekomm dein Leben in den Griff und sei wie der Rest der Familie!« schrie er mich ärgerlich an. »Wir sind immer eine so warmherzige Familie gewesen, so eng miteinander verbunden. Warum mußt du wie ein Freak leben? Du gammelst herum und hast Kontakte zu dubiosen Gestalten. Wann wirst du erwachsen? Geh nach Freeport. Ich bin sicher, daß wir Geschichte machen, wenn wir als

Familie alle unsere Kräfte vereinen und in eine erfolgversprechende Sache Geld und Energie investieren! Übrigens«, fügte er hinzu, »wird dort zur Zeit sehr viel gebaut, und du kannst deine Fähigkeiten auf diesem Gebiet einsetzen.«

Als mein älterer Bruder fühlte sich Shmuel sowohl für meine Erziehung als auch für mein Benehmen in einem fremden Land verantwortlich. So versuchte er, mich auf einen anderen Weg zu bringen. Er gab mir alle Unterlagen, die er beim Grundstückskauf erhalten hatte, und schickte mich per Zug nach Luxemburg, wo ich das erste Flugzeug bestieg, das auf die Bahamas flog.

Als das Flugzeug in Nassau landete, fragte mich der Einwanderungsbeamte, wieviel Geld ich bei mir hätte. Mit seltener Ehrlichkeit erzählte ich ihm die nackte Wahrheit – daß ich nur über 70 Dollar verfügte.

»Was beabsichtigen Sie mit 70 Dollar zu tun?« lachte der Mann. Dann stempelte er meinen Paß und teilte mir seine Absicht mit: mich in das erstbeste Flugzeug zu setzen, das nach Kopenhagen zurückflog. ›Was für einen Sinn hatte es, ehrlich zu sein?‹ fragte ich mich und ging zum Direktor des Flughafens. Ich zeigte ihm die Unterlagen, die mir mein Bruder gegeben hatte, und stellte mich als Geschäftsmann vor, der ein Grundstück in Freeport besaß und in dessen Bebauung investieren wollte.

»In Freeport warten Leute auf mich«, versicherte ich ihm. »Ich wurde bei meinem letzten Besuch auf der Insel bestohlen und ziehe es daher vor, nicht zu viel Bargeld mit mir zu führen.«

Ich vermute, daß der Direktor von meinen Ausführungen beeindruckt war. Jedenfalls berichtigte er den Eintrag in meinem Paß. Nachdem ich die Nacht in einem offenen amerikanischen Auto verbracht hatte, das auf dem Flughafenparkplatz abgestellt war, machte ich mich auf nach Freeport.

Dort nahm ich ein Taxi und bat den dunkelhäutigen Fahrer, mich zu einem »Baugelände« zu bringen. Er sah mich an, als käme ich von einem anderen Stern (was ja der Wahrheit sehr nahe kam) und fragte mich, was genau ich denn meinen würde.

»Bring mich zu Bauplatz! Ich Job suche«, erklärte ich ihm in gebrochenem Englisch.

»Wovon in aller Welt sprechen Sie?« fragte er und sah mich verdutzt an. »Auf diesen Inseln wird schon seit Jahren nichts mehr gebaut! Im Moment herrscht Flaute. Es werden keine neuen Gebäude mehr errichtet!«

»Lassen Sie mich sofort aussteigen!« befahl ich. Ich war nicht bereit, meine letzten Dollars für eine unnütze Taxifahrt zu verschwenden.

Als ich aus dem Taxi stieg, sah ich mich um und entdeckte, daß die Insel paradiesisch schön war. Ein wirkliches Juwel! Die Alleen, durch die ich schlenderte, waren mit Palmen bepflanzt. Überall wuchs üppige tropische Vegetation. Gepflegte Rasenflächen und endlose Blumenbeete zierten die Straßenränder und Vorgärten der eleganten Villen. Dekorative Springbrunnen beherrschten das Bild. Hinter den weißen Sandbänken des Strandes erstreckte sich das klare, dunkelblaue und türkisfarbene Meer. Alles war makellos sauber und ungemein schön – es kam mir vor, als hätte ich den Garten Eden gefunden! Die amerikanischen Limousinen glitten leise über die gut gepflasterten Straßen. Staunend und entzückt betrachtete ich die Umgebung.

Dann legte ich mich auf eine grüne Wiese in der Nähe eines blendend weißen Hotels und schob meinen braunen Koffer unter den Kopf. Allerlei Gedanken kamen mir in den Sinn. ›Was für ein großartiger Ort, dieses tropische Paradies! Was für Menschen werde ich hier antreffen? Was machen meine Freunde und meine Familie gerade im fernen Israel? Wie kann ich das Grundstück finden, das meinem Bruder gehört? Wo verbringe ich die Nacht?‹

Ich liebte die Herausforderung und das Abenteuer, das die große, weite Welt bereithielt: irgendwo zu landen und zu überleben; das Unerwartete zu genießen und mich, genau wie in Elat, unendlichen Freuden hinzugeben.

Zwei dunkelhäutige, hagere und ziemlich schäbig gekleidete Burschen kamen über die Straße den Hügel herunter. Ihre Gesichter zeugten von einem schweren Leben. Aber ich entdeckte auch eine gewisse Lebensfreude in ihnen. Ich rief sie zu mir herüber. Wir kamen ins Gespräch und ich erzählte ihnen, daß ich aus Israel sei. Ihren verdutzten Gesichtern sah ich an, daß sie nicht die geringste

Ahnung hatten, wo in aller Welt sich dieses Land befand. Sie hatten noch nicht einmal von Jerusalem gehört!

Dann fragte ich sie, wo ich Arbeit und eine Unterkunft finden könne. Darauf hatten sie eine Antwort:

»Mach dir keine Gedanken! Komm mit uns, und alles wird sich regeln!« Ich nahm ihre herzliche Einladung an und ging mit ihnen. Wir kamen in ein Wohngebiet von Einfamilienhäusern mit kleinen Vorgärten. Zu meiner Überraschung bestiegen die beiden Burschen eines der Häuser durch das Fenster. Das Haus war ziemlich verwahrlost. Es roch abscheulich! Meine neuen Bekannten erzählten mir, daß in dieser Gegend einst Farbige gewohnt hatten, die wegziehen mußten, damit die Häuser renoviert und später von Weißen bezogen werden könnten. Seitdem standen die Häuser verlassen und leer.

Nachdem wir dort eine ruhige Nacht verbracht hatten, verließen wir am nächsten Tag bei Sonnenaufgang das Haus. Die beiden Männer nahmen mich zu einem großen Bäckerladen in einem Industriegebiet mit.

»Dieser Bäckerladen, genau wie alle anderen Unternehmen auf der Insel«, erklärten sie, »gehört den Weißen. Aber alle Angestellten sind Farbige und werden mit uns ›zusammenarbeiten‹. Komm, wir gehen durch die Hintertür hinein und ›nehmen‹ uns so viel, wie wir tragen können. Glaub uns – niemand wird etwas merken!«

Wir gingen hinein und waren eine Minute später schon wieder draußen mit den erbeuteten süßen Sachen ...: frische Brötchen, Kuchen und süßes Gebäck. Tatsächlich schöpfte niemand Verdacht. Der weiße Eigentümer des Gebäudes war nicht da, und die farbigen Arbeiter hielten wirklich zusammen. So beschafften sich meine neuen Freunde im wahrsten Sinne des Wortes ihr tägliches Brot.

Auf der Insel Freeport gab es ein Casino nur für Weiße. Aufgrund meines ziemlich hellhäutigen Aussehens ließ man mich ein. Ich hatte zwar kein Geld zum Spielen, aber die Atmosphäre gefiel mir. Eines Abends, als ich die Spielhalle verließ, hörte ich jemanden Arabisch sprechen. Es waren drei Seeleute, die auf einem libyschen Öltanker beschäftigt waren, der im Hafen vor Anker lag. Sie wollten drei Tage auf der Insel verbringen und waren begeistert, jemanden zu treffen, der Arabisch sprach, wenn auch nur gebrochen. Sie störten sich auch nicht daran, daß ich Israeli war. Ganz im Gegenteil, sie luden mich freudestrahlend zum Abendessen in ihr Hotel ein. Ich nahm ihre Einladung gerne an.

Hier lernte ich zum ersten Mal das »süße Leben« in einem Fünf-Sterne-Hotel kennen. Mohammed, einer der Seeleute, nahm mich mit auf sein Zimmer und erklärte mir, wie man sich in einem solchen First-Class-Hotel zu verhalten hatte. Ich hätte mir einen derartigen Luxus in meinen kühnsten Träumen nicht vorstellen können. Wie gelangte ein einfacher Mensch wie ich aus dem »gottverlassenen« Kirjat Shmona an einen solchen Ort? Ich fühlte mich tatsächlich wie in einem Märchen!

Als ich mit meinen Gastgebern im Hotelrestaurant das Abendessen einnahm, sah ich mich mit einem neuen Problem konfrontiert: wie um alles in der Welt benimmt man sich an einem so fein gedeckten Tisch mit aufwendigem Tafelsilber, prächtigem Porzellangeschirr und farbigen tropischen Drinks, die in funkelnden Kristallkelchen serviert wurden? Bei jedem Essen wurden mehrere Gänge aufgetragen. Aber ich konnte nicht mit Messer und Gabel in der Art umgehen, wie man es von einer kultivierten Person erwartet!

Und wer würde dafür zahlen? Wieder kein Problem! Lässig kritzelte mein Gastgeber eine unleserliche Unterschrift auf den Rechnungsbeleg, den man ihm aushändigte. Der Preis für das Essen wurde automatisch auf das Hotelzimmer verbucht! Wie interessant! Und wer zahlt meine Rechnung? Mach dir keine Gedanken, Libyens reiche Regierung wird auch für deine Ausgaben aufkommen!

Mann, das gefiel mir! Da taten sich ja ungeahnte Möglichkeiten auf! Wenn es so einfach ist – wenn man nur eine Unterschrift auf einem Stück Papier zu leisten hatte – dann mußte man das ausnutzen.

Drei Tage später reisten meine libyschen Gastgeber ab und kehrten zu ihrem Schiff zurück. »Um unserer Freundschaft willen«, bat ich Mohammed auf Arabisch und in gebrochenem Englisch, »du gehst nun zur See. Niemand wird dich dort ausmachen. So kannst du doch dem Empfangschef erzählen, daß du den Zimmerschlüssel verloren hast und ich kann weiterhin hier wohnen?« Mohammed gefiel diese Idee. »So Gott will, werden wir dich eines Tages wiedersehen, in Frieden, in Jerusalem!« In seinen Augen funkelten die Hoffnung und der Glaube an eine bessere Zukunft.

Als wir uns mit feuchten Augen verabschiedeten, händigte mir Mohammed seinen Zimmerschlüssel aus. Meine Auslagen gingen weiterhin zu Lasten der libyschen Regierung. Ich genoß jede Minute – die Freuden am Swimmingpool, das Restaurant und die Annehmlichkeiten des Zimmerdienstes. Ich fühlte mich dort schon fast zu Hause.

Dann begegnete ich wieder den beiden dunkelhäutigen Männern, die ich kennengelernt hatte, als ich auf die Insel kam. Sie lagen auf der Wiese, wo ich sie das erste Mal getroffen hatte. Zu meiner Verwunderung waren sie nicht gerade erfreut darüber, mich wiederzusehen. Als ich sie bat, mich zu dem Haus zu bringen, wo ich meinen braunen Koffer versteckt hatte, lehnten sie ab. Wahrscheinlich hatten sie sich in der Zwischenzeit selbst »um ihn gekümmert«! Bis dahin glaubte ich noch an die Rechtschaffenheit der Menschen. Nun jedoch begriff ich allmählich, daß Vertrauen, gegenseitige Hilfe und menschliche Brüderlichkeit nicht immer vorausgesetzt werden sollten. Ich hatte ihnen einmal mit meinem wenigen Geld ein paar Hamburger gekauft und jetzt behandelten sie mich wie einen Fremden!

Ich hatte keine Wahl – ich mußte meinen Koffer finden. Deshalb zwang ich sie mit Einsatz »leichter körperlicher Gewalt«, mich zu dem Ort zu bringen, wo meine Habe versteckt war. Völlig enttäuscht und desillusioniert über die Unehrlichkeit dieser undankbaren Burschen, ging ich wieder in »mein« Fünf-Sterne-Hotel zurück, wo ein »ehrlicher« Mann wie ich in Ruhe gelassen wurde!

Die Tage vergingen. Ich ließ es mir gutgehen, bis mich eines Abends der Empfangschef zu sich bat und mich fragte, wer ich denn überhaupt sei. »Ich bin Ahmed Ali«, gab ich ihm zu verstehen und erklärte, daß ich zur Besatzung des libyschen Tankers gehören würde.

»Aber die haben das Hotel schon vor einer Woche verlassen«, sagte er.

»Das stimmt«, erwiderte ich, »aber der Kapitän dieses Schiffes ließ mich auf der Insel zurück, damit ich auf das nächste Schiff warte, das in Kürze ankommen wird. Sie brauchen zusätzliche Arbeitskräfte an Bord.«

Ich traute meinen eigenen Worten nicht. So einfach war es also, eine Lüge zu erzählen! Der Mann hob den Telefonhörer ab und rief im Hafen an, bekam aber zum Glück keine Verbindung. Ich schlug vor, er solle es noch einmal am nächsten Morgen versuchen. Er wurde ziemlich verlegen – es war ihm sichtlich peinlich, so daß er sich nicht genug entschuldigen konnte ...

Noch vor Sonnenaufgang machte ich mich dann aus dem Staub.

Im Casino hatte ich einige Zeit zuvor einen jungen Israeli kennengelernt, der an den Spieltischen arbeitete. Als er von meiner »Wohnungsnot« hörte, lud er mich in das Appartementhotel ein, in dem er sich aufhielt. Er kannte die Insel ziemlich gut. Von ihm erfuhr ich dann, daß das Grundstück, das mein Bruder zu Spitzendollars gekauft hatte, nicht einmal der Person gehört hatte, die es ihm damals verkaufte! Betrügereien und Schwindel waren auf dieser Insel genauso an der Tagesordnung wie im benachbarten Florida.

Das benachbarte Florida? Als ich erfuhr, daß es von den Bahamas nur ein Katzensprung nach Florida war, begannen meine Augen zu leuchten. Bis dahin hatte ich keine Ahnung, daß Amerika so nah war! Der Mann erzählte mir, daß ich keine Chance hätte, auf den Bahamas Arbeit zu finden und riet mir, nach Amerika zu gehen, wenn ich es im Leben zu etwas bringen wolle! Er stellte mich den Leitern der jüdischen Gemeinde auf der Insel vor. Am *Shabbat* besuchte ich dann ihre *Synagoge*. Die Beter hatten Mitleid mit dem mittellosen Vagabunden aus dem fernen Israel. Ein Gemeindemitglied kaufte mir ein Flugticket nach Miami Beach, Florida, und schenkte mir 100 Dollar. Noch in der gleichen Woche verließ ich meine Trauminsel und bestieg, voller Hoffnungen, das Flugzeug, das mich in das »Land der unbegrenzten Möglichkeiten« bringen sollte.

New York, New York!

Als Kind dachte ich, daß eine Wohnung mit zweieinhalb Zimmern in Holon einem Traumhaus gleichkomme. Damals konnte ich nicht ahnen, was in Amerika auf mich wartete.

Die Räder des Flugzeugs setzten auf der Landebahn des Flughafens von Miami Beach auf. Ich war in Amerika! Hier war alles größer, reicher, vollkommener und sehr viel teurer! Trunken ging ich durch die Straßen der riesigen Stadt, geblendet und verwirrt von dem, was meine Augen sahen. Ich sog die Eindrücke, die Geräusche und die Gerüche förmlich in mich auf, und war überwältigt von den riesigen Highway-Brücken, die sich auf mehreren Ebenen wie Schlangen ineinander rollten und in vielspurige Autobahnen mündeten. ›Wie kann man sich hier nur zurechtfinden, ohne sich zu verlaufen?‹ dachte ich.

Die bunten Leuchtreklamen, die in einer wechselnden Folge von Bildabläufen erloschen und wieder aufstrahlten, zogen mich in ihren Bann. Alles war so fremd und faszinierend für einen einfachen Landjungen wie mich.

Und was tut ein junger 21jähriger Israeli, wenn er in Amerika ankommt? Er geht auf Arbeitssuche! Nun, ich hielt mich eine Woche lang in Miami Beach auf, konnte aber keine Arbeit finden. So beschloß ich, da ich keine andere Wahl hatte, meinen Freund Michael in New York zu besuchen.

Michael hatte ich vor einiger Zeit in Israel kennengelernt. Seine liebevollen und wohlhabenden *ultraorthodoxen* Eltern hatten ihn von Brooklyn nach Jerusalem geschickt, in der Hoffnung, daß ihr Sohn in Israel ein berühmter *Rabbi* werden würde. Sie achteten darauf, daß es ihm an nichts fehlte und füllten sein Bankkonto immer dann auf, wenn es zur Neige ging. Michaels Eltern hatten jedoch keine Ahnung, wo sich ihr geliebter Sohn tatsächlich aufhielt.

Michaels Sinn stand ganz und gar nicht danach, die heilige *Thora* zu studieren. Er besuchte viel lieber die Kneipen, Bars und Nachtclubs der heiligen Stadt Jerusalem anstatt ihre *Rabbiner*schulen. Zu der Zeit, als ich abwechselnd in Tel Aviv, Jerusalem und Elat lebte, begegneten wir uns eines Nachts im »Gelben Teehaus« in Jerusalem. Nachdem wir ziemlich lange miteinander geplaudert hatten, gab er mir seine Heimatadresse in Brooklyn und lud mich ein, ihn zu besuchen, falls ich eines Tages nach Amerika kommen sollte. Damals rechnete er sicherlich nicht im geringsten damit, daß ich tatsächlich kommen würde.

Nachdem ich beschlossen hatte, Michael ausfindig zu machen, ging ich in Richtung Highway und hob meinen Daumen, so wie ich das früher praktiziert hatte, um von Tel Aviv nach Elat zu gelangen. Autostopp war in Amerika genauso üblich wie in Israel, wo viele Soldaten per Anhalter fahren. Auf diese Weise kam ich bis nach Georgia.

Als ich in Brooklyn ankam, fragte ich einen Polizisten nach der nächsten U-Bahnstation. Dann ging ich in die Richtung, die der Polizist mir gezeigt hatte, und fuhr mit dem Fahrstuhl hinunter zur U-Bahnstation. Dort beging ich meinen ersten Fehler auf amerikanischem Boden – für den Bruchteil einer Sekunde stellte ich meinen Koffer ab, um einen Dollarschein in Vierteldollars zu wechseln, damit ich den Fernsprecher benutzen konnte. Zum Glück beobachtete mich eine jüdische Passantin und rief mir zu: »Lassen Sie bloß nicht Ihren Koffer auch nur einen Moment aus den Händen! Hier sind alle *Ganeffs*!« Später verstand ich, wie recht sie hatte und war dankbar. In jenem Augenblick aber war ich erschrocken und verdutzt über ihren lautstarken Willkommensgruß. Mein erster Eindruck von New York war sehr düster. Schließlich erreichte ich Michaels Haus. Leider war er nicht daheim! So verbrachte ich drei oder vier Nächte im Foyer eines heruntergekommenen Hotels, wo ich hinter einer schäbigen Couch schlief.

In jenen Tagen traf ich zum ersten Mal auf das Phänomen des »üblen Israeli«. Ich mußte feststellen, daß sich im Ausland ein Israeli dem anderen gegenüber wie ein Wolf verhält. Es schien mir, als ob alle, die ich kennenlernte, nur an sich dachten und ihren Geschäften nachgingen, selbst wenn sie nur ein Dach über dem Kopf und vier eigene Wände besaßen. Der Begriff »gegenseitige Hilfe« war völlig unbekannt. Obwohl ich mehreren Leuten meine Not schilderte und ihnen berichtete, daß ich gerade angekommen sei und keine Bleibe hätte, lud mich niemand vorübergehend zu sich nach Hause ein. Mir schien, als ob Argwohn und Furcht vor unbekannten Gesichtern unsere Leute dort dazu veranlaßten, die althergebrachten Sitten der Gastfreundschaft zu vergessen, mit denen sie in Israel aufgewachsen waren.

Auch nahm der *Jored* in der Regel jede Art von Arbeit an, selbst manuelle Tätigkeiten, die er in Israel niemals ausgeführt hätte – nur um etwas Geld zu verdienen. Sie gebrauchten die Ellbogen im Kampf um ihr Einkommen – auch wenn ihre Mitmenschen dabei auf der Strecke blieben!

Drei Tage später ging ich noch einmal zu Michaels Haus. Diesmal klopfte ich an die Tür des Kellergeschosses. Die Tür öffnete sich, und Michael stand vor mir! Er übte gerade mit einem guten Freund Karate.

Michael sah mich verwundert an, da er sich nicht mehr an mich erinnern konnte. Er fragte mich, wer ich sei und was ich an seiner Tür zu suchen hätte. So zeigte ich ihm seine Adresse, die er mir damals eigenhändig aufgeschrieben hatte und erklärte ihm, wo wir uns kennengelernt hatten. Das half ihm auf die Sprünge – er bat mich erfreut herein. Die Wiedersehensfreude war groß! Nachdem wir ein paar Worte gewechselt hatten, erfuhr ich, daß seine Familie nach Jerusalem gezogen war und ihre Luxusvilla an andere Leute vermietet hatte. Er war der einzige, der in Amerika blieb und nun in diesem winzigen Kellergeschoß seines Elternhauses leben mußte!

Neben Michaels Bett, das fast das ganze Zimmer ausfüllte, war gerade noch Platz für eine Matratze. Außer diesem Zimmer standen ihm eine Miniküche mit einem kleinen Gasherd und ein Bad mit Dusche zur Verfügung.

Ich fragte Michael, warum ausgerechnet ein ehemaliger *Thora*student Karate lernt. Seine Antwort verblüffte mich:

»Als kleiner Junge wurde ich einmal auf dem Weg zur Schule von nichtjüdischen Kindern angegriffen. Sie verprügelten mich, und nannten mich einen ›dreckigen Juden‹ und ›Christusmörder‹. Damals beschloß ich, dafür zu sorgen, daß so etwas nicht noch einmal passiert. Ich schwor mir, daß ich fähig sein werde, mich zu verteidigen, falls ich oder ein anderer Jude noch einmal von Antisemiten angegriffen werden! Nie wieder werden wir in die Gaskammern gehen!«

Michael half mir, im Zentrum Manhattans meinen ersten Job zu finden. Wegen meiner schlechten Englischkenntnisse wurde ich jedoch kurze Zeit später wieder entlassen und mußte mich nach etwas anderem umsehen. Ich fand eine Stelle als Laufbursche in einem italienischen Restaurant. Da ich aber keine gesetzliche Arbeitserlaubnis besaß, wurde ich von meinen Arbeitgebern über Gebühr ausgenutzt.

Das erinnerte mich an die Zeit, als ich in Holon bei einem Vogelkäfighersteller arbeitete. Damals war ich 14 Jahre alt und wollte für mich, und auch beisteuernd zum Familieneinkommen, etwas Geld verdienen. Ich arbeitete sehr hart und leistete genauso viel wie die Erwachsenen. Mein Chef nutzte jedoch die Tatsache aus, daß ich noch ein Kind, ein schutzloser Minderjähriger war, und zahlte mir einen Hungerlohn.

Hier in New York hatte ich auch keinen Schutz durch das Gesetz und war für jeden potentiellen Arbeitgeber eine leichte Beute. So wechselte ich in einem Jahr mehrmals den Job. Nachdem ich ein halbes Jahr bei Michael gewohnt hatte, mußte ich ausziehen, weil er seine Freundin heiratete und den Platz benötigte. Nun mußte ich den vollen Mietpreis für eine Wohnung in Brooklyn zahlen. Ziemlich bald stellte sich heraus, daß meine Einkünfte noch nicht einmal für die Deckung der Mietkosten ausreichten, geschweige denn für mein »tägliches Brot«.

Deshalb zog ich nach New Jersey und arbeitete zunächst als Bauarbeiter bei einem ehemaligen Israeli. Später richtete ich private Schwimmbäder in den Häusern reicher und berühmter Amerikaner ein. Ich war wie geblendet von dem Luxus und Glanz dieser Häuser. Unvergeßlich bleibt mir die Installation eines großen Schwimmbads mit Whirlpool und einer geräumigen Sauna in einem dieser Paläste. Ich konnte nicht begreifen, wie es sich die Leute leisten konnten, derartig feudale Villen zu bauen, die viele Millionen Dollar kosteten. Ich fragte mich, wozu sie die vielen leeren Zimmer brauchten. Keiner dieser Millionäre hatte mehr als zwei Kinder, die meistens schon erwachsen waren und das Haus verlassen hatten. Für wen war all dieser Prunk nötig? Für den weißen Pudel oder die siamesische Katze?

Drei Jahre waren vergangen, seit ich meine Füße auf den »heiligen Boden« der Vereinigten Staaten gesetzt hatte. In diesen drei Jahren erreichte ich sehr viel. Ich hatte Dutzende von Arbeitsstellen gehabt. Mit dem ersparten Geld kaufte ich ein Auto und einen fahrbaren *Falafel*stand. In Manhattan sieht man an jeder Straßenecke Hotdogverkäufer, und ich war mir sicher, daß mein *Falafel*geschäft in einer Stadt mit so vielen Juden und Arabern ein voller Erfolg sein würde. Ich stellte meinen Stand mitten auf den jüdischen Markt in der Delancey Street, direkt am Washington Square. Sonntags, wenn im Central Park Konzerte stattfanden, nahm ich an die 300 Dollar ein, mehr als ich in einer ganzen Woche mit harter und ehrlicher Arbeit verdient hätte!

Nun konnte ich stolz auf mich sein. Dennoch war ich nicht zufrieden, weil das nicht der Weg war, um wirklich reich zu werden. So entschloß ich mich, ein Juweliergeschäft aufzumachen und fühlte mich von da an wie ein echter Amerikaner. Meine Englischkenntnisse wurden zunehmend besser, und ich stieg materiell und sozial auf. Amerika wurde meine neue Heimat, und nichts hätte mich mehr von dort wegbringen können!

Eines Tages erhielt ich einen Anruf von meiner Familie aus Israel. Sie teilten mir mit, daß meine Lieblingsschwester Frieda heiraten würde. Frieda ist zwei Jahre jünger als ich, und wir sind immer sehr miteinander verbunden gewesen. Da ich bei ihrer Hochzeit unbedingt dabei sein wollte, bestieg ich das nächstbeste Flugzeug nach Israel. Als das Brautauto vor dem Hochzeitssaal ankam, öffnete ich dem überraschten jungen Paar die Tür!

Die Freude und Aufregung jenes Augenblicks läßt sich nicht mit Worten beschreiben. Niemand hatte mit meinem Kommen gerechnet! Mutter wurde fast ohnmächtig vor Überraschung und Wiedersehensfreude. Meine Brüder schalten mich später: »Warum hast du nicht angekündigt, daß du kommst? Mutter hätte einen Herzanfall bekommen können!«

Nach der Hochzeit verbrachte ich drei Wochen bei meinen Eltern. Das Wiedersehen mit alten Jugendfreunden aus der Nachbarschaft war aufregend und enttäuschend zugleich. Mir schien, als ob ich das Land niemals verlassen hätte. Viele meiner alten Freunde waren im Gefängnis. Andere wiederum gingen in der Arrestzelle der Polizeistation ein und aus, als ob sie ihre zweite Heimat wäre.

Mir wurde es dort bald wieder zu klein und zu eng. Jeder, der nach mehreren Jahren in den Vereinigten Staaten in eine kleine Stadt wie Holon zurückkehrt, versteht, was ich meine. Der Unterschied zwischen dem Leben in der großen, weiten Welt und der israelischen Provinzialität war zu krass. Das Land Israel lebte und funktionierte wie eine große Familie. Man wußte, was in den Töpfen der Nachbarn für das Abendessen kochte. Ich gewann den Eindruck, daß der größte Spaß der Israelis die Freude war, die täglichen Höhen und Tiefen ihrer Nachbarn zu erörtern. Außerdem vermißte ich bei meinem damaligen Besuch das Gefühl von Wärme und Nähe, mit dem ich in Israel aufgewachsen war.

Die schmutzigen Gassen, die schlecht gepflasterten engen Straßen und die alten schmucklosen Häuser, die bessere Tage gesehen hatten, machten mich traurig und niedergeschlagen. Ich fühlte mich wie ein gefangener Vogel, eingesperrt in meinem selbstgemachten inneren Gefängnis. Mir stand der Sinn nur noch danach, diesem Käfig wieder zu entfliehen. Sehnsüchtig wünschte ich mir das Ende meines Heimatbesuches herbei, um das nächstbeste Flugzeug besteigen zu können, das mich zurück »nach Hause« bringen würde – nach Amerika!

Als ich wieder meinen Koffer packte, stieß ich im Haus meiner Eltern auf meine alte hebräische Bibel, die mir in meinen Schuljahren so treu gedient hatte. Plötzlich entsann ich mich der Worte meines Bibellehrers Meir Tzubari bei der Schulabschlußfeier: »Ich bitte euch inständig, meine Freunde: lest euer Leben lang eifrig in den Büchern der Psalmen und der Sprüche.«

Ich nahm das alte Buch und steckte es in meinen neuen Koffer – nachdem es mir nun finanziell gut ging, konnte ich mir einen neuen

Koffer leisten, der den alten braunen ersetzte. Als ich das Flugzeug bestieg, faßte ich den festen Entschluß, meinen Urlaub künftig auf den Hawaii-Inseln, in der Schweiz oder in Timbuktu zu verbringen – aber nie wieder in Israel.

Jeff

Nachdem ich zu meinem Laden in New Jersey zurückgekehrt war, legte ich meine alte Bibel auf den Ladentisch – in der Hoffnung, daß sie mir Glück bringen würde. Hin und wieder befolgte ich die Empfehlung meines Lehrers und blätterte in ihr. Eines Tages betrat ein junger Mann mit Schnurrbart, strahlenden Augen und sanftem Blick meinen Laden. Er machte einen entschlossenen, aber liebevollen Eindruck und sprach langsam und bedacht. Sein Name war Jeff.

Als er die hebräische Bibel auf meinem Ladentisch liegen sah, leuchteten seine Augen auf. Dann fragte er mich auf Hebräisch: »Sie glauben an Jeshua[11], nicht wahr?«

»Natürlich glaube ich an Jehoshua (Josua)«, erwiderte ich, da ich ihn völlig mißverstand.

»Nein, nein! Ich meine nicht Jehoshua Ben Nun«, sagte Jeff lächelnd. »Ich beziehe mich vielmehr auf Jeshua, der Jeshu[12] von denen genannt wird, die Ihn nicht kennen.«

»Warum Jeshu?!« fragte ich perplex, wütend und empört. »Sind Sie Jude? Und wenn, was bedeutet er Ihnen? Wir Juden glauben nicht an Jeshu! Wir glauben an Gott, an Gott allein!«

»Nein, ich bin kein Jude«, antwortete Jeff, »aber während des *Jom-Kippur*-Krieges verbrachte ich als freiwilliger Busfahrer einige Zeit in Israel. Davor arbeitete ich in Israel als Volontär in mehreren *Kibbuzim*. Dort lernte ich etwas Hebräisch. Ich liebe das israelische Volk von ganzem Herzen und ich glaube fest, daß Gott es auch liebt.«

»Moment mal! Wollen Sie mir wirklich erzählen, daß Sie kein Jude sind?«

»Nein, leider bin ich kein Jude«, gab Jeff ehrlich zu, »aber ich liebe die Juden wegen Jeshua!«

Nun runzelte ich die Stirn. »Ich habe noch nie von einem Nichtjuden gehört, der die Juden liebt! Und was hat Jeshu mit alldem zu tun?«

Jeff blieb mir die Antwort nicht schuldig: »Weil Jeshua Gottes Sohn und Israels Messias[13] ist.« Er sagte dies mit der kühnen Gewißheit eines Glaubenden, der seinen Glauben für bewiesen hält. Er zog wahrscheinlich die Möglichkeit gar nicht erst in Betracht, daß es Leute geben könnte, die anders dachten.

»Gottes Sohn?« ich war erneut erzürnt. »Seit wann hat Gott einen Sohn?«

»Oh, da muß ich Ihnen einige Neuigkeiten erzählen«, lächelte Jeff. »Gott hat nicht nur einen Sohn, Sein Sohn ist auch ein echter Jude, ein jüdischer König aus dem Haus Davids.« Dann wechselte er das Thema und fragte mich: »Haben Sie jemals die *Brit Hachadasha* (das Neue Testament) gelesen?«

»Oh nein, Gott bewahre!« Ich war jetzt wirklich erschrocken. »Uns Juden ist es verboten, dieses Buch auch nur in Händen zu halten! Es ist ein nichtjüdisches, christliches Buch. Wir dürfen unsere Hände nicht damit beschmutzen.«

»Es ist bedauerlich, daß Sie ein Buch verurteilen, das Sie nie gelesen haben!«

Jeff wechselte ins Englische. »Wie können Sie nur ein derartiges Vorurteil von etwas haben, worüber Sie überhaupt nichts wissen? Wenn eine Person vor Gericht gebracht wird, muß der Richter völlig unparteiisch und unbefangen sein. Er muß alle Aussagen objektiv abwägen, die ihm von der Anklage und der Verteidigung vorgetragen werden. Der Richter darf seine subjektiven, persönlichen Neigungen nicht ins Urteil einbeziehen. Er muß ehrlich und gerecht urteilen! Wie können Sie dann ein so schreckliches Urteil über Jeshua und den Neuen Bund abgeben, wenn Sie nicht die geringste Ahnung davon haben? Erkennen Sie nicht, daß Sie Ihren Vorurteilen, oder gar den Vorurteilen anderer Menschen, erlauben, Ihre Meinung zu bilden und Sie dazu zu veranlassen, ein Urteil zu fällen, ohne vorher die Fakten geprüft zu haben?«

»Was sind denn die Fakten?« meine Neugier war geweckt. »Seit frühester Kindheit wurde ich gelehrt, daß Jeshu nur für die *Goyim*, die Nichtjuden, bestimmt war! Ich muß gestehen, daß ich nichts über Jeshu und das Christentum weiß!«

Es sah so aus, als wartete Jeff nur auf eine Gelegenheit, um mir mehr über seinen Gott zu erzählen.

»Möglicherweise sind die Dinge, die ich Ihnen nun erzähle, völlig neu für Sie. Vor allem aber sollten Sie wissen, daß sich das wahre, ursprüngliche Christentum – einige nennen es den ›messianischen Glauben‹ – sehr vom verzerrten Bild der christlichen Religion unterscheidet, das die meisten Juden heute haben. Der messianische Glaube ist ein Lebensweg, für den sich eine Person in einem freien Willensakt entscheidet. Er ist keine Religion, in die ein Mensch hineingeboren wird. Der Glaube an den Messias der Juden ist der einzige Weg der Rettung und der wahren Beziehung zum lebendigen Gott. Das gilt für jeden Menschen, ob Jude oder Nichtjude. Der messianische Glaube war nicht allein für die *Goyim* bestimmt. Im Gegenteil, er war zuerst und vorrangig für das jüdische Volk gedacht. Ich will Ihnen nicht das Christentum predigen und ich erwarte sicherlich nicht, daß Sie Ihre Religion wechseln und zum Christentum übertreten, Gott bewahre! Obwohl ich nicht als Jude geboren wurde, lernte ich dank Jeshua, was wahres Judentum ist!«

Jeff nutzte mein beklommenes Schweigen, um fortzufahren: »Hier gibt es einen grundsätzlichen Meinungsunterschied, und ich bin mir nicht sicher, ob Sie sich dessen bewußt sind. Die Juden glauben, daß nur eine Person, die von einer jüdischen Mutter geboren wurde, als Jude angesehen werden kann. Somit hängt die Religion eines Menschen, oder vielmehr sein Glaube, an dem er für den Rest seines Lebens treu festhalten muß, von der geschlechtlichen Beziehung seiner Eltern ab. Deshalb kann behauptet werden, daß Esau genauso jüdisch wie Jakob war, weil beide zur gleichen Zeit und von derselben Mutter geboren wurden. Auch Gideons Eltern waren gute und gläubige Juden, obwohl sie den Götzen dienten und sie verehrten (Richter 6, 25). Die Tatsache, daß ein Mensch in eine jüdische Familie hineingeboren wurde, ist aber keineswegs eine Garantie für seine Hingabe an den Gott Israels. Denn wenn ein Mensch in einer Garage geboren wird, wird er nicht notwendigerweise zum Automobil.

Mit anderen Worten«, fuhr Jeff fort, »niemand kann messianisch geboren werden. In diesem Sinne ist der messianische Glaube keine Religion, wie es das Christentum ist. Ein Mensch muß für sich selbst entscheiden, ob er messianisch werden will oder nicht. Nur wer durch Glauben anerkennt, was Jeshua für ihn getan hat und Ihn als Herrn und Retter annimmt, wird ein messianischer Glaubender. Er ist dann ›gerettet‹ oder ›von neuem geboren‹. Das widerspricht nicht den biblischen Aussagen, sondern erfüllt sie. Ein Jude, der Jeshua annimmt, wird ›messianischer Jude‹ – während ich, ein Nichtjude, der Ihn im Glauben angenommen hat, ein ›von neuem geborener messianischer Glaubender‹ bin.«

Ich sah ihn verwundert an, weil ich aus seinen Worten nicht schlau wurde.

»Sehen Sie«, unterbrach ich ihn, »wir Juden haben eine lange und leidvolle Geschichte schlechter Beziehungen zu euch Christen hinter uns. 2000 Jahre lang haben uns die Christen im Namen dieses Mannes, Jeshu, schwer verfolgt. Die Kreuzfahrer metzelten uns brutal nieder, als sie sich daran machten, Jeshus Grab aus den Händen der Muslime zu befreien. Während der ›Heiligen Inquisition‹ wurden wir im katholischen Spanien unter dem Schlagwort ›Konvertiere oder stirb!‹ gefoltert und bei lebendigem Leib auf den Scheiterhaufen verbrannt. In Polen und Rußland schlachteten uns *Chmielnickis* Kosaken ab wie Schweine. Die Christen ersannen niederträchtige Verleumdungen gegen uns und behaupteten, daß wir das Blut unschuldiger Christenkinder in unseren *Pessach*ritualen verwenden würden. Besessen von grenzenlosem Haß, trieb der aufgebrachte Pöbel – unter Lobeshymnen auf seine Götter Jesus und Maria – die Juden ganzer Dörfer in die *Synagogen*, sperrte sie darin ein und steckte sie in Brand.

Und es ist noch gar nicht so lange her, daß katholische und protestantische antisemitische Christen Hakenkreuze trugen und unser Volk wie Schafe zur Schlachtbank führten – in die Gaskammern und Krematorien im nationalsozialistischen Europa. Das Blut der Opfer ist noch nicht vergessen und schreit noch immer um Vergeltung zum Himmel. Und jetzt kommen Sie und versuchen mir, einem Juden, zu predigen, Jeshu anzunehmen und an ihn zu glauben? Es tut mir leid! Ich will nichts mit ihm zu tun haben!«

»Wir müssen zunächst einmal verschiedene Dinge klarstellen«, entgegnete Jeff. »Sie haben sich lediglich an die falsche Adresse gewandt. Sie setzen Jeshua – übrigens heißt Er Jeshua und nicht Jeshu – und diejenigen, die an Ihn glauben, den Antisemiten gleich, deren Taten mit den Lehren des Neuen Testamentes unvereinbar waren. Ich bin mir der ungerechten und feindseligen Haltung der sogenannten ›Christen‹ gegenüber den Juden sehr wohl bewußt. Diese Haltung entsprang der Unwissenheit, der Sündhaftigkeit, der Fehldeutung des Wortes Gottes und der absoluten Unkenntnis von Gottes Plan zur Rettung Israels und der ganzen Welt.

Sie kennen wahrscheinlich eine gewisse Theorie, die heute in vielen christlichen Kirchen weit verbreitet ist. Diese Theorie ist sehr alt und besagt, daß die Juden einst Gottes auserwähltes Volk waren, aber Gott ungehorsam wurden, als sie Seinen Sohn, den Messias, ablehnten. Das erzürnte ›ihren Gott‹, so daß Er sie ›verstieß‹ und stattdessen die christliche Kirche als auserwähltes Volk und als Seine neue Braut annahm. Diese Theorie ist auf keinen Fall richtig. Der Gott Israels – der Herr des ganzen Universums, weil es nur einen Gott gibt – ist ein gerechter, treuer und wahrhaftiger Gott, der niemals Seine Versprechen bricht. Den Anhängern dieser schrecklichen Irrlehre, der sogenannten ›Enterbungstheorie‹, mangelt es an einer entscheidenden Erkenntnis: hätte der Gott Israels nämlich Seinen ewigen Bund mit Seinem auserwählten Volk auch nur ein einziges Mal gebrochen, so würde auch der Glaube der Christen haltlos sein! Welcher logisch denkende Mensch könnte an einen solch wankelmütigen Gott glauben und Ihm vertrauen, daß er Sein Wort hält und ihn rettet? Wenn diese sogenannten ›Christen‹ der Ansicht sind, daß Israel Gott gegenüber untreu und ungehorsam ist – wie schätzen sie sich dann selber ein? Sind sie denn besser?

Viele behaupten, Christen zu sein«, fuhr Jeff mit Nachdruck fort, »sie sind aber keine wahren Jünger Jeshuas. Vielmehr tun sie genau das Gegenteil von dem, was ihr Herr sie lehrte und ihnen zu tun gebot. Es besteht ein gewaltiger Unterschied zwischen diesen Namenschristen, die in einem ›christlichen‹ Umfeld aufwuchsen, und den wahren messianischen Glaubenden, die an einem bestimmten Zeitpunkt ihres Lebens Jeshua als ihren Herrn und Retter aus freiem Willen annahmen. Erstere haben nichts zu tun mit dem wahren historischen Jeshua, der als König der Juden geboren wurde, starb und vom Tod auferstand. Jeshua lehrte und lehrt auch heute noch Seine Nachfolger, Gott von ganzem Herzen, ganzer Seele und mit ganzem Verstand zu lieben, und ihre Nächsten zu lieben wie sich selbst. Er schenkt ihnen die Kraft und die Fähigkeit dazu. Jeshua kam in diese Welt, um uns unsere Sünden zu vergeben und uns ein neues Herz und einen neuen Geist zu schenken!

Das Neue Testament kann nur im Licht des *Tanach* verstanden werden. Ein Nichtjude, der durch den Geist Gottes von neuem geboren wurde, versteht, daß Jeshua in erster Linie zum jüdischen Volk gesandt wurde. Er weiß, daß sein Glaube an den göttlichen Retter Jeshua, der gemäß den alttestamentlichen Verheißungen Gottes an Sein Volk Israel in diese Welt kam, ihn, den nichtjüdischen Glaubenden, ins geistliche Bürgerrecht Israels einschließt. Dieser nichtjüdische Glaubende erkennt, daß er einen jüdischen Glauben an den jüdischen Messias und an den Gott Israels angenommen hat und – wie ein adoptiertes Kind oder wie ein echter *Proselyt* – in den jüdischen Glauben aufgenommen wurde.

Jeshua kam nicht in diese Welt, um eine neue Religion zu stiften. Ganz im Gegenteil! Er kam, um die Bestimmung des jüdischen Volkes zu erfüllen, ein Licht für die Nichtjuden zu sein. Jeshua kam, um den Glauben Israels zu vollenden und gleichzeitig die Türen des Heils für die Nichtjuden zu öffnen, wie geschrieben steht:

›*Tut auf die Tore, daß hineingehe das gerechte Volk, das den Glauben bewahrt!*‹ (Jesaja 26, 2)

›*Denn der Herr wird sich über Jakob erbarmen und Israel noch einmal erwählen und sie in ihr Heimatland setzen. Und Fremdlinge werden sich zu ihnen gesellen und dem Haus Jakob anhangen.*‹ (Jesaja 14, 1)

Das Neue Testament sagt deutlich, daß Gott Sein Volk nicht verstoßen hat«, bekräftigte Jeff. »Der Neue Bund beinhaltet unter anderem die Schriften des Apostels Paulus. Paulus war ein Jude vom Stamm Benjamin und wurde in der griechischen Kolonie von Tarsus in Kleinasien geboren. Er bezeichnete sich aufgrund seiner religiösen Überzeugungen als *Pharisäer.* Paulus verfolgte die an den Messias glaubenden Juden gewaltsam, bis sich Jeshua ihm in einer Vision offenbarte und sein Herz veränderte. In einem seiner göttlich inspirierten Briefe – dem Römerbrief – vergleicht er das Volk Israel mit einem edlen Ölbaum, aus dem mehrere Zweige ausgebrochen und an ihrer Stelle Zweige eines wilden Ölbaums eingepfropft wurden. Paulus stellte dann den nichtjüdischen Glaubenden folgende Frage: ›Wer trägt wen? Tragen die Zweige den Stamm, oder ist es umgekehrt?‹ Er warnte die nichtjüdischen Glaubenden davor, sich über die Juden zu erheben, weil die Juden die originalen und natürlichen Zweige des edlen Ölbaums sind! Trotzdem taten die Christen genau das, wovor sie so deutlich gewarnt wurden! Nennen Sie das Gehorsam dem Wort Gottes gegenüber?

Ich sage Ihnen, ›Yankele‹, daß das Urteil Gottes über die Nichtjuden, die so denken, sehr hart ausfallen wird, weil sie den Augapfel Gottes, die Juden, angetastet haben! Wir, die Nichtjuden, wurden durch unseren Glauben an Jeshua jüdisch, und nicht umgekehrt! Deshalb fordere ich Sie nicht dazu auf, zu konvertieren und ›Christ‹ zu werden – Gott bewahre! Ich glaube nicht, daß ein Jude seine Religion wechseln soll, wenn er seinen jüdischen Messias annimmt. Nichts wäre widersinniger als das! Sie müssen ein Jude bleiben, wenn Sie zu Ihrem jüdischen Messias finden!«

»Mein Messias?« lachte ich bitter, »mein Messias ist noch nicht gekommen! Jeder Jude bekennt dreimal am Tag, daß er auf das Kommen des Messias wartet! Ein Jude kann nicht Jude bleiben, wenn er glaubt, daß der Messias bereits gekommen ist.«

»Ich fürchte, in diesem Punkt irren Sie sich«, antwortete Jeff. »Der Messias ist bereits gekommen und Sein richtiger Name ist *Jeshua Ben David.* Leider haben viele Juden ein ziemlich verzerrtes Bild vom verheißenen Messias. Sie glauben, daß Er als ›der Löwe von Juda‹ kommen müsse, um ihnen einen vernichtenden Sieg über die Nichtjuden zu verschaffen. Viele Juden warten immer noch auf den Messias, weil es weitaus einfacher ist, auf das Gute, das in ferner Zukunft kommen wird, zu warten, anstatt das Böse und das Elend der Gegenwart zu akzeptieren. Die Menschen sagen: ›Wenn der Messias kommt …‹ und sehen so über die Gegenwart hinweg.

Aber Gott entschied von Anfang an, daß Er, bevor Er die Welt verbessere, erst das menschliche Herz erneuern müsse.

Das Hauptproblem liegt bei uns Menschen. Wir haben Gottes Wege verlassen. Wir haben die Kriege und das damit verbundene Elend in die Welt gebracht. Wir haben die Umwelt verschmutzt und zerstört und unseren moralischen Untergang herbeigeführt. Jeder von uns hat seinen Teil dazu beigetragen – mit Betrug, mit Selbstsucht, mit Habgier und anderem. Das sind die Dinge, die unsere Welt zerstören und verderben!«

Jeff sah mir in die Augen und fuhr fort: »Der Messias hatte die Aufgabe, in erster Linie das Grundproblem der Menschheit zu lösen, unsere Entfremdung und Abwendung von Gott. Die Sünde trennte uns von Ihm. Aber Gott blieb uns nicht fern. Er sehnte sich stets danach, Sie und mich zu sich zu ziehen. Deshalb kam Er in diese Welt, um die Strafe für unsere Sünden auf sich zu nehmen und uns von unseren Sünden zu befreien, damit Er uns reinigen, heiligen und Seinen Geist in uns wohnen lassen könne. Somit können wir das Beste von Gottes Schöpfung in unserem irdischen Leben zusammen mit dem Schöpfer genießen und mit Ihm an der Erneuerung Seines Universums teilhaben.«

Ich konnte spüren, daß er ernsthaft an jedes seiner Worte glaubte. Es war mir jedoch noch immer schleierhaft und unverständlich, was das alles mit mir zu tun hatte, oder mit Jeshu, und was Jeshu mit mir zu tun hatte!

Da sah Jeff auf seine Uhr und sagte, er müsse jetzt gehen. Er versprach aber wiederzukommen, um »sein Hebräisch aufzufrischen« und mir zu zeigen, daß der Messias bei Seinem ersten Kommen für die Sünden der Menschheit sühnte. Vieles war mir noch nicht klar. Jeff erklärte mir, daß Jeshua als das Lamm Gottes in diese Welt kam, um für die Sünden der ganzen Welt geopfert zu werden. Er versicherte mir außerdem, daß Er bei Seiner Wiederkunft als der starke und mutige Löwe von Juda alle Feinde Gottes durch die Macht Seiner Liebe überwinden wird.

Jeff ging und ich war allein. Verwirrende und widersprüchliche Gedanken gingen mir durch den Kopf. Messias! Jeshu! Das hatte mir gerade noch gefehlt! Natürlich zweifelte ich weder an der Existenz Gottes, noch glaubte ich, daß der einzige Weg zur Erneuerung oder Erlösung der Schöpfung Gottes der von den jüdischen Weisen in der *Sohar* und *Kabbala* beschriebene sei. ›Aber was sollte all dieser Unsinn über Jeshu und seine Methode, ›die Menschen zu erneuern, bevor das Universum verändert wird‹? Warum sollte diese Welt überhaupt erneuert werden?‹ fragte ich mich. Ich wollte einfach nur die wenigen weiteren Jahre genießen, die mir gegeben waren, um in dieser Welt zu leben.

Plötzlich mußte ich an Elisabeth denken, eine Freundin, die mir einst erklärte, daß ich keine Ahnung davon hätte, worum es im Leben wirklich ging. Schnell jedoch vertrieb ich diese unangenehme Erinnerung aus meinem Gedächtnis und versicherte mir selbst, daß ich es sehr wohl verstehen würde, das Leben zu genießen. Es wollte mir aber nicht gelingen, diese Gedanken abzuschütteln. Ich dachte über mein Leben nach und stellte fest, daß ein Mensch seinen Lebensweg manipulieren kann, indem er sich mit kluger und schlauer Rede die Wünsche seines Herzens erfüllt. War es nicht genau das, was ich getan hatte? Ich wußte, was die Leute hören wollten und sagte ihnen diese Dinge auf unwahrhaftige Weise. Ich war bereit, fast alles zu tun, um meine Ziele zu erreichen. Plötzlich erschien mir mein Verhalten als sehr gemein und verletzend. Worte, die seit Anbeginn der Welt skrupellos dahingesagt werden, um andere irrezuführen und zu täuschen, machen diese Welt zu einem grausamen Ort. Der weiseste aller Menschen, König Salomo, war sich dessen bewußt, als er im Buch der Sprüche schrieb: ›*Leben und Tod sind in der Hand der Zunge!*‹ (Sprüche 18, 21) Wieviel Töten und Morden hatte ich in den Herzen vieler Menschen mit meiner bösen Zunge und meiner lässigen Rede begangen? In diesem besonderen Augenblick wurde mir blitzartig die geistliche Erkenntnis zuteil, wie sehr wir uns gegenseitig mit diesem kleinen und bösartigen Organ in unserem Mund – der Zunge – verletzen!

Die Seele des Fleisches ist im Blut

Inzwischen hatte ich mehrere wichtige Dinge in meinem Leben erreicht. Ich hatte die »Green Card« erworben, einen Juwelierladen eröffnet und eine beträchtliche Geldsumme an der Wall Street investiert. Mir schien, daß nur der Himmel die Grenze sei und ich den »amerikanischen Traum« leben würde. Mein Leben verlief sehr vielversprechend und erfolgreich – jetzt war ich jemand. Meine Pläne und Hoffnungen wollten nicht enden. Ich war gespannt auf das, was mir das Leben noch alles zu bieten hatte und sah weiteren Herausforderungen entgegen.

Mein höchstes Ziel zu jener Zeit war, gesellschaftlich aufzusteigen und in den Kreis der Juden aufgenommen zu werden, die aus der syrischen Stadt Aleppo nach Amerika gekommen waren. Sie waren in ganz Amerika bekannt für ihren enormen Reichtum, und sie kontrollierten einen großen Teil des Handels in New York. Meine Mietwohnung in den Elendsvierteln lag nur eine Meile von ihren Luxusvillen an der Atlantikküste entfernt – und doch trennten uns Lichtjahre. Sie lebten in den Vorstädten, fern vom Lärm und Dreck der New Yorker Innenstadt. Ihre Villen mit Privatstrand und riesigen gepflegten Gärten waren mehr als eine Million Dollar wert. Sie fuhren teure Autos und konnten sich Chauffeur und Butler leisten. Ich hoffte, durch meine Redegewandtheit und meinen Charme, eine hübsche Braut in ihrer syrischen *Synagoge* zu finden, die all das mitbringen würde, was ich als Mitgift benötigte.

Mein Gehirn schmiedete ständig neue Pläne. Wäre ich nicht so selbstsicher gewesen, hätte ich sie wahrscheinlich für vollkommen unrealisierbar gehalten. Ich hatte jedoch inzwischen die Erfahrung gemacht, daß auf dieser Welt – und besonders in Amerika – fast nichts unmöglich war.

Neben meinen Bemühungen, in die syrisch-jüdische Gemeinschaft hineinzukommen, beschäftigte ich mich mit einigen anderen herausfordernden Alternativen und bereitete mich sowohl geistig als auch körperlich auf sie vor. Ich joggte kilometerweit über die Felder und Wiesen New Jerseys und schwamm lange Strecken im Meer, um körperlich fit zu bleiben. Ich war entschlossen, meine Ziele um jeden Preis zu erreichen – entweder durch die Syrer oder durch meine natürliche jüdische *Chuzpe* (Dreistigkeit), die ich fälschlicherweise als Mut ansah. Auch wenn meine Beweggründe falsch und schlecht waren, würde letzten Endes der Zweck die Mittel heiligen. Dieses »Ende«, das Ziel, auf das ich beharrlich zusteuerte, stand mir klar vor Augen: ein prächtiger Palast an der Küste mit hohen Glasfenstern, durch die ich über den blauen Ozean sehen konnte – und von dem aus ich mit ein paar eleganten Schritten meine private Traumyacht betreten würde! Das war mein »amerikanischer Traum«. Ich war entschlossen, ihn um jeden Preis wahr zu machen!

Genau zu diesem Zeitpunkt, als mein ganzes Wollen und Streben darauf gerichtet war, diesem Leben das Bestmögliche abzugewinnen, drang Jeff in mein Leben ein. Ungefähr eine Woche nach unserem ersten Gespräch sah ich ihn wieder. Er parkte sein schweres Motorrad auf der gegenüberliegenden Straßenseite und betrat meinen Laden. Es war mir unbegreiflich, wie dieser schmächtige Mann eine solch schwere Maschine fahren konnte. Jeff besuchte mich bewußt kurz vor Ladenschluß. Wir begrüßten uns herzlich, und er erzählte mir über seine Tätigkeit in einer metallverarbeitenden Fabrik. Er war ziemlich zufrieden mit seiner Arbeit, insbesondere weil das meiste von automatischen Maschinen verrichtet wurde. Er mußte lediglich die Kontrolltafeln überwachen und hatte somit während des Schichtwechsels genügend Zeit, um in der Bibel zu lesen. Jeff sprach von seiner Arbeit, ohne sich zu beklagen. Er schien mit seinem Schicksal zufrieden zu sein und seinen Platz im Leben gefunden zu haben.

Nun, ich konnte ihn nur bedauern. Wieviel Gewinn erwirtschaftete wohl sein Chef durch Jeffs Arbeit stündlich, täglich, monatlich und jährlich! ›Gott sei Dank!‹ dachte ich mir, ›war es mir gelungen, diesen Fallstrick zu kappen und dem Teufelskreis zu entrinnen.‹

Obwohl Jeff ziemlich gut Hebräisch sprach, wurde ich ungeduldig, weil er langsam und stockend redete und ständig nach den richtigen Worten suchte. Außerdem wollte ich mein Englisch verbessern. Nach einigen Sätzen in Hebräisch ging daher die Unterhaltung wieder ins Englische über. Jeff kam auf den Punkt zurück, an dem unser Gespräch eine Woche zuvor geendet hatte.

Er überraschte mich mit einer Frage: »Wissen Sie, warum Menschen in biblischen Zeiten Opfergaben darbrachten?«

»Natürlich!« ich war froh, meine fundierte Kenntnis der hebräischen Schriften unter Beweis zu stellen. »Die Nichtjuden, die im Land Kanaan lebten, brachten ihren heidnischen Göttern Opfer dar – sogar ihre eigenen Kinder. Gott konnte den Kindern Israels nicht verbieten, diese abscheulichen Dinge ebenfalls zu tun. Deshalb begrenzte Er die Opferpraktiken, indem Er sie reinigte und heiligte.«

»Wissen Sie, wer das erste Opfer in der Bibel darbrachte?« formulierte Jeff seine Fragestellung um.

»Sicher, das war unser Vater Abraham!« rief ich triumphierend aus.

»Das ist leider falsch«, gab mir Jeff lachend zur Antwort. »Viele fromme Menschen gingen ihm voraus. Tatsächlich wurde das erste Opfer bereits im Garten Eden dargebracht. Die *Thora* berichtet uns, daß Gott nach dem Sündenfall für Adam und Eva Röcke von Fell machte und sie ihnen umlegte. Nun, was denken Sie, woher diese Tierfelle kamen? Gott mußte als Sühneopfer für Adams und Evas Sünde unschuldige Tiere schlachten und ihre Felle als Stoff verwenden. Er hätte ihnen die schönsten Kleider aus Samt und Seide machen können; aber Er verwendete Tierfelle. Wissen Sie, warum? Hier kam zum ersten Mal das uralte Prinzip ›Leben für ein Leben‹ zur Anwendung und Durchführung. Dieses Prinzip ›Blut für Blut‹ zieht sich wie ein roter Faden durch die ganze Heilige Schrift. Seit dem Sündenfall mußte das Leben reiner und fehlerloser Tiere geopfert werden, um Sühne für die Sünden der Menschen zu erwirken, wie geschrieben steht:

›*Denn die Seele des Fleisches ist im Blut, und Ich habe es euch für den Altar gegeben, daß ihr damit entsühnt werdet. Denn das Blut ist die Entsühnung, weil das Leben in ihm ist.*‹ (3. Mose 17,11)

Adam und Eva hatten zwei Söhne, Kain und Abel«, fuhr Jeff fort. »Kain opferte Gott von den Früchten seines Feldes, während Abel von den Erstlingen seiner Herde und von ihren Fettstücken opferte. Woher wußten die beiden, daß sie Gott Opfer darbringen sollten? Ich kann Ihnen nicht sicher sagen, ob ihre Eltern es ihnen mitteilten, oder ob Gott es ihnen direkt gesagt hatte. Eines aber ist gewiß: es gibt in der menschlichen Natur ein tief verwurzeltes, in sie eingebettetes Sünden- und Fehlbarkeitsbewußtsein, sowie eine tiefe Erkenntnis, daß eine Sühnung notwendig ist. Selbst die Götzenverehrer primitiver heidnischer Kulturen brachten ihren Gottheiten Opfer dar, um die bösen Geister zu besänftigen, vor denen sie sich fürchteten. Sie waren sogar gewillt, sich mit Selbstgeißelung für ihre Sünden zu bestrafen, um ihr Gewissen zu erleichtern. Dennoch opferte Kain in freiem Entschluß etwas anderes – nämlich die Frucht seiner eigenen Arbeit.

Im Grunde genommen war Kains Opfer der erste berichtete Fall einer von Menschen gemachten Religion. Kain war der erste Mensch, der sich durch das Verdienst seiner guten Werke vor Gott zu rechtfertigen versuchte. Seitdem haben gewissermaßen alle Religionen der Welt auf mehr oder weniger demselben Prinzip aufgebaut, das behauptet, daß der Mensch etwas tun oder unterlassen müsse, um in den Augen seines Gottes Gnade zu finden.

Abel dagegen wollte Gott nicht täuschen, sondern gehorchte Ihm aufs Wort und opferte ein Tier. Deshalb nahm Gott sein Opfer an.

Das Prinzip der Sühnung durch Tieropfer wurde von Generation zu Generation weitergegeben. Es war Gottes Weg, die Sünden der Menschen zu vergeben. Mit der Zeit wurde die Anzahl der Menschen, für die diese Opfer galten, größer.«

Jeff fuhr mit seinen Erklärungen fort. Unweigerlich begann mich dieser Nichtjude, der meine jüdische Bibel weitaus besser kannte als ich, zu faszinieren.

»Nachdem Adam und Eva in Sünde gefallen waren, brachte Gott für beide jeweils ein Opfer, indem Er ihnen Kleider aus Tier-

In Kirjat Shmona: wir sind eine große und glückliche Familie.
Ich halte den Sohn meiner Schwester im Arm.

Meine Schwester und ich, als »Königskinder« verkleidet.

Tief in mir brennt die Frage nach dem Sinn des Lebens.

Einen Hut tragend verkünde ich: »Mit Drogen will ich nichts zu tun haben.«

Bei der Infanterie in Samaria, mit Papier und Stift in der Hand.

Was war aus dem Patrioten von Kirjat Shmona geworden?

Meine lieben Eltern.

Bei Michaels Hochzeit
in Brooklyn.

Sie antworten mit den Fäusten, weil sie das Evangelium weder kennen noch verstehen.

Der Stein wurde nicht geworfen, aber der Haß an sich steinigte mich.

Feinde des Evangeliums, aber von Gott geliebt (Römer 11, 28).

Der orthodoxe Jude fürchtet die Bereitschaft seiner Landsleute, das Evangelium zu lesen und zu verstehen.

Tiberias: In einer tiefen Diskussion über den Unterschied zwischen der schriftlichen Thora und den rabbinischen Gesetzen.

Wer ist im Licht von Gottes Wahrheit ein wahrer Jude?

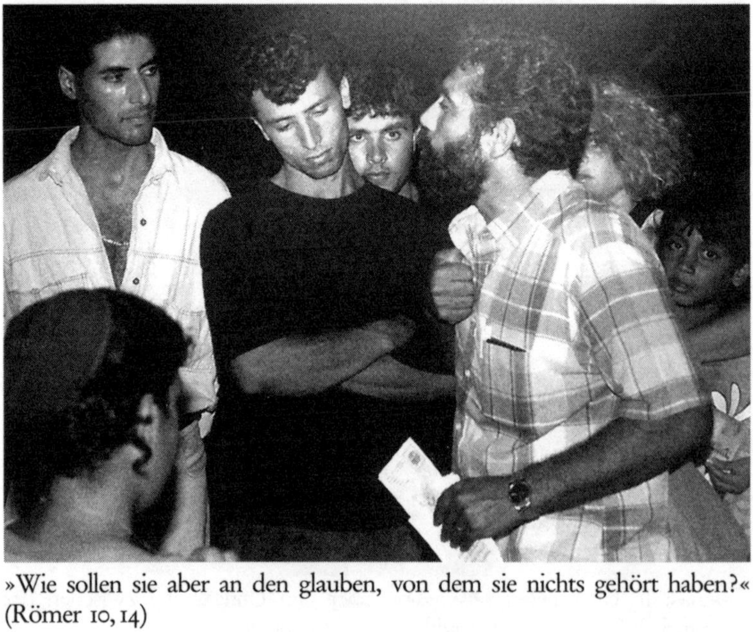

»Wie sollen sie aber an den glauben, von dem sie nichts gehört haben?« (Römer 10, 14)

Viele sind bereit, das Evangelium zu hören.

»Deine Gerechtigkeit verberge ich nicht in meinem Herzen, von Deiner Wahrheit und von Deinem Heil rede ich.« (Psalm 40, 11)

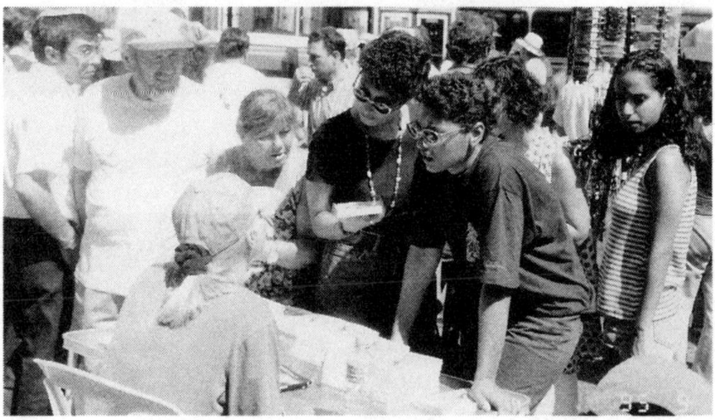

Innenstadt Tel Aviv: wir schämen uns des Evangeliums nicht.

Bücherstand in Haifa.

Auslieferung von Literatur für eine Evangelisation.

Taufe eines von neuem Geborenen in den Tod des Messias (Römer 6,3).

Wird er nach dem Gespräch das Geschenk Gottes durch den Glauben annehmen?

»Wer nun Mich bekennet vor den Menschen, den werde Ich auch bekennen vor Meinem himmlischen Vater.« (Matthäus 10, 32)

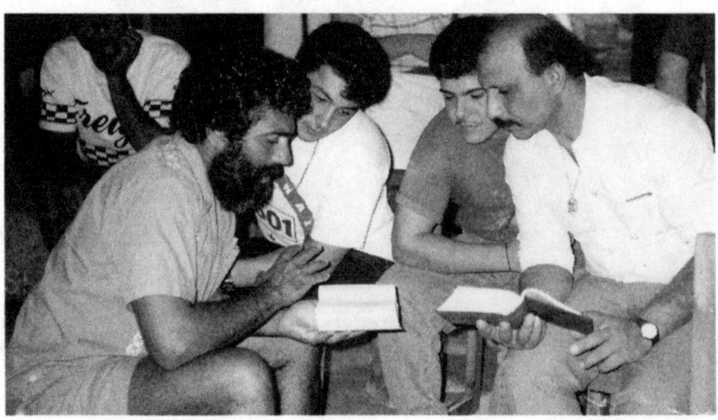

Jakob unterweist arabische Brüder.

Die religiöse Opposition bereitet sich vor.

»Gefahr! Die Missionare kommen!«

Die Opposition im Eifer für Gott, aber ohne Erkenntnis.

Wir bemühen uns, die Blinden daran zu hindern, die Blinden zu führen.

Arabisch-jüdisches Versöhnungstreffen messiasgläubiger Menschen: nur der Messias kann wahren Frieden bringen.

Mit meiner stets liebenden und verständnisvollen Mutter unter einem Guavenbaum.

Gottes Wort wird nicht leer zu Ihm zurückkommen.

»Du Jungfrau, Tochter Zion, wem soll Ich dich vergleichen, damit Ich dich tröste? Denn dein Schaden ist groß wie das Meer. Wer kann dich heilen?« (Klagelieder 2, 13)

fellen machte. Auch Abel brachte Gott ein Opfer, das damals nur für ihn selbst galt. Viele Jahre später gewährte das *Pessach*lamm den Israeliten in Ägypten Zuflucht und Schutz vor dem Todesengel[14] – diesmal war es jeweils ein Opfer für einen ganzen Haushalt. Am Versöhnungstag[15] brachte der Hohepriester dann ein Opfer für das ganze Volk Israel, das jeweils für ein Jahr wirksam war. Zum Schluß erwirkte das ›ein für allemal‹ Opfer Jeshuas, des Messias oder Christus, für die Sünde der ganzen Welt eine ewig gültige Sühnung. Dieses Opfer setzte den Tieropfern im Tempel ein abruptes Ende.

Ist Ihnen schon einmal aufgefallen, daß – genau eine Generation nach der Kreuzigung Jeshuas – der Tempel zerstört wurde und alle Opfer aufhörten? Das geschah, weil seitdem keine Opfer mehr notwendig sind!«

All das war mir völlig neu. Obwohl ich in der Schule die Heiligen Schriften gerne gelesen hatte, konnte ich mich nicht daran erinnern, daß unser Lehrer Tzubari mit uns über derartige Dinge auch nur einmal gesprochen hätte. Meine Neugier war endgültig geweckt, und ich ließ Jeff ohne weitere Unterbrechungen fortfahren – zumindest für den Augenblick.

»Wir wollen uns noch ein bißchen näher mit diesen Opfern beschäftigen«, sagte Jeff. »Die genauen und festen Weisungen, die Mose in der *Thora* gab, schreiben vor, daß das Opfertier fehlerlos und ohne körperliche Makel sein mußte, weil das sonst Unvollkommenheit oder, mit anderen Worten, Sünde, symbolisiert hätte.

Alle Menschen sind in Gottes Augen Sünder. Deshalb kann ein sündiger Mensch sich nicht für die Sünden eines anderen opfern, sondern muß vielmehr für seine eigenen Sünden bestraft werden. Der Gedanke mag erniedrigend sein, daß ein Stier, ein Lamm oder gar eine Taube würdiger sind, als Opfer auf Gottes Altar dargebracht zu werden, anstatt ein sündiger Mensch. Aber es ist eine Tatsache, weil Sünde uns beschmutzt und unrein macht!«

»He! Moment mal!« unterbrach ich ihn. »Sie reden die ganze Zeit von Sünde und setzen voraus, daß jeder Mensch von Natur aus ein Sünder ist. Ich muß Ihnen in diesem Punkt widersprechen. Was ist mit den vielen großen und gerechten Weisen, die in ihrem Leben niemals sündigten? Steht nicht im *Tanach* von dem Volk Israel geschrieben: ›*Und dein Volk sollen lauter Gerechte sein. Sie werden das Land ewiglich besitzen*‹? (Jesaja 60, 21a) Und was ist mit den 36 legendären ›Gerechten‹, auf die sich, gemäß jüdischer Überlieferung, das ganze Universum stützt?«

Jeff blickte mich ernst und besorgt an und wählte seine Worte sehr vorsichtig:

»Nun, hier haben wir einen Fall, bei dem eine von Menschen gemachte Tradition einer klaren biblischen Aussage entgegensteht. Jeder Mensch hat die freie Wahl, entweder dem Wort Gottes zu glauben oder den Überlieferungen der Menschen. Die Weissagung des Verses aus dem Buch Jesaja, den Sie gerade zitierten, bezieht sich auf die Zukunft, wenn Israel sich dem Messias zuwenden und vollendet werden wird. Dann wird das zutreffen: ›Und dein Volk sollen lauter Gerechte sein ...‹ Geben Sie mir Recht, daß heute noch nicht alle Gerechte sind? Die Bibel sagt uns, was in den Augen Gottes gilt:

›*Denn es ist kein Mensch so gerecht auf Erden, daß er nur Gutes tue und nicht sündige.*‹ (Prediger 7, 20)

›*Der Herr schaut vom Himmel auf die Menschenkinder, daß Er sehe, ob jemand klug sei und nach Gott frage. Aber sie sind alle abgewichen und allesamt verdorben; da ist keiner, der Gutes tut, auch nicht einer.*‹ (Psalm 14, 2-3; Psalm 53, 3-4)

›*Wenn sie an Dir sündigen werden – denn es gibt keinen Menschen, der nicht sündigt ...*‹ (1. Könige 8, 46a)

Diesen und weiteren Bibelstellen zufolge ist Sünde ein allumfassendes Phänomen, das, kurz nachdem sich die ersten Menschen auf dieser Erde bewegten, in die Welt kam. Ich will das nun verdeutlichen, weil ich weiß, daß es sich hier um eine sehr heikle Sache handelt, die häufig sowohl von Juden als auch von Christen und den übrigen Religionen mißverstanden wurde. Sünde ist nicht so sehr das, was ein Mensch tut oder unterläßt, sondern liegt vielmehr in der menschlichen Natur. Mit anderen Worten, wir müssen nicht erst anfangen zu sündigen, um Sünder zu sein, sondern es ist genau umgekehrt – wir sündigen, weil wir bereits von Natur aus Sünder sind. Wir mögen Sünde als bösartige Krankheit ansehen, die unseren Körper von innen heraus zerstört und sich in äußerlichen Symptomen zeigt. Die Symptome jedoch bewirken nicht die Krankheit.

Es ist vielmehr die Krankheit, die die Symptome schafft. Wir alle tragen die Keime dieser schrecklichen Krankheit bereits von Geburt an in uns. Wir wurden als Sünder geboren, wie König David schrieb:

›*Siehe, ich bin als Sünder geboren, und meine Mutter hat mich in Sünden empfangen.*‹ (Psalm 51,7)«

»Wollen Sie mir damit erzählen, daß ein Baby, das noch nicht seine rechte Hand von der linken unterscheiden kann, bereits ein Sünder ist?« warf ich provozierend ein.

»Das sage nicht ich, das sagt die Bibel. Sie können es im täglichen Leben beobachten. Unser Erziehungssystem ist nur dazu bestimmt, unser soziales Leben so erträglich wie möglich zu machen. Eines der ersten Worte, das ein Kleinkind spricht, ganz gleich in welcher Sprache, ist gewöhnlich ›nein!‹ oder ›ich will nicht!‹. Wir müssen einem Baby nicht beibringen, wie es ungehorsam oder rebellisch sein kann. Das weiß es von Natur aus. Durch Erziehung versuchen wir, es zu zähmen und die ihm eigenen bösen Neigungen zu brechen, die von Natur aus in seinem Charakter stecken! Die *Thora* berichtet uns das bereits am Anfang des ersten Buches Mose:

›*Als aber der Herr sah, daß der Menschen Bosheit groß war auf Erden, und daß alles Dichten und Trachten ihres Herzens die ganze Zeit nur böse war, ...*‹ (1. Mose 6,5)

Die Ursünde im Garten Eden bestand nicht nur aus dem Vergehen, von der verbotenen Frucht zu essen. Eigentlich war das gar keine so schlimme Sache und sicherlich kein Grund, um aus dem Garten Eden vertrieben zu werden! Es war vielmehr Adams Ungehorsam gegen Gottes klares Verbot, was den Herrn erzürnte. Seit diesem Tag ist alle menschliche Sünde nichts anderes als Auflehnung und Trotz gegen Gottes Willen. Immer wenn wir etwas tun, was dem Willen Gottes widerspricht, sündigen wir. Da es auf der Erde keinen einzigen Menschen gab oder gibt, der immer Gottes Willen ausführte und niemals eine Verfehlung beging, sieht die Bibel die ganze Menschheit als sündig an.

Wir alle wissen, daß Adam nach Gottes Ebenbild geschaffen wurde. Das galt aber nur für das erste menschliche Paar auf Erden, als sie noch in Unschuld lebten und noch nicht in Sünde gefallen waren. Dieses Bild Gottes, nach dem der erste Mensch geschaffen wurde, wurde durch die Sünde bis zur Unkenntlichkeit beschädigt und verstümmelt.

Deshalb mußte im Rahmen der mosaischen Gesetze, wenn ein Mensch Gott ein Opfer darbringen wollte oder mußte, ein reines, *koscheres* Tier zum Priester gebracht werden. Dann mußte dieser Mensch als Zeichen der Identifizierung seine Hände auf den Kopf des Tieres legen und seine Sünde bekennen. So übertrug er seine Sünde und Schuld auf das sündlose Tier. Erst dann wurde das Tier vom Priester geschlachtet und auf dem Altar geopfert. Das Tier mußte für den schuldigen Menschen mit seinem Leben sühnen, und der Mensch wurde nun von Gott so angesehen, als hätte er nicht gesündigt – bis zum nächsten Mal.«

»Womit hatte das arme, unschuldige Lamm oder der sündlose Stier dieses entsetzliche Los verdient, an meiner Stelle geschlachtet und für meine Schuld bestraft zu werden? Warum sollte ich nicht selbst den Preis für meine Sünde bezahlen?« fragte ich Jeff.

»Oh, Sie bezahlen genug dafür! Wissen Sie, was die Strafe für die Sünde ist? Jemand verglich einmal die Sünde mit einem grausamen Meister. Tatsächlich ist sie unser schlimmster Tyrann! Tagtäglich versklavt sie uns, beutet uns aus, erzeugt in uns Scham und Schuldgefühle, verdirbt uns und stürzt uns ins Unglück – und wir dienen ihr treu wie Leibeigene. Und dann, am letzten Tag, wenn wir unseren Lohn abholen wollen, lacht sie uns ins Gesicht und bezahlt uns für unsere fleißige und treue Arbeit mit dem Tod. Denn ›der Lohn für die Sünde ist der Tod‹.

Seien Sie ehrlich: sind Sie wirklich bereit, diesen grausamen Lohn der Sünde, den Tod, selbst zu bezahlen? Sind Sie nicht froh, daß jemand anderes bereits dafür in vollem Umfang bezahlt hat? Glauben Sie mir, es ist kein vorteilhaftes Geschäft, wenn Sie für Ihre Sünde selbst bezahlen müssen!«

»Aber eines Tages werden wir alle sterben, nicht wahr? Warum ist denn das so schlimm?« fragte ich.

»Die Bibel berichtet von zwei verschiedenen Arten des Todes«, erklärte Jeff geduldig. »Einerseits gibt es den körperlichen Tod, von dem Sie gerade gesprochen haben. Mit ihm enden die körperlichen

Aktivitäten des lebenden Organismus. In dieser Hinsicht sind sich Mensch und Tier gleich. Daneben spricht die Bibel aber von einem weiteren Tod, dem ›zweiten Tod‹. Das ist der geistliche Tod, der die ewige und endgültige Trennung des Menschen vom lebendigen Gott, der die letztendliche Quelle des Lebens ist, zur Folge hat. Da alle Menschen Sünder sind, müssen sie für ihre Sünden mit ewigem geistlichen Tod bezahlen, wenn sie nicht Gottes Werkzeug der Errettung anerkennen, Seine Sühnung und die Vergebung ihrer Schuld durch das Opfer Jeshuas, des Messias. Die Bibel beschreibt diesen ewigen Tod mit sehr eindrücklichen Bildern wie ›Gehenna‹ (Hölle), ›ein See, der mit Feuer und Schwefel brennt, wo das Feuer niemals verlischt und der Wurm niemals stirbt‹, oder ›die Finsternis, die draußen ist, wo nur Heulen und Zähneknirschen sein wird.‹

Es ist richtig, daß das reine Tier nicht für Ihr Vergehen schuldig gemacht werden kann«, fuhr Jeff an dem Punkt fort, an dem ich ihn unterbrochen hatte. »Sie sind der alleinig Schuldige! Gott wollte Ihnen aber in Seinem unendlichen Erbarmen zeigen, wie schrecklich die Sünde in Seinen Augen ist. Deshalb machte Er Ihnen deutlich, daß nur ein makelloses, unbeflecktes, unschuldiges (und sehr teures) reines Geschöpf, so wie Sie es hätten sein sollen und gewesen wären, wenn Sie nicht gesündigt hätten, Ihren Platz einnehmen und an Ihrer Stelle sterben kann.«

»Heute haben wir aber keinen Tempel und somit keine Opferdienste mehr«, erwiderte ich hartnäckig, »und unsere *Rabbis* lehrten uns, daß seit der Zerstörung des Tempels alle Opferhandlungen aufgehört haben, und Gott Seine Methode der Versöhnung geändert habe. Seit der Zerstörung des zweiten Tempels bis zum heutigen Tag sind es ›Gebet, Reue und Almosen, die die Strafe Gottes von uns abwenden‹. Heute dient der Grundsatz: wir werden mit unseren Lippen das Opfer von Stieren darbringen, als Weg der Rettung.«

»Hier haben Sie sowohl recht als auch unrecht«, entgegnete Jeff. »Es ist richtig, daß wir heute keinen Tempel und keine Opferdienste mehr haben. Es ist auch wahr, daß die Opferhandlungen nach der Zerstörung des Tempels in Jerusalem eingestellt wurden. Es ist aber falsch, daß Gott Seine Methodik geändert habe, und daß heute

Fasten und Gebete ausreichende Mittel zur Errettung seien. Wenn das der Fall wäre, wozu wären dann die Opfer überhaupt notwendig gewesen? Wenn Gebet und Fasten allein die Seele des Menschen retten könnten, dann hätte Gott nicht die Opfer so vieler unschuldiger Tierleben gefordert. Nein, Gott hat sich niemals geändert, noch wird Er sich jemals ändern. Er ist ewig, und Er hat keinen alternativen Plan für die Errettung der Menschheit! Ich wiederhole, was ich bereits sagte: genau deshalb mußte Gott den Messias senden. Jeshua, der Messias, ist das vollkommene und ewig gültige Opfer, das durch Seinen Sühnetod allen Tieropfern ein für allemal ein Ende gesetzt hat!«

»Es war aber doch nicht Jeshu, der den Opfern ein Ende setzte!« bemerkte ich verärgert. »Ihr Nichtjuden habt unseren Opfern ein Ende gesetzt, weil ihr unseren Tempel zerstört und niedergebrannt habt!«

Jeff sah mich an, als könne er meine Gedanken lesen. »Glauben Sie wirklich, der allmächtige Gott sei so schwach und unfähig, daß Er das nicht hätte verhindern können? Wenn Gott den heidnischen Römern die Zerstörung des Tempels verweigert hätte, hätten sie dann auch nur einen Stein entfernen können? Im Buch Amos wird uns berichtet, daß Gott niemals etwas tat, ohne es uns durch Seine Diener, die Propheten, zu offenbaren, indem Er sie im voraus über Seine Absichten in Kenntnis setzte!«

Ich nickte zustimmend, weil ich es wußte. Aber ich hatte das seltsame Gefühl, daß alles, was ich wußte und woran ich bis zu dieser Stunde glaubte, ohne feste Grundlage war – während Jeffs Glaube im festen und unveränderlichen Wort Gottes gegründet und verankert war. Ich mußte feststellen, daß sein ganzer Glaube allein auf der Bibel aufbaute.

»Auch in diesem Fall«, sagte er, »wie in vielen anderen Fällen, offenbarte Gott Seinen Dienern, den Propheten, daß der Messias in erster Linie für die Sünden der Menschheit sühnen wird. Daraus resultierte die Beendigung des Opfersystems sozusagen als Nebenprodukt.

Meine Güte, ich muß jetzt gehen!« erschreckte sich Jeff, als er auf seine Uhr sah. »Ich besuche Sie aber bald wieder und werde Ihnen großartige Prophezeiungen zeigen, die Ihnen einiges über das Volk Israel und Jeshua offenbaren und Sie in Staunen .versetzen werden.«

Ich mußte mir eingestehen, daß diese Dinge tatsächlich völlig neu für mich waren. Was würde mir dieser Mann womöglich noch alles in der Bibel zeigen? Ich schloß meinen Laden ab und machte einen Spaziergang auf der Uferpromenade des Atlantiks. Durch meinen Kopf schwirrten widersprüchliche Gedanken. An jenem Abend mußte ich an meinen alternden Vater denken. Ich sah ihn in Gedanken vor mir, wie er an *Rosh Hashana* das traditionelle Ritual des *Taschlich* an der Quelle vollzog, um sich symbolisch seiner Sünden zu entledigen. Er tat mir leid, weil das offensichtlich nicht der richtige Weg war, um Sünden loszuwerden! Am Vorabend des *Jom Kippur* opferte er jedes Jahr den Versöhnungshahn. Mit festem Griff schwenkte er das blutende und sich sträubende weiße Federvieh in kreisenden Bewegungen über meinem Kopf, während der Schlächter das traditionelle Gebet sprach: »Das ist meine Versöhnung, das ist meine Stellvertretung, das ist mein Ersatz. Dieser Hahn wird dem Tod entgegengehen, und wir werden Leben und Frieden geschenkt bekommen.« Mutter kochte später mit den geschlachteten Hähnen die traditionelle Hühnersuppe, das letzte Mahl vor dem Fasttag *Jom-Kippur*. Ich dachte damals, daß, wenn alle unsere Sünden tatsächlich auf dieses arme Geschöpf übertragen würden, wir sie doch wieder durch den Verzehr des Hahnes in uns aufnehmen würden.

War das wirklich die Bedeutung des Opfers? Wo wird in der Bibel erwähnt, daß ein Hahn geopfert werden soll? Die *Thora* spricht von Stieren, Schafen und Lämmern, Ziegen, Tauben und Vögeln. Aber wo steht etwas von Hahn und Huhn in diesem Zusammenhang geschrieben? Ich entsinne mich, daß ich nach jedem *Jom Kippur* daran zweifelte, ob mir meine Sünden tatsächlich ganz vergeben waren. Freilich wünschten wir uns gegenseitig den traditionellen Segen »G'mar hatimah tovah!« (Möge dein Name im Buch des Lebens versiegelt sein!). Aber dieser schöne Segen war nichts anderes als Gewohnheit.

Stimmte Jeffs Behauptung, daß das Opfer tatsächlich die wesentliche und wichtigste Sache am Versöhnungstag war? Haben wir heute nicht mehr die Gewißheit der Sündenvergebung, weil keine biblischen Tieropfer im Tempel mehr möglich sind? Mir fiel die Geschichte von *Rabbi* Yohanan Ben Zakkai im *Talmud* ein. Er gestand auf seinem Totenbett vor seinen trauernden Schülern, daß er sich nicht sicher sei, wohin die Engel ihn führen würden: ins Paradies oder, wer weiß, in die Hölle!

Hatte Jeff recht, wenn er sagte, daß die Notwendigkeit von Opfergaben in die Natur des Menschen eingebettet und so alt wie die Sünde selbst sei?

Alle diese Fragen beschäftigten mich und weckten meine Neugier, so daß ich es kaum erwarten konnte, meinen neuen Freund wiederzusehen. Jeff liebte den Herrn, wie ein Kind seinen Vater liebt. Er kannte Gott sehr persönlich und innig, während ich kaum etwas von Ihm wußte. Für Jeff war Gott nicht eine fremdartige höhere Gewalt, die aus der Ferne das Universum regiert. Gott war für ihn vielmehr ein liebender Vater, der Seine Kinder durch und durch kennt und sie trotz ihrer menschlichen Schwächen und Fehler liebt. Ich aber schien den Gott jüdischer Tradition zu kennen. Mir gefielen die israelischen Feste, und ab und zu las ich gerne im *Tanach*. Für Jeff hingegen war der *Tanach* das lebendige Wort des lebendigen Gottes. Er las ihn wie einen Liebesbrief von einer Person, die ihm sehr viel bedeutet. Jeff hatte die Gewißheit, daß ihm alle seine Sünden vergeben waren. Ich dagegen wußte nur, daß ich ein unzüchtiges und ausschweifendes Leben führte. Jeff wußte, daß sich nach seinem Tod die Tore des Himmels weit für ihn öffnen würden, und daß er für immer bei seinem geliebten Herrn im Himmel sein würde. Ich aber hatte nicht die geringste Vorstellung, wo ich mich nach meinem Tod befinden würde. Jeff sagte, daß unser irdisches Leben nur der Korridor zum Festsaal des ewigen Lebens sei. Wie konnte ich mich in diesem Korridor vorbereiten – und, falls ich es nicht tat, würde es dann in der Ewigkeit einen Festsaal für mich geben?

Ganz gleich, von welcher Seite ich die Sachlage betrachtete, Jeff war mir gegenüber eindeutig im Vorteil. Er wußte etwas, das ich wissen sollte. Er besaß etwas, was vermutlich ursprünglich mir gehören sollte, das ich aber unglücklicherweise verwirkt hatte. Ich hätte alles gegeben, um herauszufinden, was dieses »Etwas« war. Dennoch hatte ich schreckliche Angst und war mir nicht sicher, ob ich die Antwort überhaupt finden wollte. Ich wußte, daß die Antwort Verantwortung und Verpflichtungen mit sich bringen würde, und ich war nicht bereit, diese zu übernehmen.

Wer ist das Opfer?

Einige Tage verstrichen, bis Jeff wieder zu Besuch kam. Mir schien, als komme er mit neuer Munition beladen, um mich mit weiteren »Jeshua-Bomben« zu bewerfen. Wenigstens in einem Punkt war ich gewillt, ihm recht zu geben: das verdorbene religiöse *Establishment* ist nichts anderes als ein riesiges Feigenblatt, mit dem die bloße Nacktheit der Religion zugedeckt wird. Alles, was mir Jeff über die Existenz Gottes erzählte, wußte ich bereits seit meiner Kindheit.

In meinem abenteuerlichen Leben hatte ich sehr viele Menschen kennengelernt, aber keiner von ihnen strahlte so viel Lebensfreude aus wie Jeff. Bei unserer ersten Begegnung hatte ich festgestellt, daß er mit einer ganz besonderen Art von Weisheit begabt war. Ich mochte die Art, wie er sein Anliegen vortrug und sich geduldig meinen vielen boshaften Angriffen auf seinen Glauben widersetzte. Deshalb freute ich mich jedes Mal, ihn wiederzusehen, wenn auch die Streitfrage Jeshua so weit von mir entfernt lag wie der Osten vom Westen. Ich empfand, daß ich noch viel von ihm zu lernen hatte.

Nun besuchte er mich wieder in meinem Laden. Ich wünschte mir sehr, mehr über diese Dinge in der Bibel zu erfahren, von denen ich weder in der *Synagoge* noch in meinem Elternhaus oder in der Schule etwas gehört hatte. Er kam sofort wieder auf den Punkt zu sprechen, an dem unser Gespräch beim letzten Mal geendet hatte. Ich bewunderte seine Beharrlichkeit!

»Die Weissagungen der Propheten handeln alle vom Kommen des Messias«, zitierte Jeff in der ihm eigenen Begeisterung aus den Reden der jüdischen Weisen. »Ich versprach, Ihnen mehrere Prophezeiungen über Jeshua in der Bibel zu zeigen. Soll ich Ihnen diese in Ihrer hebräischen Bibel zeigen oder in meiner englischen?«

Dann bat er mich, in meiner Bibel Jesaja, Kapitel 52 aufzuschlagen, und laut ab Vers 13 bis zum Ende des 53. Kapitels zu lesen.

Das empfand ich als unbedingte Herausforderung. Ich öffnete meine Bibel und begann zu lesen. Aber ich traute meinen Augen nicht!

›*Siehe, Meinem Knecht wird es gelingen, Er wird erhöht und sehr hoch erhaben sein. Wie sich viele über Ihn entsetzten, weil Seine Gestalt häßlicher war als die anderer Leute und Sein Aussehen als das der Menschenkinder, so wird Er viele Heiden besprengen, daß auch Könige werden ihren Mund vor Ihm zuhalten. Denn denen nichts davon verkündet ist, die werden es nun sehen, und die nichts davon gehört haben, die werden es merken. Aber wer glaubt dem, was uns verkündet wurde, und wem ist der Arm des Herrn offenbart? Er schoß auf vor Ihm wie ein Reis und wie eine Wurzel aus dürrem Erdreich. Er hatte keine Gestalt und Hoheit. Wir sahen Ihn, aber da war keine Gestalt, die uns gefallen hätte. Er war der Allerverachtetste und Unwerteste, voller Schmerzen und Krankheit. Er war so verachtet, daß man das Angesicht vor Ihm verbarg; darum haben wir Ihn für nichts geachtet. Fürwahr, Er trug unsere Krankheit und lud auf sich unsere Schmerzen. Wir aber hielten Ihn für den, der geplagt und von Gott geschlagen und gemartert wäre. Aber Er ist um unserer Abtrünnigkeit willen verwundet und um unserer Sünde willen zerschlagen. Die Strafe liegt auf Ihm, auf daß wir Frieden hätten, und durch Seine Wunden sind wir geheilt. Wir gingen alle in die Irre wie Schafe, ein jeder sah auf seinen Weg. Aber der Herr warf unser aller Sünde auf Ihn. Als Er gemartert wurde, litt Er doch willig und tat Seinen Mund nicht auf wie ein Lamm, das zur Schlachtbank geführt wird; und wie ein Schaf, das verstummt vor seinem Scherer, tat Er Seinen Mund nicht auf. Er ist aus Angst und Gericht hinweggenommen. Wer aber kann Sein Geschick ermessen? Denn Er ist aus dem Land der Lebendigen hinweggerissen, da Er für die Missetat Meines Volkes geplagt war. Und man gab Ihm Sein Grab bei Gottlosen und bei Übeltätern, als Er gestorben war, obwohl Er niemand Unrecht getan hat und kein Betrug in Seinem Mund gewesen ist. So wollte Ihn der Herr zerschlagen mit Krankheit. Wenn Er Sein Leben zum Schuldopfer gegeben hat, wird Er Nachkommen haben und in die Länge leben und des Herrn Plan wird durch Seine Hand gelingen. Weil Seine Seele sich abgemüht hat, wird Er das Licht schauen und die Fülle haben. Und durch Seine Erkenntnis wird Er, Mein Knecht, der Gerechte, den Vielen*

Gerechtigkeit schaffen; denn Er trägt ihre Sünden. Darum will Ich Ihm die Vielen zur Beute geben, und Er soll die Starken zum Raub haben, dafür daß Er Sein Leben in den Tod gegeben hat und den Übeltätern gleichgerechnet ist und Er die Sünde der Vielen getragen hat und für die Übeltäter gebeten.‹ (Jesaja 52,13 bis 53,12)

Trotz meiner Erziehung und des Schulunterrichts über die Geschichte meines Volkes, und trotz aller Vorurteile, die mir von frühester Kindheit an eingeimpft wurden – daß es nämlich immer das unschuldige und untadelige Volk Israel war, das unter der Hand der bösen und moralisch verdorbenen Nichtjuden schrecklich litt – mußte ich zugeben, daß der eben gelesene Bibelabschnitt eindeutig einen unschuldigen und schuldlosen Menschen beschrieb. Dieser Mensch erfuhr eine grausame Behandlung bis hin zum Tod durch die, die »sein Volk« genannt wurden, obwohl er selbst nichts Böses getan hatte!

An diesem Punkt konnte ich Jeffs Erklärungen nicht mehr ignorieren:

»Der Prophet begann mit einer rhetorischen Frage: ›Aber wer glaubt dem, was uns verkündet wurde?‹ Er wußte, daß das Volk Israel niemals einen König anerkennen oder an Ihn glauben konnte, der als ›... ein Gerechter und ein Helfer, arm und reitet auf einem Esel, auf einem Füllen der Eselin‹ (Sacharja 9,9) beschrieben wird. Der Prophet Jesaja sah, daß die Israeliten ihren Messias verachten und ablehnen würden, weil Er bei Seinem Kommen ihre Erwartungen von einem siegreichen und streitbaren Herrscher nicht erfüllen würde. Sie erwarteten einen Messias, der die heidnischen Nationen erobern und unter Seine Gewalt bringen, und von Jerusalem aus über die ganze Welt regieren würde. Er war jedoch, wie Jesaja vorausschaute, ›der Allerverachtetste und Unwerteste ... darum haben wir Ihn für nichts geachtet.‹ Gott überraschte es nicht, daß Israel den Messias ablehnte. Im Gegenteil, Er sagte es in Seinem Wort voraus: ›So wollte Ihn der Herr zerschlagen mit Krankheit. Wenn Er Sein Leben zum Schuldopfer gegeben hat, wird Er Nachkommen haben und in die Länge leben und des Herrn Plan wird durch Seine Hand gelingen‹. Mit anderen Worten, Jeshua wurde von Gott als Sühneopfer für die Sünden der ganzen Welt eingesetzt, deshalb wird ›der Plan des Herrn durch Ihn gelingen‹.«

Ich war sprachlos, als ich die für sich selbst zeugenden Beschreibungen las: ›Aber der Herr warf unser aller Sünde auf Ihn … wird Er … den Vielen Gerechtigkeit schaffen; denn Er trägt ihre Sünden.‹

Außerdem stellte ich fest, daß die Seele dieses Nichtjuden Jeff, der nach Ansicht unserer jüdischen weisen Männer »keine Neshama« (Seele) besaß, weitaus reiner als die meinige war, – obwohl ich jüdisch war – weil ich in Sünde lebte. »Wer von uns beiden sollte zu Tode gesteinigt werden?« dachte ich.

Dann stellte ich ihm eine weitere Frage, wobei ich auf die übliche Antwort hoffte: »Wer hat denn nun Jeshu getötet?« Es war eine Fangfrage, weil ich mir sicher war, daß er uns Juden für dieses schreckliche Verbrechen verantwortlich machen würde, so wie es alle Christen taten. Oder war dem nicht so?

»Die Römer und die Juden töteten Ihn. Sie und ich sind dafür verantwortlich zu machen, weil die ganze Menschheit schuldig ist«, erwiderte Jeff.

Das war eine eigenartige Antwort! »Was meinen Sie damit?« wunderte ich mich. »Wie konnten Sie und ich Jeshu töten? Lebte er denn nicht vor 2000 Jahren?«

»Ja, das ist richtig. Historisch gesehen waren es die Juden, die Jeshua an die Römer auslieferten, weil sie unter römischer Obrigkeit standen und kein Todesurteil fällen durften. Aber die Römer vollzogen die Hinrichtung durch Kreuzigung. Damals war dies das übliche Verfahren der Vollstreckung eines Todesurteils. Gott bestimmte es so vor, damit alle Menschen – Juden und Nichtjuden – in Seinen Augen in gleicher Weise für schuldig erachtet würden und an Seinem Erlösungswerk teilhaben könnten. Gott schloß sie alle in den Ungehorsam ein, damit Er allen Seine Vergebung anbieten konnte. Kein Mensch kann heute beanspruchen, daß er keinen Anteil an der Kreuzigung Jeshuas habe. Nur einen Teil der Menschheit anzuklagen, würde der geschichtlichen und geistlichen Wahrheit Unrecht erweisen. Wäre Jeshua nicht gekreuzigt worden, hätten sich die hebräischen Propheten getäuscht, da sie Seinen Tod am Kreuz viele Jahre vorher geweissagt hatten! Aber weder die Juden noch die Nichtjuden waren im eigentlichen Sinne für Jeshuas Tod verantwortlich. Die menschliche Sünde ist der wahre Grund für Seinen Tod. Denn wir, Sie als Jude und ich als Nichtjude, sind beide Sünder, und sind somit vor dem heiligen und gerechten Gott in gleicher Weise schuldig. Es war Sünde, Ihre und meine, für die Jeshua den Kreuzestod erleiden mußte. Er hat die Todesstrafe freiwillig auf sich genommen und ist für Sie und mich gestorben. Keine Macht des Universums hätte Ihn dazu zwingen können! Aus Liebe zu uns Sündern ging Er als das ewig gültige Opfer in den Tod, das uns Vergebung der Sünden schenkt.«

»Wovon um Himmels willen sprechen Sie denn da?« fragte ich ihn wütend. »Es gibt keine Opfer mehr! Ihr Nichtjuden habt dafür gesorgt, daß es bei uns keinen Tempel und keine Opferdienste mehr gibt! Außerdem hat das Volk Israel im Lauf der Geschichte genügend Opfer gebracht, oder nicht? Ich glaube, daß das Volk Israel dieses von Jesaja beschriebene Opfer war!«

»Das 53. Kapitel im Jesajabuch kann sich niemals auf das Volk Israel beziehen«, erwiderte Jeff geduldig. »Bekennen die Juden nicht zweimal wöchentlich, jeden Montag und Donnerstag, im *Tachanun*-Gebet: ›Wegen unserer Sünden wurden wir aus unserem Land vertrieben‹? Das Volk Israel mußte für seine eigenen Sünden bezahlen und konnte deshalb keinesfalls für die Sünden der Nichtjuden sühnen. Die Schriften zählen wiederholt die vielen Sünden Israels auf. Jesaja schreibt dazu im ersten Kapitel seines Buches:

›*Wehe dem sündigen Volk, dem Volk mit Schuld beladen, dem boshaften Geschlecht, den verdorbenen Kindern, die den Herrn verlassen, den Heiligen Israels lästern, die abgefallen sind! ... Von der Fußsohle bis zum Haupt ist nichts Gesundes an euch, sondern Beulen und Striemen und frische Wunden, die nicht gereinigt noch verbunden noch mit Öl gelindert sind. ... Hätte uns der Herr Zebaoth nicht einen geringen Rest übriggelassen, so wären wir wie Sodom und gleich wie Gomorra.*‹ (Jesaja 1:4, 6, 9)

Man kann nicht sagen, daß Gott dem Volk Israel mit diesen Versen schmeichelte! Gott umschmeichelte oder lobte Seine Kinder niemals, wenn Er sie züchtigen und disziplinieren oder wegen ihrer Sünden tadeln mußte. Das Volk Israel konnte nicht für die Sünden der Völker sühnen, weil es selbst sündenbeladen war. Es ist ein biblischer Grundsatz, daß kein Sünder für die Sünden eines anderen sühnen kann. Deshalb mußte Gott den Messias senden!«

Dieser Nichtjude überraschte mich immer wieder aufs neue, weil er sich in der Bibel auskannte und sogar aus unserem jüdischen Gebetbuch zitieren konnte. Es machte mich ziemlich verlegen, mein Bibelstudium so sehr vernachlässigt zu haben, daß ich seinen Darlegungen keine einzige vernünftige »jüdische« Antwort entgegensetzen konnte. Jeff mußte meine Verlegenheit bemerkt haben, weil er schnell das Thema wechselte und mich mit einer weiteren Frage konfrontierte:

»Ist Ihnen bekannt, wann genau der Messias kommen sollte?«

»Ich bin mir sicher, es gibt viele Juden – einschließlich des *Rabbi* von Lubawitch[16] – die Ihnen eine Menge Geld für diese Information zahlen würden«, scherzte ich.

»Ich kann es Ihnen kostenlos in Ihrer hebräischen Bibel zeigen«, erwiderte Jeff.

Das weckte meine Neugier! Ich gab ihm meine Bibel und er öffnete sie fachmännisch. Hier kam wieder der unvermeidbare Vergleich: obwohl ich gerne in meiner Bibel las, kannte ich nicht die genaue Reihenfolge ihrer Bücher.

Jeff schlug das Buch Daniel, Kapitel 9 auf und bat mich, ab Vers 24 laut vorzulesen:

›*Siebzig Wochen sind verhängt über dein Volk und über deine heilige Stadt; dann wird dem Frevel ein Ende gemacht und die Sünde abgetan und die Schuld gesühnt, und es wird ewige Gerechtigkeit gebracht und Gesicht und Weissagung erfüllt und das Allerheiligste gesalbt werden. So wisse nun und gib acht: Von der Zeit an, als das Wort erging, Jerusalem werde wieder aufgebaut werden, bis ein Gesalbter, ein Fürst kommt, sind es sieben Wochen; und zweiundsechzig Wochen lang wird es wieder aufgebaut sein mit Plätzen und Gräben, obwohl in kummervoller Zeit. Und nach den zweiundsechzig Wochen* **wird ein Gesalbter ausgerottet werden** *und nicht mehr sein. Und das Volk eines Fürsten wird kommen und die Stadt und das Heiligtum zerstören, aber dann kommt das Ende durch eine Flut, und bis zum Ende wird es Krieg geben und Verwüstung, die längst beschlossen ist. Er wird aber Vielen den Bund schwer machen eine Woche lang. Und in der Mitte der Woche* *wird er Schlachtopfer und Speisopfer abschaffen. Und im Heiligtum wird stehen ein Greuelbild, das Verwüstung anrichtet, bis das Verderben, das beschlossen ist, sich über die Verwüstung ergießen wird.*‹ (Daniel 9, 24-27)

»Ich gebe zu, dieser Abschnitt ist sprachlich gesehen ziemlich schwierig«, kommentierte Jeff. »Verstehen Sie ihn angemessen?«

Ich las den Abschnitt noch einmal von Anfang bis Ende und mußte eingestehen, daß ich ihn sehr schwierig zu verstehen fand. Dieses Kapitel hatte ich noch nie zuvor gelesen. Eigentlich wußte ich noch nicht einmal, daß es ein Buch »Daniel« gab.

Eine Aussage beunruhigte mich am meisten. Ich wußte, daß der Messias »am Ende der Tage« kommen würde, um Israel zu erlösen und von seinen Widersachern zu erretten, und um alle Feinde Gottes zu besiegen und Seinen ewigen und wahren Frieden aufzurichten. In Seinen Tagen würde der Wolf zu Gast sein bei dem Lamm und der Panther bei dem Böcklein lagern. Dann würde das Volk Israel in vollkommener Sicherheit leben, jeder unter seinem Weinstock und Feigenbaum sitzen und alle Nichtjuden ihnen unterworfen sein.

In diesem Abschnitt aber las ich, daß »der Messias ausgerottet werden wird«. Was bedeutet dieses »ausgerottet werden«? Ich wußte, daß »karet« auf Hebräisch »Tod durch den Himmel« heißt. Verschwenden wir möglicherweise unsere Zeit, indem wir auf einen Messias warten, der schließlich »ausgerottet werden« wird? Dann dachte ich nach über das, was ich zuvor gelesen hatte: ›Er wurde wie ein Lamm zur Schlachtbank geführt … Und man gab Ihm Sein Grab bei den Gottlosen … Dafür, daß Er Sein Leben in den Tod gegeben hat!‹ Mußte der Messias wirklich kommen und sterben, Gott bewahre? War es möglich, daß die Christen recht hatten, wenn sie diesen Tod ihrem Jeshu zuschrieben? …

Jeff versuchte, mir aus der Not zu helfen, und sagte: »Wir wollen zunächst einmal den allgemeinen Hintergrund dieser Geschichte betrachten. Daniel war ein junger Mann, als Nebukadnezar ihn von Jerusalem nach Babylon ins Exil führte. Er mußte im Lauf seines langen Lebens im Dienste mehrerer Könige arbeiten, zuerst in Babylon und später, nach der persischen Eroberung, in Persien.

Eines Tages stieß er auf eine alte Schriftrolle mit einer Prophezeiung Jeremias. Gemäß dieser Weissagung würde das Exil in Babylon 70 Jahre dauern. Er rechnete nach und fand heraus, daß dieser Zeitabschnitt gerade zu Ende ging. So begann er zu fasten und zu beten, bekannte die Sünde seines Volkes und versuchte zu verstehen, warum das Ende sich hinauszögerte. Nach einer Zeit des Betens und Fastens erschien ihm ein Engel in einem Gesicht und offenbarte ihm, was die Zukunft für seine Nation bereithalten würde.«

»Das Wort Messias ist zwar zweimal in diesem Abschnitt erwähnt, woraus kann man aber schließen, wann der Messias kommen wird?« fragte ich ihn.

»Dazu benötigen Sie etwas Wissen in Linguistik, Geschichte, Astronomie, und ein bißchen Mathematik wäre auch ganz hilfreich. Ich las einmal eine ziemlich umfassende Studie über diese Prophezeiung, anhand derer ich Ihnen diesen Abschnitt erklären möchte. In jedem der obengenannten Gebiete gibt es einige sehr wichtige Anhaltspunkte.

Zunächst wollen wir den Abschnitt aus linguistischer Sicht betrachten: Heute ist eine Woche eine Zeiteinheit von sieben Tagen mit jeweils 24 Stunden. In biblischen Zeiten aber hatte das Wort ›Woche‹ eine zusätzliche Bedeutung. Wir lesen zum Beispiel im 1. Buch Mose, daß der durchtriebene und ränkevolle Laban, nachdem er seinen Neffen Jakob hinsichtlich Rachel und Lea getäuscht hatte, ihm vorschlug:

›*Halte mit dieser die Hochzeitswoche, so will ich dir die andere auch geben für den Dienst, den du bei mir noch weitere sieben Jahre leisten sollst.*‹ (1. Mose 29, 27)

Eine ›Woche‹ ist in diesem Zusammenhang ein Zeitabschnitt von sieben Jahren. In diesem Abschnitt des Buches Daniel steht die seltene Pluralform ›Shawuim‹, die Bezeichnung für Zeitabschnitte von jeweils sieben Jahren – wogegen die übliche Pluralform von ›Shawua‹ (Woche mit sieben Tagen) ›Shawuot‹ ist.

Nun sehen wir uns den geschichtlichen Hintergrund an. Die Geschichtsschreibung berichtet uns, daß König Artaxerxes-Longimanus von Persien 465 v. Chr. den Thron bestieg. Im Buch Nehemia, Kapitel 2, lesen wir, daß Artaxerxes im 20. Jahr seiner Regierungszeit einen Erlaß verabschiedete, der den Juden den Wiederaufbau Jerusalems erlaubte. Somit wurde dieser von Daniel beschriebene Erlaß 445 v. Chr. von Artaxerxes verabschiedet. Das Jahr 445 v. Chr. ist unser Ausgangspunkt für die Berechnung der Weissagung.

Wie gut sind Sie in Mathematik?« fuhr Jeff fort. »Es handelt sich hier um eine einfache arithmetische Berechnung. In diesem Kapitel ist von 70 ›Siebenern‹ oder 490 Jahren die Rede. Dieser Zeitabschnitt wird wiederum in drei ungleiche Abschnitte unterteilt: Erstens in sieben ›Wochen‹, die ein Halljahr[17] oder 49 Jahre ergeben. Zweitens in 62 ›Wochen‹, die 434 Jahre umfassen. Drittens in eine weitere Woche, die wiederum in zwei halbe Wochen unterteilt ist. Dieser Weissagung im Buch Daniel zufolge sollte der Messias kurze Zeit nach den beiden ersten Zeitabschnitten ausgerottet werden. Wenn wir nun 49 Jahre (eine ›Woche‹) und 434 Jahre (62 ›Wochen‹) addieren, erhalten wir 483 Jahre.

In der Antike wurde das Jahr nach dem Mondjahr gerechnet, das 360 Tage hatte. Kurze Zeit nachdem 173 880 Tage (483 mal 360) seit der Verabschiedung von König Artaxerxes' Erlaß verstrichen waren, mußte also der Messias getötet worden sein.

In Nehemia 2, 1 wird uns berichtet, daß der Erlaß des Artaxerxes im Monat Nisan verabschiedet wurde. Der erste Tag im Nisan war das jüdische neue Jahr für die Könige. Die Jahre ihrer Herrschaft wurden von Nisan zu Nisan gerechnet. An diesem Tag wurden Amtsereignisse und Feste gefeiert. Das führt uns zu der Annahme, daß auch die festliche königliche Erklärung des Artaxerxes am ersten Tag des Nisan abgegeben wurde.

Der astronomische Gesichtspunkt gibt uns weiter Aufschluß. Den Berechnungen des Royal Planetarium in Greenwich, England, zufolge, fiel der erste Tag im Nisan 445 v. Chr. auf den 14. März.

Denken Sie, daß es möglich ist, den genauen Tag zu berechnen, an dem Jeshua – einige Tage vor Seiner Kreuzigung – auf einem Esel in Jerusalem einzog? Das Lukas-Evangelium berichtet uns, daß Jeshua im 15. Jahr der Herrschaft des Kaisers Tiberius öffentlich zu wirken begann. Kaiser Tiberius kam 14 n. Chr. an die Macht. Die meisten Gelehrten stimmen darin überein, daß Jeshua drei Jahre öffentlich wirkte – also bis zum Jahr 32 n. Chr., in dem Er gekreuzigt wurde.

In Johannes 12 heißt es, daß Jeshua sechs Tage vor dem *Pessach*fest nach Bethanien ging und am darauffolgenden Tag in Jerusalem einzog. Das *Pessach*fest fällt immer auf den 14. Tag im Nisan. 32 n. Chr. war das den Berechnungen des astronomischen Instituts zufolge der 10. April. Jeshua kam am 4. April, einem Freitag, nach Bethanien. Das Mahl, das Er dort zu sich nahm, muß das *Shabbat*mahl gewesen sein. Der in der Bibel genannte ›darauffolgende Tag‹ war offensichtlich nicht der *Shabbat*, weil an diesem Tag Jeshua und Seine Jünger ruhten. Es war vielmehr der Sonntag, der 6. April 32 n. Chr.

Waren es tatsächlich genau 173 880 Tage vom Erlaß des persischen Königs zum Wiederaufbau Jerusalems am 14. März 445 v. Chr. bis zum 6. April 32 n. Chr.? Dem Julianischen Kalender gemäß liegt zwischen beiden obengenannten Tagen eine Zeitspanne von 477 Jahren und 24 Tagen. Wie Ihnen jedoch bekannt sein dürfte, gibt es kein ›Jahr Null‹ zwischen 1 v. Chr. und 1 n. Chr. Daher muß ein Jahr abgezogen werden, was 476 Jahre und 24 Tage ergibt – also 173 764 Tage (365 mal 476 plus 24). Weitere 119 Tage müssen hinzugerechnet werden, da der jüdische Kalender ein Schaltjahr mit einem zusätzlichen Monat in jedem vierten Jahr aufweist (476 geteilt durch 4 ist 119). Das ergibt 173 883 Tage, und damit sind wir bereits sehr nahe an der Zahl der prophezeiten 173 880 Tage!

Da sich biblische Prophetie immer exakt erfüllt, müssen wir auf 100 Prozent Genauigkeit und den genauen Tag kommen! Wir wissen, daß der Julianische Kalender leicht vom tatsächlichen Sonnenjahr abwich: sein Jahr war 1/128 Tage länger als das Sonnenjahr. Um diese Abweichung zu berichtigen, muß ein Tag für jeweils 128 Jahre abgezogen werden. Für den Zeitraum von 483 Jahren (Daniels 69 ›Wochen‹) müssen also weitere drei Tage abgezogen werden, und wir kommen auf exakt 173 880 Tage!«

Nun hatte ich ein echtes Problem: wem sollte ich glauben? Sollte ich den Lehren in der *Synagoge*, mit denen ich aufgewachsen war, und der jüdischen Tradition, in der ich erzogen wurde, vertrauen? Sie beschrieben einen idealen Messias, der nur für Israel allein bestimmt war und den Rest der Welt außen vor ließ. Oder sollte ich vielmehr der Bibel Glauben schenken, die geöffnet vor mir lag und mir etwas ganz anderes berichtete, daß nämlich der Messias vor der Zerstörung des zweiten Tempels kommen und »ausgerottet werden« würde?

Wenn aber die Bibel recht hat, wie ist es dann möglich, daß unsere *Rabbis* so blind waren, diese offensichtliche Wahrheit nicht zu erkennen? Es mußte eine zufriedenstellende Antwort auf dieses Rätsel geben, dessen war ich mir sicher! Ich mußte der Sache gründlich nachgehen und alles darüber herausfinden!

Jeff schien wieder einmal meine Gedanken gelesen zu haben, weil er mir meine Frage beantwortete, bevor ich die Gelegenheit hatte, sie zu stellen: »Ich habe die *rabbinischen* Auslegungen über diesen Sachverhalt gelesen. Die meisten traditionellen Kommentare über diesen Bibelabschnitt, sowie über andere messianische Abschnitte in den Schriften, werden im allgemeinen in zwei Hauptkategorien eingeteilt: die älteren, die vor dem ersten Jahrhundert v. Chr. datieren und die neueren, die in den meisten Fällen polemisch sind. Diese bemühen sich, die Ansprüche der *Minim* (›Gläubige an Jesus von Nazareth‹) zu widerlegen. Die meisten der alten Kommentare, wie der von Jonathan Ben Uzziel, beziehen diese Prophetien auf den König Messias – während die neueren, beispielsweise der von Rashi, diese Möglichkeit eher verneinen und ziemlich dürftige Alternativen mit einer sehr starken antimessianischen Tendenz anbieten.

Wir wollen deshalb sehen, was die Bibel, das reine Wort Gottes, dazu zu sagen hat. Es kann sicherlich für sich sprechen! Die Weisen Israels sind immer noch nicht fähig, diese Dinge zu erkennen. Sie können sie dafür nicht zur Rechenschaft ziehen, genau wie Sie einem Blinden nicht die Schuld dafür geben können, daß er nicht sehen kann. Nicht, daß sie zu dumm dazu wären, das sind sie nicht! Es war Gott, der sie wegen ihrer Sünde vorübergehend blind gegenüber der Wahrheit machte, damit die Nichtjuden zum Glauben an den jüdischen Messias finden und gerettet werden können. Gott hat, sozusagen, die Kinder Israels zwischenzeitlich ›auf Eis‹ gelegt, sie aber nicht völlig verlassen – Gott bewahre. Der Tag wird bald kommen, an dem Er die Blindheit von ihnen wegnehmen wird. Dann werden die Juden umkehren und auf den schauen, den sie durchbohrt haben.«

»Was meinen Sie mit ›den sie durchbohrt haben‹? Steht das auch im *Tanach*?« fragte ich. Ich befand mich bereits in einem Stadium, in dem mich praktisch nichts mehr wundern konnte. An diesem Punkt war ich bereit, ja sogar willens, alles zu akzeptieren. Ich erkannte, daß meine Bibel sehr viel mehr in sich verborgen hielt, als ich mir jemals vorgestellt hatte.

»Ja, das ist ein Vers aus dem Buch Sacharja«, bestätigte Jeff. »Sie können ihn dort nachlesen!«

Er öffnete die Bibel und zeigte mir diesen Vers. Der Abschnitt berichtete von einem schrecklichen Krieg, der in Judäa und Jerusalem wütete. Aus dem Zusammenhang konnte ich nicht klar erkennen, ob es sich um einen Krieg handelte, der bereits in der Vergangenheit stattgefunden hatte, oder um einen, der uns – um Himmels willen – noch bevorstehen würde! Dann aber las ich folgende Verse:

›*Und zu der Zeit werde Ich darauf bedacht sein, alle Heiden zu vertilgen, die gegen Jerusalem gezogen sind. Aber über das Haus David und über die Bürger Jerusalems will Ich ausgießen den Geist der Gnade und des Gebets. Und sie* **werden Mich ansehen, den sie durchbohrt haben**, *und sie werden um Ihn klagen, wie man klagt um ein einziges Kind, und werden sich um Ihn betrüben, wie man sich betrübt um den Erstgeborenen.*‹ (Sacharja 12,9-10)

Gott plante, alle Völker zu vernichten, die gegen Jerusalem ziehen werden. Diese Vorstellung gefiel mir. Sie stimmte mit meiner Auffassung vom Messias überein. Nun aber erfuhr ich, daß der Messias nicht nur getötet und »ausgerottet«, sondern diesem Vers zufolge auch durchbohrt werden würde. Das ganze Volk Israel wird auf Ihn schauen, wenn Gott ihre geistlichen Augen öffnen und Seinen Geist der Gnade und des Flehens über sie ausgießt! Das schien mit den übrigen Schriften vollkommen übereinzustimmen!

Meine Güte! War Gott gerade dabei, mir die Augen zu öffnen? Der bloße Gedanke daran ließ mich zu Tode erschrecken!

Jeff wußte genau, was er sagen und wie er es sagen sollte: »Sehen Sie«, führte er weiter aus, als erachtete er es für selbstverständlich, daß ich alles wußte, nur weil ich Jude war, »Jesaja sprach vom Lamm, das die Sünden der Menschheit durch Seinen Tod sühnen wird. Daniel sagte die Zeit auf den Tag genau voraus, an dem der Messias getötet werden würde. Sacharja weissagte, daß der Tag kommen wird, an dem das Volk Israel auf Ihn schauen wird, den es durchbohrte, und bezog sich damit ebenfalls auf jenes Ereignis. Aber ich möchte Ihnen noch eine weitere Weissagung zeigen, die etwas mehr Licht auf den Tag der Wiederkunft Jeshuas werfen wird.

›*Ich sah in diesem Gesicht in der Nacht, und siehe, es kam einer mit den Wolken des Himmels wie eines Menschen Sohn und gelangte zu dem, der uralt war, und wurde vor Ihn gebracht. Der gab Ihm Macht, Ehre und Reich, daß Ihm alle Völker und Menschen aus so vielen verschiedenen Sprachen dienen sollten. Seine Macht ist ewig und vergeht nicht, und Sein Reich hat kein Ende.*‹ (Daniel 7,13-14)

Sehen Sie?« machte Jeff mich aufmerksam. »Jeder Prophet vermittelte uns ein Teilstück, oder sogar mehrere Teilstücke für das eine große Puzzle oder Mosaikbild, das den Messias porträtiert. Daniel beschrieb Ihn als den in den Himmelswolken Kommenden, während Sacharja Ihn als den Durchbohrten schilderte. Sie werden zustimmen müssen, daß Er nicht im Himmel durchbohrt wurde!

Möchten Sie, daß ich Ihnen zeige, was die Bibel über den Ort berichtet, an dem der Messias geboren werden sollte?«

Das war ein weiterer K.-o.-Schlag! Jeffs gründliche Kenntnis der Schriften erstaunte mich aufs neue. Er öffnete die Bibel und las die Prophezeiung in fließendem Hebräisch, wenn auch mit hartem amerikanischen Akzent:

»›*Und du, Bethlehem-Ephratha, die du klein bist unter den Städten in Juda, aus dir soll Mir der kommen, der in Israel Herr sei, dessen Ausgang von Anfang und von Ewigkeit her gewesen ist.*‹ (Micha 5,1)

Die meisten jüdischen Kommentatoren sind sich hinsichtlich dieses Verses einig, daß der Geburtsort des Messias Bethlehem in Judäa, die königliche Stadt Davids, sein müsse. Der Herrscher, von dem Micha spricht, muß eine ganz besondere Person sein. Sonst könnten wir denken, daß der Prophet Micha von einem gewöhnlichen König aus Fleisch und Blut spricht – beispielsweise von David, dem Sohn Jesses, der auch in Bethlehem geboren wurde! Micha aber berichtet, daß ›Sein Ausgang von Anfang und von Ewigkeit her gewesen ist.‹ Auch Daniel spricht von Ihm als dem Herrscher eines ewigen Reiches! Das ist in der Tat der Fall – Jeshua war also nicht ein weiterer gewöhnlicher Mensch. Jeshua war der einzige, der für unsere Sünden sühnen und uns einen neuen Geist verleihen konnte.«

Dann beendete Jeff seine Erklärungen mit dem Versprechen: »Wenn wir uns wiedersehen, werde ich Ihnen gerne anhand der Schriften aufzeigen, daß Gott tatsächlich einen Sohn hat. Sie müssen verstehen lernen, daß Sie niemals aus sich selbst heraus all die Dinge erlangen werden, die der Sohn Gottes Ihnen geben kann und will. Ist es nicht eine schreckliche Zeit- und Kraftverschwendung, vergeblich nach dem wahren Sinn des Lebens an Orten zu suchen, wo er nicht gefunden werden kann, in rissigen Zisternen, die kein Wasser halten?« Jeff sprach diese Worte mit einer Vollmacht, daß es mir schien, als ob sie direkt vom Himmel herabkämen. Es war, als ob mich Jeff durch und durch kennen würde und Bescheid wüßte über die leeren Brunnen, die ich in meiner vergeblichen Suche nach dem Wasser des Lebens aufsuchte.

Freundlich lächelte ich ihn an, machte mich aber insgeheim noch immer lustig über seinen »Fanatismus«. Wie unbeugsam und verdorben das menschliche Herz doch sein kann! Wir plauderten noch ein wenig über Israel, das wir beide so sehr vermißten, und dann ging er.

Ich schloß den Laden und ging zu meinem Lieblingsort, der Uferpromenade am Atlantik. Ich liebte es, den Kai hinunterzulaufen, auf einem der Felsen zu sitzen, die in der Ferne rudernden Fischer zu beobachten, zum Horizont zu blicken, in aller Ruhe nachzudenken und meine nächsten Schritte zu planen. Der Ozean war in dieser Nacht ruhig, aber mein Herz war aufgewühlt. Die Dinge, die ich gerade in der Bibel gelesen hatte, beschäftigten mich. Tief in meinem Innersten fühlte ich, daß sie sich tatsächlich auf Jeshua bezogen. Plötzlich mußte ich an ein Traktat über Jesus denken, das ich einmal irgendwo in Manhattan überreicht bekam. Ich erinnerte mich, wie abstoßend es damals auf mich gewirkt hatte. Jetzt aber dachte ich noch einmal darüber nach. Als ich so die Sterne am Himmel und den Sand an der Meeresküste – zwei typische biblische Symbole meines alten und geliebten Volkes – betrachtete, konnte ich den bohrenden Gedanken nicht loswerden, daß Israel sein Ziel verfehlt haben könnte. Ich konnte weder dem *rabbinischen* Judentum noch der christlichen Kirche die Schuld dafür geben. Alles, was ich wollte, war, die Wahrheit über diesen Mann herauszufinden!

Hunger nach der Wahrheit

Es vergingen mehrere Tage, aber Jeff kam nicht wieder. Zunächst bedauerte ich, daß ich ihn nicht nach seiner Telefonnummer gefragt hatte. Doch der Sturm, der in mir tobte, legte sich langsam. Die Zeit verging, und die langen philosophischen Debatten, die ich mit Jeff geführt hatte, schwanden allmählich aus meinem Gedächtnis. Die Welt mit ihren vielen Vergnügungen lockte und reizte mich weiterhin, als sei nichts geschehen.

Am liebsten verbrachte ich meine Abende im »Stone Pony« Nachtclub in Ashbury Park, New Jersey. Damals unternahm ein noch unbekannter Rocksänger seine ersten Schritte im Showgeschäft. Er demonstrierte eine ziemlich extrovertierte Männlichkeit mit seiner dunklen Sonnenbrille, seinem Cowboyhut und seiner warmen, rauhen Stimme. Sein Name war Bruce Springsteen.

Nachtclub-Entertainment war für mich nichts Neues. Bereits als Teenager besuchte ich regelmäßig mit meinen Freunden die Nachtclubs und Diskotheken in Jaffa/Tel-Aviv. Wir rauchten, tranken und trafen uns mit Mädchen, um »in« zu sein. Damals war ich noch ein Junge, aber jetzt – jetzt war ich ein richtiger Mann! (Zumindest war das meine Vorstellung von dem, was einen Mann ausmachte).

Mein Leben drehte sich mehr und mehr um die Person, die mich jeden Morgen aus dem Spiegel ansah. Die Sünde wurde mir sozusagen wie eine mit einer dicken Zuckerschicht überzogene Giftpille angeboten. Ich schluckte sie wie ein stummer Fisch, der den Köder mit dem Haken verschlingt. Je tiefer ich in den Sumpf der Sünde eintauchte, desto weniger Aufmerksamkeit schenkte ich der Rettungsleine, die mir Jeff vom hohen und festen Felsen, auf dem er stand – Jeshua dem Messias – hinabzuwerfen versuchte. Natürlich nahm ich meinen Verfall nicht wahr – er war so sanft und angenehm.

Eines Abends jedoch, wieder kurz vor Ladenschluß, betrat Jeff meinen Laden, als habe er ihn nie verlassen. Er lächelte mich in der ihm eigenen vertrauenserweckenden und fröhlichen Art an und setzte unsere Unterhaltung an dem Punkt fort, an dem wir beim letzten Mal stehengeblieben waren, so als hätten wir sie nur für einen kurzen Augenblick unterbrochen. Zu diesem Zeitpunkt aber hegte ich ihm gegenüber bereits gemischte Gefühle. Einerseits hatte ich Gefallen an seinen Lektionen über die Bibel, andererseits stieß sich die Sünde in mir heftig an seinen Worten, weil sie eine Bedrohung für meine verdorbene Lebensweise darstellten. Ich sträubte mich von ganzem Herzen und rebellierte gegen diese »neue Lehre«, die sowohl meinen jüdischen Stolz als auch meine natürliche Eitelkeit angriff. Ich wollte auf keinen Fall die Vorstellung akzeptieren, daß das moderne Judentum sein Ziel verfehlt habe. Wie konnte ich mich jemals wieder in meinem Land blicken lassen, wenn ich Jeffs Aussagen als wahr annehmen und »konvertieren« würde – Gott bewahre? Auch war ich weder gewillt, die Möglichkeit der »Umkehr«, wie Jeff mir diesen Begriff darlegte, in Betracht zu ziehen, noch das Joch des Königreichs Gottes auf mich zu nehmen!

»Erinnern Sie sich, wie wütend Sie wurden, als ich Ihnen zum ersten Mal erzählte, daß Gott einen Sohn hat?« Jeff drückte mit dieser Frage meine insgeheimen Gedanken lediglich laut aus.

Ich nickte bestätigend.

»Gott wußte, daß kein gefallener Mensch sich selbst erlösen kann und daß zu diesem Zweck ein Opfer nötig war. Ein Tier jedoch, wie rein es auch immer sein mag, kann niemals dem Menschen gleichwertig sein. Nur ein Mensch kann wertmäßig einem anderen Menschen gleichgestellt werden. Deshalb beschloß Gott, in Gestalt eines Menschen in diese Welt zu kommen, um die Strafe für die Schuld der Menschen auf sich zu nehmen und für die Sünden der ganzen Welt zu sterben.

Jeshua, Gott geoffenbart im Fleisch, war der einzige Mensch, der auf dieser Erde lebte und nicht in Sünde fiel. Deshalb konnte nur Er das unschuldige und reine Lamm Gottes sein, das vollkommene Opfer! Jeshua war kein gewöhnlicher Mensch. Er war der fleischgewordene Gott, der in diese Welt kam. Wie war das möglich? Nur

Gott der Allmächtige konnte die Lösung haben, weil Gott außerhalb des Kreises menschlicher Sünde steht. Er liebte uns Sünder so sehr, daß Er in Seiner vollkommenen Gerechtigkeit und Gnade Rettung für die gefallene Menschheit vorsah. ›Deshalb sandte Gott Seinen Sohn in die Welt, damit jeder, der an Ihn glaubt, nicht verlorengeht, sondern ewiges Leben hat.‹ Sein Sohn war der Messias!«

»Was hat das mit dem Messias zu tun?« fragte ich. »Ich weiß, daß die Christen Jesus abgöttisch verehrt und einen Gott aus ihm gemacht haben. Das ist reine Gotteslästerung! Kein Jude kann jemals glauben, daß Gott einen Sohn hat!«

»Sie irren sich!« sagte Jeff lächelnd. »Die Christen machten keinen Menschen zum Gott – es war genau umgekehrt! Es war Gott, der als Mensch aus Fleisch und Blut in diese Welt kam, um Sünder zu retten und ihre Herzen zu Ihm zu wenden. Warum kann Gott keinen Sohn haben? Die Bibel spricht an mehreren Stellen über den Sohn Gottes! Im Buch der Psalmen, Kapitel 2, heißt es beispielsweise:

›*Warum toben die Heiden und murren die Völker so vergeblich? Die Könige der Erde lehnen sich auf, und die Herren halten Rat miteinander gegen den Herrn und Seinen Gesalbten … Kundtun will ich den Ratschluß des Herrn. Er hat zu Mir gesagt:* ***»Du bist Mein Sohn, heute habe Ich Dich gezeugt.*** *Bitte Mich, so will Ich Dir Völker zum Erbe geben, und der Welt Enden zum Eigentum …« So seid nun verständig, ihr Könige, und laßt euch warnen, ihr Richter auf Erden! Dient dem Herrn mit Furcht …, daß Er nicht zürne und ihr umkommt auf dem Wege; …*‹ (Psalm 2:1, 2, 7, 8, 10, 11, 12)

Und in Sprüche 30, 4 steht geschrieben:

›*Wer ist hinaufgefahren zum Himmel und wieder herab? Wer hat den Wind in Seine Hände gefaßt? Wer hat die Wasser in ein Kleid gebunden? Wer hat alle Enden der Welt bestimmt? Wie heißt Er? Und wie heißt Sein Sohn? Weißt du das?*‹

Der Begriff ›Sohn Gottes‹ erscheint auch im Buch Daniel:

›*Da entsetzte sich der König Nebukadnezar, … und sprach zu seinen Räten: … Ich sehe aber vier Männer frei im Feuer umhergehen, und sie sind unversehrt; und der vierte sieht aus wie der Sohn Gottes.*‹ (Daniel 3, 24 - 25)

Die Bibel hat kein Problem mit der Bezeichnung ›Sohn Gottes‹.

Die *rabbinische* Kontroverse nahm erst viel später ihren Anfang. Sie begann mit den theologischen Debatten, die die *Rabbis* mit den messianischen Juden führten. Die messianischen Juden zitierten die eben erwähnten Schriftstellen, um ihrer Überzeugung Ausdruck zu verleihen, daß Jeshua tatsächlich der Sohn Gottes war. Deshalb mußte Jeshua auch von einer Jungfrau geboren werden – «

»Kommen Sie mir doch nicht damit!« entgegnete ich empört. »Jedes Kind weiß, daß Kinder nicht von Jungfrauen geboren werden! Die Christen sprechen von der Jungfrauengeburt Jesu und erwarten von uns aufgeklärten Menschen des 20. Jahrhunderts, daß wir an dieses Ammenmärchen glauben! Das ist eine herbe Beleidigung unserer Intelligenz!«

Jeffs Grinsen konnte ich entnehmen, daß er dieses Argument schon öfters gehört hatte.

»Es war mir klar, daß Sie so reagieren würden!« Er wartete geduldig, bis ich mich beruhigt hatte und sagte dann: »Ich finde es wirklich merkwürdig, daß schwache und unzulängliche Menschen wie wir Gott zu sagen wagen, was Er kann und was Er nicht kann! Gott ist der Schöpfer! Er schuf das ganze Universum mit dem Wort Seines Mundes! Er benötigte keine geschlechtliche Beziehung, um Adam und seine Frau zu erschaffen, nicht wahr? Und Er schenkte Abraham und Sara einen Sohn, als sie schon viel zu alt waren, um Kinder zu bekommen. Er schenkte ihnen Isaak auf übernatürliche Weise, um ihnen und uns zu zeigen, daß Er auch auf diesem Gebiet übernatürliche Kräfte besitzt. Sagen Sie mir, Jakob, ist Gott der Allmächtige, der Schöpfer des Himmels und der Erde, unfähig, neues Leben im Leib einer Jungfrau zu schaffen, ohne männliches Sperma dazu zu benutzen?

Offen gesagt ist die Frage nach Gottes Fähigkeit oder Unfähigkeit, den Keim des Lebens in eine Jungfrau zu pflanzen, unrelevant. Tatsache ist, daß der Messias von einer Jungfrau und dem Geist Gottes geboren werden mußte. Wie konnte Er sonst der ›in Israel Herr sei, und dessen Ausgang von Anfang und von Ewigkeit her gewesen ist‹ sein? Selbst dieser Gedanke der Jungfrauengeburt ist der Bibel nicht fremd. Bereits Jesaja wies auf eine solche Möglichkeit hin, als er sagte:

›*Siehe, eine Jungfrau ist schwanger und wird einen Sohn gebären, den wird sie nennen Immanuel.*‹ (Jesaja 7,14)

An einer anderen Stelle berichtet er von diesem einzigartigen Kind:

›*Denn uns ist ein Kind geboren, ein Sohn ist uns gegeben, und die Herrschaft ruht auf Seiner Schulter; und Er heißt Wunder-Rat, Gott-Held, Ewig-Vater, Friede-Fürst. Auf daß Seine Herrschaft groß werde und des Friedens kein Ende auf dem Thron Davids und in Seinem Königreich, da Er es stärke und stütze durch Recht und Gerechtigkeit von nun an bis in Ewigkeit. Solches wird tun der Eifer des Herrn Zebaoth.*‹ (Jesaja 9,5-6)

Der Messias, dieses wunderbare Kind, das von einer Jungfrau geboren wurde, der Inhaber göttlicher Titel und Herrscher des ewigen Königreiches, mußte außerhalb des sündhaften Menschengeschlechtes geboren werden, das mit Adam seinen Anfang nahm. Er mußte frei von der Erbschaft der Sünde in diese Welt kommen, um ›das Lamm Gottes zu sein, das die Sünden der Welt wegnimmt.‹ Nur deshalb konnte Er geopfert werden, um Sünder zu retten.

Sie sagten vorhin, daß die Christen aus Jeshua einen Gott gemacht hätten. Wie Sie nun aber sehen können, war genau das Gegenteil der Fall. Jeshua war nicht ein Mensch, der sich zu einem Gott entwickelte, sondern Er war Gott, der in Menschengestalt für kurze Zeit in diese Welt kam und dann einen zeitlich begrenzten Tod durchlief. Drei Tage später ist Er von den Toten auferstanden, um damit den letzten Feind zu besiegen – den Tod. Nur auf diese Weise konnte Er den Preis für unsere Sünden bezahlen und Gottes Heiligkeit und Seine Forderungen nach Gerechtigkeit vollkommen erfüllen. Dadurch wurde Er den höchsten Forderungen der *Thora* gerecht und besiegte ein für allemal, für die ganze Menschheit, den Tod.«

»Aber«, warf ich ein, »falls der Messias wirklich in die Welt kam, um die Menschheit mit Seinem Blut zu retten und zu erlösen, warum ist dann die Welt heute immer noch so unerlöst? Sollte der Messias nicht kommen, um ein Königreich des Friedens hier auf dieser Erde zu errichten? Ein Königreich, in dem der Löwe friedlich mit dem Lamm leben wird?«

»Das hat Er ganz gewiß getan!« stimmte Jeff zu. »Wenn Er aber dieses Königreich des Friedens und der Gerechtigkeit in der Welt errichtet hätte, ohne vorher die Herzen sündiger Menschen darauf vorbereitet zu haben, es anzunehmen, hätten diese es sofort wieder verdorben und verworfen, so wie Adam und Eva den Garten Eden. Gott bereitet sich zur Zeit eine kleine Schar von Heiligen zu – Menschen, die Ihn kennen und lieben und mehr als alles andere Seinen Geboten gehorchen wollen. Das ist Seine Gemeinde, die aus jüdischen und nichtjüdischen Glaubenden besteht. Erst wenn Jeshua dieses Werk vollendet haben wird, wird Er mit allen Seinen Heiligen auf diese Erde zurückkehren, um das wunderbare Königreich zu errichten, von dem Jesaja in seiner Prophezeiung sprach.«

»Das leuchtet ein«, wagte ich erstmals einzugestehen, »obwohl es mir schwerfällt, daran zu glauben. Ich erkenne sehr wohl, daß ich ein Sünder bin. Ich weiß auch, daß ich mich nicht selber aus dem Schlamm ziehen kann. Aber ich kann die Vorstellung nicht akzeptieren, daß ein anderer für mich sterben sollte und ich keine Gegenleistung zu bringen habe. Das klingt für mich zu billig ...«

»Ich verstehe sehr gut, wie Sie empfinden. Wir alle haben das natürliche Bedürfnis, für unsere Sünden zu büßen, indem wir uns durch Fasten quälen oder sogar körperlich geißeln, um unser Gewissen zu erleichtern. Die Juden luden sich Tausende von ›positiven‹ und ›negativen‹ Geboten und alle möglichen Regeln auf, die weit über die schlichten Weisungen der *Thora* hinausgehen. Sie sagen ›je mehr du die *mündliche* und schriftliche *Thora* studierst, umso besser bist du‹, und sind doch nicht fähig, auch nur ein einziges Gebot richtig einzuhalten!«

»Was meinen Sie damit?« fragte ich ihn aufgebracht. »Wir hatten so viele heilige und gerechte *Rabbis*, Männer Gottes – wie können Sie behaupten, daß sie Gott nicht gefallen konnten? Hielten sie denn nicht alle Gebote Gottes?«

»Nein, Jakob, leider nicht. Sie konnten die Weisungen der *Thora* nicht einhalten, aber nicht weil sie es nicht wollten – ich bin mir sicher, sie wollten es. Sie konnten die Weisungen der *Thora* nicht einhalten, aus dem einfachen Grund, weil die *Thora* nicht gegeben wurde, um eingehalten zu werden!«

Nun war ich wirklich bestürzt und entsetzt. »Das ist wohl ein Scherz!« rief ich aus. »Wollen Sie mir vielleicht erzählen, daß Gott uns die *Thora* gab, obwohl Er von Anfang an wußte, daß es unmöglich war, sie einzuhalten? Warum gab Er sie uns dann überhaupt?«

»Er wollte uns mit der *Thora* Seine Maßstäbe zeigen und uns beweisen, daß wir wegen der Sünde, die über uns herrscht, niemals fähig sein würden, Seine Forderungen zu erfüllen. Gott gab uns die *Thora*, damit wir uns in ihrem Licht prüfen und erkennen können, wie unzulänglich wir sind und wie verzweifelt wir Seine Rettung brauchen. Deshalb gab Er uns auch das Opfersystem als Mittelpunkt der *Thora*!

Ich möchte das anhand eines Beispiels verdeutlichen: Ein Durchschnittsmensch kann ungefähr zwei Meter weit springen. Ein gut trainierter Athlet kann vielleicht fünf Meter weit springen. Ein Olympia-Meister kann eine Rekordweite von neun Metern erreichen, aber weiter vermag ein Mensch in unserer heutigen Generation nicht zu springen. Angenommen, wir würden alle am Rand eines Abgrunds stehen, und die Entfernung zur gegenüberliegenden Seite wäre 200 Meter. Es gäbe keinen unter uns, der in der Lage wäre, zur anderen Seite hinüberzuspringen, nicht wahr? Dieses Beispiel soll uns nun als Gleichnis dienen. Gott stand sozusagen auf der anderen Seite des Abgrunds, und die ›Schlucht der Sünde‹ trennte uns von Ihm. Er schaute zu uns armen Geschöpfen herüber und hatte Erbarmen mit uns. Er wußte, daß wir nicht dazu in der Lage waren, mit eigenen Anstrengungen zu Ihm zu kommen. Deshalb sandte Er Jeshua, Seinen Sohn, als himmlische Brücke, die über den Abgrund führt. Jeshua ist der Mittler zwischen Mensch und Gott. Wir können getrost mit Ihm gehen, weil Er von sich sagte, daß Er ›*der Weg, die Wahrheit und das Leben*‹ ist! Ich weiß, daß es viele Menschen gibt, die diese göttliche Lösung als zu einfach ablehnen. Sie ziehen es vor, sich aus eigener Kraft selbst zu erlösen. Menschliche Anstrengung wird uns jedoch niemals zu Gott bringen, sondern in die Tiefen des Abgrunds!«

»Dieses Gleichnis gefällt mir«, sagte ich, »aber sagen Sie mir: was geschieht mit den vielen Menschen, die immer noch versuchen, nach besten Kräften die Weisungen der *Thora* einzuhalten? Wie verhält es sich mit all den Märtyrern, die für Gottes heiligen Namen starben? Wie kann ein gerechter und liebender Gott zulassen, daß so viele Millionen von Menschen verlorengehen, nur weil sie nicht an Jeshu glaubten?«

»Hier berühren Sie ein sehr heikles Thema. Wir leben heute im Zeitalter des Humanismus, in dem der Mensch vergöttlicht wird und im Mittelpunkt des Interesses steht. Heutzutage dreht sich alles um den Menschen, um sein ›natürliches‹ Recht auf Selbstverwirklichung, um technische Errungenschaften, um die Eroberung des Universums und die Bezähmung der Naturgewalten, und um die großartigen und wunderbaren Leistungen des menschlichen Geistes. Dieser humanistische Ansatz mag zwar edel sein, steht jedoch im Gegensatz zu den Schriften, da in der Bibel Gott – und nicht der Mensch – im Mittelpunkt steht. Gott, der Schöpfer, steht im Mittelpunkt des Universums, und nicht der Mensch, Seine Schöpfung. Weder schufen wir Gott zu unserem Ebenbild, wie viele zeitgenössische Theologen uns gern glauben machen wollen, noch schufen wir uns selbst. Es war Gott, der uns zu Seiner Ehre erschaffen hat!

Für Gott war es kein Problem, die ganze Welt samt allen Menschen und Tieren, die damals den Erdkreis bewohnten, durch die Sintflut zu vernichten. Er rettete lediglich acht Menschen und ein Tierpaar von allen Gattungen, nur weil die Menschen so kläglich versagten und in Sünde und im Ungehorsam lebten. Gott könnte ohne den sündigen, gefallenen Menschen sehr viel besser auskommen. Tatsache ist, daß jeder Mensch, der Gottes Rettung ablehnt, vor seinem Schöpfer im Gericht Rechenschaft für seine Sünden ablegen und die ganze Strafe, den ewigen Tod, selbst zu zahlen hat. Es ist nicht Gott, der auf der Lauer liegt, um uns auf frischer Tat zu ertappen und uns zu bestrafen. Es ist der Sünder, der ständig auf der Flucht vor seinem liebenden und barmherzigen Gott ist und nach zerstörerischen und sündigen Freuden jagt, weil sie ihm einen kurzweiligen Spaß bereiten. Auf lange Sicht gesehen wird jedoch jeder Mensch Rechenschaft darüber ablegen müssen, wie er sein Leben hier auf Erden führte oder vergeudete.

Es gibt Menschen, die Gott als grausam und rücksichtslos anklagen, wenn Er Millionen von Menschen in die Hölle gehen läßt, nur weil sie keine Gelegenheit hatten, vom Messias zu hören und Ihn anzunehmen. Glauben Sie mir, Gott ist ein gerechter und heiliger Gott. Er bestimmte die Hölle, diesen schrecklichen ›See, der von Feuer und Schwefel brennt‹, nicht für den Menschen. Sie wurde als ewige Strafe für Satan und für seine gefallenen Engel, die Dämonen, gemacht. Diejenigen Menschen, die nicht umkehren und sich Gott zuwenden, die sich gegen Ihn auflehnen und Ihn nicht als Retter annehmen wollen, die es vorziehen, ihren selbstsüchtigen und sündigen Wünschen zu folgen, statt den Willen Gottes in ihrem Leben zu tun – werden unweigerlich zu Satan und seinen gefallenen Engeln kommen und an deren ewigem Schicksal teilhaben.

Wenn wir jedoch endlich beschließen, zu Gott umzukehren und Ihn anzunehmen, wie nett von uns! Wir stellen Ihm dann unzählige Bedingungen: ›Wenn Du dies und das für mich tust, dann könnte ich vielleicht die Möglichkeit in Betracht ziehen, Dich zu akzeptieren!‹ Wir neigen dazu zu vergessen, daß Gott der uneingeschränkte Herr ist, der Himmel und Erde schuf. Er lädt uns ein, bedingungslos zu Ihm zu kommen und Sein Geschenk der ewigen Rettung anzunehmen, das Er uns unentgeltlich anbietet. Er schenkt sie uns, nicht weil sie so billig ist, sondern weil Gottes Gnade so teuer und wertvoll ist, daß sie kein Mensch auf Erden je bezahlen kann. Sie kostete Gott das Blut Seines geliebten Sohnes, nicht weniger als das! Erst wenn wir dieses Opfer im Glauben annehmen, ist Gott bereit, uns so anzunehmen, als hätten wir nie gesündigt. Gott hat den Lohn der Sünde mit dem Blut Jeshuas bezahlt.«

»Jetzt kann ich euch Christen verstehen!« rief ich aus. »Es ist also ganz einfach! Man muß nur um Gottes Vergebung bitten! Auf diese Weise kann man getrost weiter sündigen, weil am Ende doch alles vergeben wird! Diese Theologie ermöglicht es dem Menschen, freizügig zu sündigen und dann zur Kirche zu gehen, seine Sünden dem Priester zu beichten und die Absolution zu erhalten!«

»Leider gibt es viele Menschen, die so denken oder zumindest so handeln«, nickte Jeff traurig. »Das aber lehrt die Bibel nicht. Jeshua, der Messias, kam nicht in die Welt, um uns das Recht zu sündigen zu geben, weil uns dann automatisch vergeben würde. Er kam, um die Sünde zu besiegen und uns ein neues Leben zu schenken, damit wir nicht länger im Dienst der Sünde stehen müssen.«

»Wollen Sie mir erzählen, daß diese Christen, die in den letzten 2000 Jahren mein Volk niedergemetzelt haben, unschuldige Menschen waren und nicht im Dienst der Sünde standen? Oder ist in Ihren Augen der Mord an Juden ein nicht ernstzunehmendes Verbrechen?« fragte ich erzürnt.

»Natürlich ist es das, Jakob. Ich rechtfertige nicht die abscheulichen Taten irgendwelcher Verbrecher, seien es Christen oder andere, die im Namen der Religion oder in irgendeinem anderen Namen handelten! Gott rechtfertigt sie nicht! Viele Heiden nahmen die äußeren Formen des Christentums an, ohne ihre Sünden bereut zu haben. Sie nannten sich Christen, aber ihr unbußfertiges und gottloses Verhalten zeigte, daß sie nicht waren, was sie zu sein vorgaben. Überdies entwickelten die meisten ›christlichen‹ Kirchen bereits in den frühen Phasen ihres Entstehens sehr starke antisemitische Haltungen, die sich verstärkten, je mehr die Zahl der messianischen Juden in ihren Reihen abnahm. Es mußte ein Sündenbock gefunden werden, der für das, was die Kirche tat oder unterließ, verantwortlich gemacht werden konnte. Das führte zur Beschimpfung der Juden, die des schrecklichsten aller Verbrechen bezichtigt wurden: der Kreuzigung Christi bzw. des Mordes an Gott!

Aber weder Jeshua noch Seine Jünger beabsichtigten, eine neue Religion zu stiften, die sich gegen die jüdische Mutter auflehnte – sie hatte ihr doch das Leben geschenkt. Jeshua und Seine Jünger lebten und handelten innerhalb des Gefüges des Judentums im ersten Jahrhundert. Außerdem kam Jeshua nicht nur, um der Menschheit die Sünde zu vergeben. Er kam auch, um uns einen Neuanfang zu schenken und die Macht der Sünde zu brechen. Der *Tanach*, in dem uns das verheißen ist, spricht in diesem Zusammenhang von ›geistlicher Neugeburt‹, und bezeichnet damit eine radikale Veränderung im Leben eines Menschen. Jeshua schenkt uns ewiges geistliches Leben, das im Augenblick dieser Neugeburt beginnt und nie mehr endet.«

»Was genau ist diese ›Neugeburt‹?« fragte ich. »Was meinen Sie damit?«

»Es ist nicht wichtig, was ich darunter verstehe«, lächelte mich Jeff an, »sondern, was der *Tanach* darüber sagt. Sowohl Jeremia als auch Hesekiel sprachen von diesem gewaltigen, umwälzenden Ereignis im Leben eines Menschen. Was sie über die Zukunft Israels als Nation schrieben, betrifft auch jeden einzelnen von uns als Individuum:

›*Darum sollst du zum Haus Israel sagen: So spricht Gott der Herr: Ich tue es nicht um euretwillen, ihr vom Haus Israel, sondern um Meines heiligen Namens willen, den ihr entheiligt habt unter den Heiden, wohin ihr auch gekommen seid ... Ich will euch aus den Heiden herausholen und euch aus allen Ländern sammeln und wieder in euer Land bringen, und Ich will reines Wasser über euch sprengen, daß ihr rein werdet; von all eurer Unreinheit und von all euren Götzen will Ich euch reinigen.* ***Und Ich will euch ein neues Herz geben und einen neuen Geist in euch geben;*** *und will das steinerne Herz aus eurem Fleisch wegnehmen und euch ein fleischernes Herz geben. Ich will Meinen Geist in euch geben und will solche Leute aus euch machen, die in Meinen Geboten wandeln und Meine Rechte halten und danach tun.*‹ (Hesekiel 36:22, 24-27)

Hier sehen wir die unüberwindbare Kluft zwischen wahrem Glauben und von Menschen gemachter Religion; oder, mit anderen Worten, den Unterschied zwischen Wahrheit und Lüge, zwischen Leben und Tod!«

»Was meinen Sie damit?« wunderte ich mich.

»Der wahre Glaube beansprucht zu Recht, daß nur Gott sich dem Menschen zuwenden, ihn reinigen und ihm ein neues Herz und einen neuen Geist geben kann. Gemäß Hesekiel streckt Gott Seine Hand nach dem gefallenen Menschen aus und ergreift die Initiative zu seiner Rettung. Gott hatte uns bereits durch Mose befohlen: ›So beschneidet nun eure Herzen und seid hinfort nicht halsstarrig.‹ (5. Mose 19,16) und verheißen: ›Und der Herr, dein Gott, wird dein Herz beschneiden und das Herz deiner Nachkommen, damit du den Herrn, deinen Gott, liebst von ganzem Herzen und von ganzer Seele, auf daß du am Leben bleibst.‹ (5. Mose 30,6)

Alle Religionen dieser Welt dagegen fordern, daß der Mensch sich aus eigener Kraft durch Einhaltung von Geboten, durch gute Taten und Vermeidung von Sünde bessern solle, weil er nur auf diesem Weg sich selbst reinigen und der Gottheit gefallen könne. Deshalb gibt es so viele Religionen auf dieser Welt. Der Mensch will sich weder Gottes Wahrheit fügen noch im Gehorsam gegenüber Seinem Willen leben. Er zieht es vor, sein eigener kleiner Gott zu sein und sich göttliche Autorität und Ruhm zu eigen zu machen, jedoch nicht immer die damit verbundene Verantwortung. Deshalb schuf sich der Mensch seine Götter nach seinem eigenen Bild. Das jüdische Volk war die einzige Nation der Welt, die die göttliche Wahrheit durch Offenbarung direkt von Gott erhielt. Aber sogar die Juden verkehrten diese Wahrheit in eine von Menschen gemachte Religion der Regeln, die nicht mehr viel mit der ursprünglichen Wahrheit Gottes zu tun hat. Die göttliche Wahrheit kann sehr leicht verdreht und verzerrt werden, wenn sie mit menschlichen Gedanken gefüllt wird, von denen sie anfangs frei war, und denen dann göttliche Autorität zugeschrieben wird. Wir wollen in diesem Zusammenhang eine Prophezeiung von Jeremia lesen:

›*Siehe, es kommt die Zeit, spricht der Herr, da will Ich mit dem Haus Israel und mit dem Haus Juda einen neuen Bund schließen, nicht wie der Bund gewesen ist, den Ich mit ihren Vätern schloß, als Ich sie bei der Hand nahm, um sie aus Ägyptenland zu führen, ein Bund, den sie nicht gehalten haben, ob Ich gleich ihr Herr war, spricht der Herr; sondern das soll der Bund sein, den Ich mit dem Haus Israel schließen will nach dieser Zeit, spricht der Herr: Ich will Mein Gesetz in ihr Herz geben und in ihren Sinn schreiben, und sie sollen Mein Volk sein, und Ich will ihr Gott sein. Und es wird keiner den andern noch ein Bruder den andern lehren und sagen:* ›Erkenne den Herrn‹, sondern sie sollen Mich alle erkennen, beide, klein und groß, spricht der Herr; denn Ich will ihnen ihre Schuld vergeben und ihrer Sünde nimmermehr gedenken.‹ (Jeremia 31,31-34)

Sehen Sie«, erklärte Jeff, »Gott sagt in diesen Versen, was Er mit dem Volk Israel vorhat. Er will sie von ihren Sünden reinigen und ihnen ein neues und weiches Herz geben und sie mit Seinem Heiligen Geist erfüllen. Er wird mit ihnen einen neuen Bund der

Vergebung schließen, nachdem Er sie in ihr Land zurückgebracht hat.«

»He! Moment mal! Jetzt habe ich Sie ertappt!« rief ich triumphierend aus. »Was ist, wenn Sie alle diese Bibelstellen aus dem Kontext reißen und ihnen eine falsche Deutung geben, die Ihrer Philosophie dient? Sie können in die Bibel praktisch alles hineininterpretieren! Viele Sekten und falsche Religionen begründen einige ihrer Ansprüche anhand der Bibel, aber sie verdrehen deren Aussagen und deuten sie, wie es ihnen paßt! Wie kann ich sicher sein, daß alle diese Bibelstellen tatsächlich von Jeshu handeln?«

»Entschuldigen Sie, Jakob«, sagte Jeff, als wolle er das Gesprächsthema wechseln. »Kann ich bitte Ihre Heimatanschrift in Israel haben?«

»Wollen Sie sie wirklich haben?« zögerte ich einen Augenblick.

»Ja, das will ich!« sagte er entschlossen.

»Gut«, willigte ich ein, »meine Adresse lautet:

Jakob Damkani
42 Hanevi'im Street
Holon, Israel.«

Jeff notierte die Adresse in hebräischen Buchstaben und fragte dann: »Fällt Ihnen auf, wie viele identifizierende Einzelheiten Ihre Adresse aufweist?«

Ich starrte auf seine Notiz und hatte nicht die geringste Ahnung, worauf er hinaus wollte.

»Nehmen wir einmal folgendes an: Ich lebe hier in Amerika und möchte Ihnen einen Brief nach Israel schreiben. Wenn ich diese Adresse auf den Umschlag schreibe, eine Briefmarke darauf klebe und den Brief an Sie abschicke, wird er beim amerikanischen Zentralpostamt aussortiert und in den Postsack gegeben, der mit dem Flugzeug nach Israel geht. Damit sind alle anderen Länder der Welt bereits ausgeschlossen. Dann wird der Brief bei der Hauptsortierstelle in Israel in einen Sack gesteckt, der für Holon und keine andere Siedlung in Israel bestimmt ist. Sobald der Brief in Holon ankommt, wird er vom zuständigen Briefträger zugestellt. Es gibt viele Häuser in Ihrer Straße, aber der Briefträger wird den Brief zum Haus Nummer 42 bringen und in Ihren Briefkasten stecken!

Sehen Sie? Man benötigt nur vier oder fünf identifizierende Einzelheiten, um eine spezielle Person unter den vier Milliarden auf dieser Erde lebenden Menschen ausfindig zu machen!

Wissen Sie, wieviele identifizierende Einzelheiten die Bibel enthält? Allein im *Tanach* gibt es 333 verschiedene Stellen, die vom Messias handeln. Einige dieser Prophezeiungen sind bereits erfüllt, andere werden erst noch erfüllt werden. Selbst wenn Sie eine oder zwei dieser Prophezeiungen falsch deuten, oder sogar zehn, – was unmöglich ist, weil es sich um das unfehlbare Wort Gottes handelt – werden Sie den Messias identifizieren können, weil es genügend eindeutige Hinweise zu Seiner Person gibt.

Ich möchte das an einem weiteren Beispiel veranschaulichen: Angenommen, Sie haben eine Verabredung mit jemandem, den Sie nicht persönlich kennen, an einem bestimmten Ort in der Innenstadt. Sie sagen ihm, daß Sie eine blaue Jacke, einen weißen Hut und schwarze Schuhe anhaben, ungefähr 1, 80 Meter groß und kräftig sind, einen braunen Vollbart, lockiges Haar und eine Brille tragen. Ich bezweifle, daß es am vereinbarten Treffpunkt viele Menschen geben wird, auf die eine so detaillierte Beschreibung zutrifft. Die Bibel liefert uns 333 identifizierende Merkmale zu einer Person, die sie bis ins letzte Detail beschreibt. Sie berichtet sehr genau, wo, wann und wie der Messias geboren wird, den Zweck Seines Kommens, was Er im Lauf Seines Lebens tun, wie Er verraten, gequält, getötet, begraben wird und daß Er schließlich von den Toten auferstehen und in den Himmel auffahren und als siegreicher König und Richter der Lebenden und Toten zurückkehren wird. Wieviele Menschen kennen Sie, auf die alle diese Beschreibungen zutreffen?«

Verlegen kratzte ich mich am Kopf und wußte nicht, was ich antworten sollte. Die einfache Logik seiner Antworten machte mich sprachlos. Nach einer Weile fragte ich ihn zögernd: »Angenommen, Jeshu kannte alle diese biblischen Prophezeiungen und plante sein Leben entsprechend danach? Es gibt, zum Beispiel, die Überlieferung, daß der Messias auf einem weißen Esel reitend kommen müsse. Eine solche Prophezeiung steht auch im Buch Sacharja, wenn ich mich nicht täusche. Folglich wußte Jeshu, daß der Messias auf einem weißen Esel reitend nach Jerusalem einziehen würde, und erfüllte deshalb diese Prophezeiung!«

»Hinsichtlich dieser Prophezeiung könnten Sie mit Ihrer Annahme durchaus richtig liegen, aber nur hinsichtlich dieser! Es war wahrscheinlich die einzige Prophezeiung, die von Jeshua willentlich beeinflußbar war. Doch selbst mit stärkster Willenskraft kann ein Mensch weder seinen Geburtsort, das genaue Datum seiner Geburt noch die Einzelheiten seiner Hinrichtung, seiner Bestattung und Auferstehung von den Toten festlegen! Daniel sagte voraus, daß Jeshua kurz vor der Zerstörung des zweiten Tempels in Jerusalem kommen und ermordet werden würde. Micha berichtet uns, daß Er in Bethlehem geboren und Sein Ursprung in der Ewigkeit sein wird. Jesaja, der allgemein als der ›messianische Prophet‹ bekannt ist, berichtet uns von Seiner Jungfrauengeburt, Seinem Wirken, Seinem Tod und Seinem kommenden Königreich. Alle diese Ereignisse – und viele, viele andere – waren nicht von Jeshua willentlich beeinflußbar! Wenn sie sich aber so buchstäblich in Jeshuas Person erfüllten, muß man wirklich blind sein, wenn man nicht erkennt, daß Er wirklich der war, der Er zu sein beanspruchte!«

»Trotzdem kann ich einfach nicht begreifen«, entgegnete ich hartnäckig, »wie die vielen jüdischen Weisen in den letzten 2000 Jahren die Bibel lesen und es dennoch nicht verstehen konnten. Während Sie, der Sie kein Jude und viel jünger und weniger erfahren sind als jene, alle diese Dinge so deutlich erkennen können?«

Jeff wurde etwas verlegen. Er zögerte einen Moment, nahm dann die Bibel in die Hand, schlug sie auf und gab sie mir. Obwohl er mir bereits so viel Wunderbares in der Bibel gezeigt hatte, gelang es ihm, mich ein weiteres Mal zu überraschen:

›Denn der Herr hat über euch einen Geist des tiefen Schlafs ausgegossen und eure Augen – die Propheten – zugetan, und eure Häupter – die Seher – hat Er verhüllt. Darum sind euch alle Offenbarungen wie die Worte eines versiegelten Buches, das man einem gibt, der lesen kann, und spricht: »Lies doch das!« und er spricht: »Ich kann nicht, denn es ist versiegelt«; oder das man einem gibt, der nicht lesen kann, und spricht: »Lies doch das!« und er spricht: »Ich kann nicht lesen.« Und der

Herr sprach: Weil dieses Volk Mir naht mit seinem Mund und mit seinen Lippen Mich ehrt, aber ihr Herz fern von Mir ist, und sie Mich fürchten nur nach Menschengeboten, die man sie lehrt, darum will Ich auch hinfort mit diesem Volk wunderlich umgehen, aufs wunderlichste und seltsamste, daß die Weisheit seiner Weisen vergehe und der Verstand seiner Klugen sich verbergen müsse.‹ (Jesaja 29,10-14)

Ich war niedergeschmettert, schockiert und fühlte mich vernichtend geschlagen! Ich empfand, als zwinge mich Gott auf Seinen Operationstisch, versetze mich sozusagen in Narkose und versuche, an mir Chirurgie am offenen Herzen zu vollziehen, indem er das steinerne Herz aus meiner Brust entferne und es durch ein fleischernes ersetze. Aber ich widerstand Ihm immer noch mit meiner ganzen Kraft. Was würden die Leute sagen? Was würde mit mir geschehen, wenn …?

Wir schwiegen beide. Jeff hatte mich nachdenklich gemacht. Mir drehte sich der Magen um bei dem Gedanken, daß das ganze Volk Israel in die Irre gegangen war, und daß ich bis jetzt mein Leben in schrecklichem Irrtum verbracht hatte. War es wirklich möglich, daß unsere *Rabbis* und weisen Männer sich irrten, und daß nur Jeff, dieser Nichtjude, die Wahrheit kannte? Der bloße Gedanke daran ließ mich erschaudern. Mir war völlig klar, daß, wenn Gott die Wahrheit war – und daran zweifelte ich nicht einen Augenblick – es dann auch eine göttliche, absolute Wahrheit geben mußte, die nicht von irgendeiner besonderen Religion oder Denkweise abhing. Beide, das jüdische Volk und der »christliche« Jeff (oder der »messianische« Jeff, wie er lieber genannt werden wollte) sagten unmöglich die gleiche absolute Wahrheit – es gab zu viele Widersprüche. Als Jude konnte ich die Vorstellung immer noch nicht akzeptieren, daß mein Volk vom richtigen Weg abgekommen war und einer falschen Lehre anhing, während diese »unbarmherzigen, blutdürstigen« Christen recht hatten.

Jeff bemerkte den Konflikt, der sich in meinem Inneren zutrug. Er erkannte, daß in dieser Situation Worte nichts mehr bewirken konnten, sondern nur noch der Geist Gottes. Es gibt einen Punkt, an dem der betreffende Mensch ganz allein mit der Wahrheit fertigwerden und mit dem Engel Gottes an seiner persönlichen »Furt des

Jabbok« ringen muß, wie es Jakob einst tat, um an seinem eigenen »Pniël« siegreich daraus hervorzugehen[18].

Jeff mußte gespürt haben, daß ich diesen Punkt soeben erreicht hatte. Er neigte seinen Kopf und betete still. Dann sagte er höflich: »Wenn Sie erkannt haben, daß alles, was ich Ihnen bis jetzt gesagt habe, die Wahrheit ist, wären Sie dann bereit, sich ihr zu unterwerfen und sie anzuerkennen? Wenn Sie überzeugt sein sollten, daß Jeshua wirklich der verheißene Messias Israels ist – würden Sie Ihn als Ihren Herrn und Erlöser annehmen?«

Ich zuckte vor Schreck zurück, als hätte mich eine Schlange gebissen. Wie konnte er wissen, was in meinem Kopf und tief in meinem Inneren vorging? Dann sah ich ihn schweigend an.

Jeff blickte mich traurig an und sagte: »Wissen Sie was? Ich werde für Sie beten, daß der Gott Israels Ihre geistlichen Augen öffnen und Ihnen die Wahrheit zeigen soll. Es reicht nicht aus, wenn Sie meine Worte verstehen, als Wahrheit anerkennen und ihnen vom Verstand her zustimmen – Sie müssen sie auch in Ihr Herz aufnehmen. Ich werde auch darum beten, daß Gott Ihnen keine Ruhe gönnen soll, bis Sie Ihn anerkannt haben werden! Darf ich mit Ihnen beten?«

Irgendwie erwartete ich, daß Jeff ein Gebetbuch aus seiner Tasche ziehen und ein Gebet vorlesen würde, aber nichts dergleichen geschah. Er setzte sich nur neben mich, hielt meine beiden Hände in den seinen, schloß seine Augen und neigte seinen Kopf. Verstört blickte ich ihn an und wußte nicht, was ich als Nächstes tun sollte. Dann redete Jeff mit Gott, so wie ein Mann mit seinem besten Freund, der vor ihm steht. Sein Gebet kam direkt aus seinem Herzen und berührte mein Innerstes:

»Vater im Himmel, bitte sieh herab auf Jakob und öffne seine geistlichen Augen, um die Wahrheit zu erkennen, die er bereits mit seinem Verstand zu erfassen begonnen hat. Laß Deinen Heiligen Geist zu seinem Herzen sprechen und zeige ihm sein verzweifeltes Bedürfnis nach Vergebung seiner Sünden, die Du ihm in Deiner Güte durch den Messias Jeshua angeboten hast. Herr, wecke in seinem Herzen den Wunsch, das neue Herz und den neuen Geist von Dir zu erhalten. Ich empfehle ihn nun Dir an. Bitte verfahre mit ihm, wie es Dir gefällt! Ich bitte Dich dies im Namen Jeshuas, des Messias, Amen!«

Jeff sah mich liebevoll an, wie ein Vater seinen Sohn, und fragte: »Würde es Ihnen etwas ausmachen, mit mir zu beten? Ich werde Ihnen ein kurzes Gebet vorsprechen, und wenn es Ihr Herz anrührt, können Sie es laut nachsprechen.«

Bevor ich Zeit hatte, mich zu widersetzen, neigte er wiederum seinen Kopf, schloß seine Augen und sprach ein weiteres Gebet:

»Gott Abrahams, Isaaks und Jakobs! Ich glaube aufrichtig, daß Du Jeshua, Deinen Sohn, zur Vergebung meiner Sünden geopfert hast. Danke, Jeshua, daß Du gekommen bist, um mich zu einem neuen und heiligen Leben, zum Ruhm Gottes, zu erwecken. Amen!«

Bis heute ist mir schleierhaft, warum ich dieses Gebet laut nachsprach. Ich glaubte den Worten nicht, die aus meinem Mund kamen. Sie hatten keinen Widerhall in meinem Herzen. Jeff jedoch war sehr froh darüber, daß ich dieses Gebet mit ihm gesprochen hatte, und fragte: »Darf ich Ihnen dieses Exemplar der hebräischen *Brit Hachadasha* (Neues Testament) schenken? Lesen Sie es, und bitten Sie Gott darum, Ihnen die Wahrheit zu offenbaren, wenn Sie darin lesen. Ich bin sicher, Sie werden darin Antworten auf viele Ihrer Fragen finden. Auf Fragen, die Sie bereits ausgesprochen haben, und auf Fragen, die noch unausgesprochen sind.«

Jeff verabschiedete sich und ging. Es wurde dunkel und Zeit, den Laden zu schließen. Als ich ihn verließ, überwältigte mich ein Gefühl der Spannung und tiefen Erwartung, als ob sich bald etwas Großartiges und Wunderbares ereignen würde – etwas Entscheidendes, das mein ganzes Leben verändern würde. Ich hatte auch das seltsame Gefühl, daß dieses Wunderbare mit jenem Jeshua zu tun hatte, und daß das blaue Buch, das mir gerade geschenkt worden war, der Schlüssel zum Geheimnis war. Was lag in diesem Buch verborgen?

Was liegt in diesem Buch verborgen?

Als ich nach Hause kam, zog ich das schmale blaue Buch aus meiner Jackentasche, schaltete das Licht an und öffnete das Buch. Ich war erstaunt, auf der ersten Seite folgendes Gebet zu finden:

»Gott Abrahams, Isaaks und Jakobs, zeige mir die Wahrheit, während ich dieses Buch lese, und hilf mir, dem Licht zu folgen, das Du mir zeigst. Amen!«

Nachdem ich dieses kurze Gebet gelesen hatte, fuhr ich mit dem ersten Kapitel fort. Der erste Vers traf mich wie ein elektrischer Schlag:

›*Dies ist das Buch der Abstammung Jeshuas, des Messias, des Sohnes Davids, des Sohnes Abrahams ...*‹ (Matthäus 1,1)

Jeff hatte also doch recht! Jeshua war wirklich ein Jude! Dann hatte Jeff also auch recht, daß diejenigen, die ich als Christen ansah, nichts von Christus (dem Messias) wußten. Wie sonst könnten die »Christen« beanspruchen, daß sie Jeshua lieben, wenn sie gleichzeitig die Juden hassen, sein eigenes Fleisch und Blut?

Ich las weiter. Es folgte eine lange Liste mit vielen der biblischen Helden, die ich so gut aus meiner Schulzeit kannte: Abraham, Isaak und Jakob, Juda und seine Brüder, König David und die Könige Judas, die auf ihn folgten – sie alle waren gute, *koschere* Juden! Verstehen die »Christen«, die dieses Buch lesen, überhaupt, was sie lesen? Was kann jüdischer sein als das?

Plötzlich regte sich in meinem Herzen ein schrecklicher Verdacht: wieviele dieser »Christen« lesen wirklich ihr Neues Testament? Wenn es genauso wenige sind, wie meine jüdischen Brüder, die den *Tanach* lesen, dann leben sowohl Juden wie Christen in von Menschen gemachten Traditionen, die die Wahrheit bis zur Unkenntlichkeit verfälschen und verdrehen.

Ich las weiter und fand mich im Geist zurückversetzt in mein geliebtes *Erez Israel.* Zusammen mit Johannes dem Täufer durchwanderte ich die judäische Wüste und ging mit ihm an den Ufern des Jordan entlang. Ich begleitete Jeshua und seine Jünger um den See Genezareth und durch das galiläische Bergland. Zusammen gingen wir durch die engen Gassen Jerusalems. Alles entsprach den Tatsachen: der Tempel und die *Synagoge*, die *Pharisäer* und *Sadduzäer*, die rechtschaffenen Leute und die Selbstgerechten. Ich sah die Schäfer ihre Herden auf den Feldern um Bethlehem hüten und beobachtete die alten Gelehrten der *Thora*, wie sie sich in der *Rabbiner*schule über ihre heiligen Rollen beugten. Ich sah die goldenen Weizenfelder, die reif für die Ernte waren, die Wildblumen und die Vögel, von denen zwei für einen Heller und fünf für zwei Heller verkauft wurden. Ich verbrachte einige Zeit bei den hart arbeitenden Fischern an den Seeufern und konnte tatsächlich den betäubenden Duft des »besseren Weines«, der Obstgärten und des reinen Olivenöls riechen. Mir schien, als ob ich mich körperlich dort befände!

Was hatte all das mit dem zu tun, was ich für »Christentum« hielt? Weder hörte ich das Läuten von Kirchenglocken, noch tauchten irgendwelche schwarz oder braun gekleideten Mönche auf, die das Zeichen des Kreuzes auf ihrer Brust schlugen und Ikonen küßten. Es wurden keine Gold- und Silberkreuze in prächtigen Kathedralen beim Klang der Orgel verehrt! Alles war so israelisch, daß mir die Tränen kamen. Nie in meinem Leben zuvor hatte ich so viel Heimweh empfunden! Amerika mit seinen funkelnden Neonlichtern, seinen breiten Superhighways und beängstigend hohen Wolkenkratzern war plötzlich sehr weit weg. Ich befand mich wieder in meinem vertrauten, ländlichen Israel, das klar und deutlich vor meinen Augen erstand. Plötzlich wunderte ich mich, wie es überhaupt möglich war, zu Jeshua in irgendeiner anderen Sprache als der hebräischen zu beten.

Jeshua war »einer von uns«! Das war eine gewaltige Offenbarung für mich!

Ich las weiter und traute meinen Augen nicht:

›*Er antwortete aber und sprach: Ich bin nur gesandt zu den verlorenen Schafen des Hauses Israel.*‹ (Matthäus 15, 24)

Sagte Jeshua diese Worte wirklich? Was denken die Nichtjuden, wenn sie diesen Vers lesen? Was haben sie überhaupt mit ihm zu tun? Warum folgen die Juden ihm nicht nach? Ist die Blindheit der sündigen Menschheit tatsächlich so groß?

Auf einmal verstand ich, was Jeff mir die ganze Zeit so hartnäkkig, aber mit wenig Erfolg, zu vermitteln versucht hatte: den Unterschied zwischen von Menschen gemachter Religion und von Gott geschenktem Glauben, zwischen antisemitischer »Kirchlichkeit« auf der einen und dem wahren messianischen Glauben auf der anderen Seite. Ich erkannte, daß diese Judenhasser, die unser Volk durch die Geschichte hindurch verfolgten, nur dem Namen nach Christen waren und Gottes Volk – die Juden – umbrachten. Sie kannten weder das Neue Testament, das ich in meiner Hand hielt, noch gehorchten sie den Worten ihres Herrn und Meisters. Plötzlich verstand ich die Bedeutung der warnenden Worte Jeshuas:

›*Es werden nicht alle, die zu Mir sagen: Herr, Herr! in das Himmelreich kommen, sondern die den Willen tun Meines Vaters im Himmel. Es werden viele zu Mir sagen an jenem Tag: Herr, Herr haben wir nicht in Deinem Namen geweissagt? Haben wir nicht in Deinem Namen böse Geister ausgetrieben? Haben wir nicht in Deinem Namen viele Taten getan? Dann werde Ich ihnen bekennen: Ich habe euch nie gekannt; weichet von Mir, ihr Handlanger der Gesetzlosigkeit!*‹ (Matthäus 7,21-23)

Ich las weiter. Jetzt begriff ich, warum die *Rabbis* jener Tage Jeshua ablehnten und leidenschaftlich haßten. Mit den Worten seines Mundes, die schärfer waren als ein zweischneidiges Schwert, durchbohrte er ihre aufgeblasene Religiösität und ihren nationalistischen Stolz. Er schalt sie wegen ihrer moralischen Scheinheiligkeit und ihrer Verdorbenheit, obwohl er niemals ihre geistliche Autorität herausforderte. Er antwortete ihnen weise und verdammte öffentlich ihre selbstgerechten Vorwände. Angenommen, dieser Jeshua, der im Neuen Testament beschrieben ist, käme heute in eine jüdische *Synagoge* oder christliche Kirche, würde er dort erkannt und angenommen werden? Ich mußte an die religiösen Symbole denken, die ich in vielen katholischen Kirchen gesehen hatte. An die Bilder des Jesuskindes auf den Armen seiner Mutter, der Heiligen

Jungfrau Maria, und an die Skulpturen des gekreuzigten Jesus. Jetzt erkannte ich, daß es ein völlig anderer »Jesus« war, den die europäischen Künstler dargestellt hatten, indem sie ihn nach ihrem eigenen Bild als blondes und blauäugiges »Lieb Jesulein« verkörperten. Das war nicht der Sohn des bescheidenen Zimmermannes, der in Bethlehem geboren und in Nazareth aufgezogen wurde. Und der durch das Land zog, um die Kranken zu heilen, die Aussätzigen zu reinigen, die Augen der Blinden und die Ohren der Tauben zu öffnen und Tote aufzuerwecken! Sie porträtierten nicht den demütigen jüdischen Lehrer, der das wichtigste aller Gebote predigte:

›*Höre, Israel, der Herr, unser Gott, ist allein der Herr, und du sollst Gott, deinen Herrn, lieben von ganzem Herzen, von ganzer Seele, von ganzem Gemüte und von allen deinen Kräften.*‹ *Das andre ist dies:* ›*Du sollst deinen Nächsten lieben wie dich selbst*‹. Es ist kein anderes Gebot größer als diese. (Markus 12, 29-31)

Ich war nun wirklich beklommen, weil ich es trotz aller Bemühungen von Jeff bisher nicht fertiggebracht hatte, Jeshua bei seinem wirklichen Namen zu nennen. Er hatte mir die Bedeutung seines Namens anhand des Stammwortes »Jeshu'a«, das »Rettung« heißt, erklärt. Der Name Jeshu dagegen ist ein aus den Anfangsbuchstaben der hebräischen Redewendung »Mögen sein Name und Gedenken ausgelöscht werden!« zusammengesetztes, entwürdigendes Schimpfwort.

›Welcher andere Mensch hätte die Werke tun können, die Jeshua vollbrachte, ohne auch nur einen Fehler zu machen?‹ dachte ich verwundert. ›Gab es auf der ganzen Welt irgendeinen anderen Menschen außer ihm, der so vollkommen alle Prophezeiungen der Schriften bezüglich des Messias erfüllte?‹ Das Neue Testament ist voller Zitate aus dem *Tanach* und der häufigste Satz im Evangelium lautet ›damit erfüllt würde, was vom Herrn durch die Propheten gesprochen worden ist, welche sagten ...‹.

Offensichtlich war Jeshua kein gewöhnlicher Mensch. Er besaß Weisheit und Güte, die nicht von dieser Welt waren. Die Helden meiner Kindheit – Mose, König David, der Prophet Jesaja, und alle anderen – sündigten hin und wieder. Die Bibel verheimlicht ihre

Verfehlungen und Übertretungen nicht. Jeshua war der einzige, der niemals in Sünde gefallen ist. Nur Gott konnte mit einer solchen Vollmacht sprechen! Kein Wunder, daß die *Pharisäer*, die damaligen Lehrer der *Thora*, ihn für eine ständige Bedrohung und Gefahr für ihre selbstgemachte Autorität hielten!

Trotz meines inneren Widerstandes empfand ich plötzlich das Bedürfnis, mich im Gebet an Gott zu wenden. Ich erinnerte mich an das, was Jeff bei einem unserer Treffen gesagt hatte:

»Gott ist ein lebendiger Herr. Genauso wie Er sich verschiedenen Menschen im *Tanach* offenbarte, kann Er sich auch Ihnen offenbaren. Er tut das nicht immer auf sichtbare Weise in einer Vision oder durch eine hörbare Stimme. Aber ich kann Ihnen versichern, daß Sie Ihn erkennen werden, wenn Er Ihre geistlichen Augen öffnet. Ich habe nicht den geringsten Zweifel daran!«

Als Jeff mir vor einiger Zeit erzählte, Gott habe sich ihm bereits mehrmals offenbart, zweifelte ich an seinem Verstand. Ich konnte verstehen, daß Gott sich einigen frommen und rechtschaffenen Juden wie Abraham und Mose offenbart hatte. Weshalb jedoch sollte der Gott Israels sich einem Nichtjuden wie Jeff mitteilen wollen? Obwohl ich Jeff wegen seiner Liebe zu den Schriften und seiner Hingabe an Gott schätzte und sogar bewunderte, war ich zu bestimmten Zeiten der Überzeugung, er müsse in eine Anstalt eingewiesen werden! Nun jedoch, als ich zum ersten Mal das Neue Testament las, wurde mir bewußt, daß ich nichts zu verlieren hatte, wenn ich mich Gott zuwandte und Ihn bat, sich mir auf die gleiche Weise zu offenbaren, wie Er es bei Jeff getan hatte.

»Herr«, sprach ich, »Gott Israels, Gott Abrahams, Isaaks und Jakobs, wenn Du wirklich Gott bist, und wenn Jeshua wirklich der Messias ist, will ich absolute Gewißheit darüber haben! Wenn all das, was Jeff mir über Dich sagte, wahr ist, will ich es annehmen, selbst wenn die ganze Welt sich irrt! Ich gelobe, Dir zu folgen und Dein treuer Diener zu sein. Du kennst mich durch und durch und weißt, daß ich zu Hause und in der Schule von Kind auf gelehrt wurde, Jeshua von ganzem Herzen abzulehnen. Wenn er aber wirklich ›der Weg, die Wahrheit und das Leben‹ ist, wie Jeff mir anhand der Schriften erklärte, dann bin ich bereit, meinen Widerstand aufzugeben und seinen Fußstapfen zu folgen, selbst wenn ich der einzige Jude auf der Welt sein sollte, der das tut!«

Ich zögerte ein wenig und beendete dann das Gebet mit »Amen!« Ich empfand, daß ich einen ewigen Bund mit dem Gott Israels schloß, so wie es meine Vorväter getan hatten. Das war mit Sicherheit ein heiliger Augenblick.

Jeden Tag, wenn ich von der Arbeit nach Hause kam, las ich mehrere Kapitel im Neuen Testament und bewunderte die Liebe und die Weisheit Jeshuas. Anschließend kniete ich nieder und bat Gott im Gebet, daß Er sich mir offenbaren möge.

Zwei Wochen vergingen, aber die erwartete Offenbarung geschah nicht. Ich hielt jedoch durch, las weiter täglich in den Schriften und betete. Ich begann Jeshua wirklich zu lieben und las seine Worte, als seien sie persönliche Liebesbriefe an mich. Aber ich war immer noch nicht davon überzeugt, daß ich ihm mein ganzes Leben uneingeschränkt ausliefern müßte. Das Neue Testament wurde meine Lieblingslektüre, mehr nicht.

Dann erwachte ich eines Nachts gegen drei Uhr morgens aus dem Tiefschlaf und spürte eine fremde Gegenwart in meinem Zimmer. Ich war weder erschrocken noch angespannt. Im Gegenteil, es war ein ziemlich angenehmes Gefühl. Ich empfand, daß ein Strom klaren, lebendigen Wassers in mir entsprang, der in mir und durch mich hindurch floß und mich gründlich reinigte und sich in mein Herz und meine Seele ergoß. Er durchflutete die ganze Welt, floß zurück und ergoß sich noch einmal ganz in mich hinein. Diese Erfahrung läßt sich kaum mit Worten beschreiben. Ein starker, aber angenehmer Schauer lief mir über den Rücken, und ein Frösteln erfaßte meinen ganzen Körper. Wenn diese Gegenwart meinem Auge sichtbar gewesen wäre, hätte ich sie nicht aushalten können, sondern wäre tot vor ihr umgefallen. Der Strom lebendigen Wassers reinigte und läuterte mich gleichzeitig von innen und außen.

Ich setzte mich im Bett auf und betete, wie Jeff es mich gelehrt hatte: »Gott, sprich zu mir! Hier bin ich!« Weder sah ich etwas mit meinen Augen, noch hörte ich etwas mit meinen Ohren, aber das Frösteln nahm mehr und mehr zu, bis ich am ganzen Körper zitterte. Die Kraft dieses Stromes lebendigen Wassers, den ich in mich hinein und aus mir heraus fließen spürte, überwältigte mein ganzes Sein. Diese Erfahrung, die nur einige Minuten andauerte, erschien mir wie eine Ewigkeit. Dann ebbte die Empfindung langsam ab, und ich war wieder allein. Ich wußte, daß etwas Wunderbares mit mir geschehen war, konnte aber nicht genau einordnen, was es war. Ich lag noch eine Zeitlang wach und wunderte mich über diese neue und herrliche Erfahrung, bis ich schließlich wieder einschlief.

Als ich am Morgen aufwachte, griff ich automatisch zur rechten Ecke der Fensterbank. Jeden Abend, bevor ich zu Bett ging, legte ich mein Neues Testament mit der Vorderseite nach unten auf die rechte Ecke der Fensterbank, an der Stelle geöffnet, an der ich meine Lektüre beendet hatte. An diesem Morgen aber lag es auf der linken Ecke und war an einer völlig anderen Stelle, weiter hinten, aufgeschlagen. Neugierig las ich, was dort im ersten Johannesbrief, Kapitel 4 und 5, stand. Die Worte durchbohrten mein Herz wie ein scharfes Schwert. Mir schien, als ob Gott der Allmächtige selbst diese Worte direkt vom Himmel zu mir sprechen würde. Gott, der mich durch und durch kannte, wußte genau, was ich an diesem besonderen Morgen lesen sollte. Als das Licht Gottes in mein Herz schien, begann ich zu weinen. Ich ließ meinen Tränen freien Lauf, bis die ganze Bürde meiner Sündenlast, deren Schwere ich mir bis zu diesem Zeitpunkt nicht bewußt war, von mir genommen war!

Ich fühlte mich wie ein neugeborenes Kind, leicht wie eine Feder im Wind. Plötzlich kam Licht in die Aussagen der Bibel, die bisher ein wunderbares, aber versiegeltes Buch für mich gewesen war. Nun verstand ich, warum Gott Israel unter allen Völkern auserwählte und weshalb Jeshua in diese sündige Welt kam. Die ewige, vollkommene Wahrheit des Herrn und Gottes Israels führte mich aus der Knechtschaft in die Freiheit, aus der Finsternis der Sünde in das herrliche Licht der Vergebung Gottes. Ich bedauerte, daß ich die besten 25 Jahre meines Lebens mit Nichtigkeiten verschwendet hatte. Ich hatte den trügerischen Dingen dieser Welt nachgejagt, obwohl mir die Schätze des Himmels zur Verfügung standen!

Gott hatte Seinen Teil des Bundes gehalten und mir Seine Existenz und Autorität auf äußerst greifbare Weise bewiesen. Nun lag es an mir, meinen Teil einzuhalten. Erst später begriff ich, daß die mir zuteil gewordene Erfahrung in den Schriften als »geistliche Neugeburt« bezeichnet wird, über die Jeshua so nachdrücklich sprach:

›*Es sei denn, daß jemand geboren werde aus Wasser und Geist, so kann er nicht in das Reich Gottes kommen.*‹ (Johannes 3,5)

Zum ersten Mal in meinem Leben hatte ich eine Antwort auf mein Gebet erhalten. Nun verstand ich endlich, was Jeff mir über das neue Herz, den neuen Geist und über den verheißenen Neuen Bund zu erklären versucht hatte.

Auch war ich zum ersten Mal in meinem Leben von einer Freude erfüllt, die vollkommen unabhängig von äußeren Umständen war. Ich fühlte mich wie jemand, der von einem verstorbenen und unbekannten Verwandten eine Millionenerbschaft gemacht hatte. Auf einmal verstand ich, wie wahr diese Symbolik von der neuen Geburt war. Sie machte mich unbeschreiblich glücklich. Vielleicht war es das, wovon der begnadete Musiker Israels, König David, schrieb:

›*Wohl dem, dem die Übertretungen vergeben sind, dem die Sünde bedeckt ist! Wohl dem Menschen, dem der Herr die Schuld nicht zurechnet, in dessen Geist kein Trug ist!*‹ (Psalm 32,1-2)

Die Freudentränen, die aus meinen Augen rannen, wuschen allen Schmutz und Unrat aus meinem Leben weg. Ich weinte hemmungslos. Dann merkte ich, daß Gott zu mir sprach. Ich vernahm keine akustisch hörbare Stimme, aber ich hörte Seine Stimme in meinem Herzen – sie rief mich nach Hause, in mein und Sein Heimatland, und mehr als alles andere, zu meinem eigenen Volk. Ich erinnerte mich, daß ich bei meinem letzten Besuch in der Heimat schwor, niemals mehr den Boden Israels zu betreten, und war nur zu glücklich, diesen Schwur nun brechen zu können. Gott rief mich, und ich mußte gehen, um Seine gute Nachricht ›den verlorenen Schafen des Hauses Israel‹ zu verkünden. Das Volk Israel mußte den Unterschied zwischen dem entstellten Jeshu und dem wahren Jeshua erfahren, zwischen von Menschen gemachter Religion und von Gott geschenktem Glauben.

Damals dachte ich, daß ich der einzige Jude auf der Welt sei, der an Jeshua als den Messias Israels glaubte. Ich konnte mir nicht vorstellen, daß es andere messianische Juden auf der Welt gab, denen die Rettung Israels am Herzen lag. So war ich der Überzeugung, daß ich für die Verbreitung der Guten Nachricht Gottes erschaffen wurde – und ging an jenem Morgen mit dem festen Entschluß zur Arbeit, dem Herrn und Seinem Messias zu dienen.

Veränderung

Während dieser Zeit der ersten Liebe zu Jeshua war mir nicht bewußt, daß der eigentliche Kampf noch beginnen würde. Ich war mir sicher, daß ich niemals wieder in Sünde fallen würde. Ich dachte, daß der Herr, der in mir lebte, sich um alle meine Bedürfnisse kümmern und das Problem der Sünde mich nie wieder quälen würde. Ich lebte mit meinem Erlöser über den Wolken. Meinetwegen konnte sich die ganze Welt mit ihren Eitelkeiten zum Teufel scheren. Erst später sah ich ein, wie sehr ich mich irrte.

Jetzt verstand ich, was mein Judesein bedeutete, und worum es im Leben ging. Bevor ich von neuem geboren wurde, wollte ich um jeden Preis meinem Leben einen Sinn geben. Ich war der Meinung, daß ich erst dann richtig zu leben begänne, wenn ich so viel Geld verdienen würde, daß es für den Rest meines Lebens ausreichte. Romantische Affären und andere Abenteuer hatten mich nicht zufriedengestellt. Ich war fest entschlossen gewesen, alle mir gesteckten Ziele zu erreichen, auch wenn wenig Aussicht auf Erfolg bestand. Nun aber fand ich in Jeshua, was meine kühnsten Träume überstieg. Ich fand das Leben in seiner ganzen Fülle!

Mit »theologischen« Dingen, wie der Existenz Satans oder der Sünde und ihren Folgen, kannte ich mich nicht besonders gut aus und zog es vor, sie zu ignorieren. Aufgrund meiner Nähe zu Jeshua war die Macht der Sünde in meinem Leben ein wenig geschwächt. Aber sie steckte nach wie vor in mir und wartete nur auf eine passende Gelegenheit, um sich wieder bemerkbar zu machen.

Während dieser Zeit der ersten Liebe zu Jeshua wollte ich allen Menschen meiner Umgebung von diesem wundervollen Messias erzählen, von *Jeshua Hamashiach.* Ich sprach mit Michael und anderen jüdischen Freunden aus Brooklyn über Ihn, aber sie reagierten darauf, als hätte ich den Verstand verloren. Allzu schnell hatte ich meine eigenen Zweifel und Argumente vergessen, die ich gehegt hatte, bevor meine Augen für die Wahrheit geöffnet wurden. Es war mir unbegreiflich, weshalb meine Freunde nicht in der Lage waren, etwas so Selbstverständliches und Deutliches zu erkennen! So glich ich einem Blinden, dem die Augen für das Licht der Welt geöffnet wurden, und der nun seinen blinden Freunden zu erklären versuchte, was er sah, aber kein Verständnis für deren Unfähigkeit zu sehen hatte.

Selbst meine nichtjüdischen Bekannten, getaufte »Christen« und Kirchgänger, wollten mir nicht so recht zuhören, wenn ich ihnen von Jeshua erzählte. Sie konnten die gewaltige Veränderung in mir und meiner ganzen Denkweise nicht verstehen. Ich mußte an Jeffs Worte denken, daß nicht jeder Kirchgänger ein Jünger Jeshuas ist, sondern daß ein Mensch nur durch die eigene persönliche Entscheidung, von neuem geboren zu werden, ein wahrer Jünger wird.

Jeshua bezeichnete sich selbst mit Recht als ›*das lebendige Brot, das vom Himmel gekommen ist*‹ (Johannes 6,51). Nachdem ich von neuem geboren war, spürte ich einen großen und wachsenden Hunger nach dem Wort Gottes. Ich las die Schriften, dachte Tag und Nacht über sie nach und konnte nicht genug bekommen. Allmählich verinnerlichte ich das Wort Gottes. Es wurde mir wie die Nahrung, die wir täglich essen, verdauen und resorbieren, bis sie schließlich ein Teil von uns wird. Die Bibel bestand nicht mehr aus leeren Worten, die mit schwarzer Tinte auf weißes Papier gedruckt waren – die Heilige Schrift wurde für mich zum Wort des lebendigen Gottes, das mein Leben bestimmte.

Außerdem erlebte ich eine weitere großartige Veränderung. Wann immer ich die liebende Fürsorge meines himmlischen Vaters oder Seinen Schutz brauchte, wandte ich mich im Gebet an Ihn. Meine jetzigen Gebete waren ganz anders als jene, die ich früher in der *Synagoge* gesprochen hatte. Mir wurde klar, daß Gott die Furcht meiner Seele und die Dankbarkeit meines Geistes jede Minute – und nicht nur dreimal am Tag – hören wollte. Ich wußte, daß mein liebender Vater meine Gebete anhören würde, selbst wenn sie so ungeschliffen und unausgereift wie die ersten Worte eines Kleinkindes waren, die das Herz jeder Mutter beglücken und erfreuen.

Eines meiner größten Probleme als Anfänger im Glauben war die Erkenntnis, daß ich genauso hilflos wie ein Neugeborenes war und aus eigener Kraft nichts für mich selbst oder andere, geschweige denn für Gott, tun konnte. Später verstand ich, daß das nicht nur mein Problem als Anfänger im Glauben war, sondern daß es die Erfahrung der Glaubenden ihr ganzes Leben lang ist und sein soll, weil Jesus sagte: ›*Ohne Mich könnt ihr nichts tun!*‹ (Johannes 15,5)

In unserer modernen Welt ist Sünde heutzutage gesellschaftsfähig. Diejenigen, die ehrlich und ohne zu sündigen durchs Leben zu gehen versuchen, werden für überspannt oder gar unnormal gehalten. Seit meiner Neugeburt wohnte jedoch der Geist Gottes in mir und verwandelte meinen Körper in Seinen Tempel. Der Heilige Geist reinigte mich von meinen Sünden und schenkte mir eine Sensibilität gegenüber der Sünde. Selbst Dinge, die mir bisher als normal, allgemein üblich und harmlos erschienen waren, wurden plötzlich zu faulen, stinkenden Kadavern, die ich so schnell wie möglich loszuwerden versuchte. Wenn ich vorher gewußt hätte, was ich so willig aufgeben würde, hätte ich mich wahrscheinlich nicht für ›den Weg, die Wahrheit und das Leben‹ entschieden! Nachdem aber die Wahrheit, Jeshua, sich mir in all Seiner Herrlichkeit offenbart hatte, fühlte ich einen starken Willen, das aufzugeben, was bis dahin mein ganzes Sein bestimmt hatte. Plötzlich entdeckte ich, wie unwichtig die Dinge dieser Welt waren: Geld, Besitz, Erfolg und das schmutzige Leben in Sünde, in dem ich mich so lustvoll wie ein Schwein im Schlamm gewälzt hatte. Ich schüttelte alle Dinge ab, die mir bis dahin als »die Würze des Lebens« erschienen waren.

Meinen Laden öffnete ich weiterhin jeden Morgen, verlor aber nach und nach das Interesse an ihm. Die Jagd nach Geld und Frauen empfand ich nun als albern und geschmacklos. Ich gab den »Stone Pony« Club auf, weil ich mich dort nicht mehr wohl fühlte, zumal ich in Gott die Quelle allen Glücks und aller Freude fand. Gleichzeitig verlor ich einen hohen Geldbetrag am Aktienmarkt und wunderte mich über mich selbst, daß mir dieser Verlust völlig gleichgültig war. Früher hätte ich wahrscheinlich Selbstmord in Betracht gezogen! Aber ich war nicht mehr derselbe. Jeshuas Worte bedeuteten mir mehr als alles andere:

›*Ihr sollt euch nicht Schätze sammeln auf Erden, wo sie die Motten und der Rost fressen und wo die Diebe nachgraben und stehlen! Sammelt euch aber Schätze im Himmel, wo sie weder Motten noch Rost fressen und wo die Diebe nicht nachgraben noch stehlen! Denn wo euer Schatz ist, da ist auch euer Herz.*‹ (Matthäus 6,19-21)

Ich war wirklich froh, daß ich das Interesse an materiellen Dingen verlor und mich frei von Angst und Sorge fühlte. Das bewies mir, daß ich mich nun auf dem richtigen Weg befand. Geld verlor für mich seine Wichtigkeit. Während es früher ein sehr grausamer Herrscher gewesen war, war es nun mein Diener. Es konnte nicht mehr über mich bestimmen.

Die Umgebung, in der ich lebte, drückte mich nieder wie eine Gefängnismauer. Das gesetzlose Leben, das ich geführt hatte, verlor seinen Glanz und seine Anziehungskraft. Die stolze Gottlosigkeit meiner früheren Freunde und Trinkbrüder, die tanzten und hinter Frauen herjagten, stand in völligem Gegensatz zu meiner brennenden Liebe und Begeisterung für Gott, der sich mir in Seiner Gnade offenbarte. Die Erde begann unter meinen Füßen zu brennen – ich mußte weiterziehen.

So schloß ich eines schönen Tages, ohne es zu bedauern, meinen Laden und brachte alle Wertsachen zu Michael. Er hatte inzwischen den Asphaltdschungel Brooklyns verlassen und war nach New Jersey aufs Land gezogen. Dann packte ich meine persönlichen Utensilien in einen Koffer, nahm mein ganzes Geld mit und fuhr mit meinem Wagen Richtung Westen.

Mir schien, als sei ich erst gestern mit erhobenem Daumen am Straßenrand gestanden, um per Anhalter Richtung Norden nach New York zu trampen. Oder war seitdem eine Ewigkeit vergangen? Nun hatte sich das Blatt gewendet: ich nahm jetzt Anhalter in meinem Auto mit und teilte mit ihnen die herrlichste Sache meines Lebens. Welch ein Unterschied! Was für eine enorme Veränderung hatte sich in mir vollzogen, seit ich in diese Stadt gekommen war! Jetzt verließ ich sie mit dem Evangelium Jeshuas, des Messias, in meinem Mund! Und das Wundervollste daran war, daß mir Gott diese Veränderung geschenkt hatte.

Weiter nach Westen!

Es war ein heißer Sommertag, als ich der Ostküste den Rücken kehrte. Ich hielt an einer Tankstelle an und kaufte eine detaillierte Straßenkarte. Dann verließ ich New Jersey und überquerte die Grenze nach Pennsylvania. Für mich Israeli war es eine unvergeßliche Erfahrung, auf amerikanischen Superhighways zu fahren. Ich wählte den Highway No. 95 und erreichte zum ersten Mal in meinem Leben eine Gebührenschranke: ich mußte eine Gebühr bezahlen, um die Straße benutzen zu dürfen! Faszinierend!

Dann fuhr ich durch Gebirge mit unendlich weiten Wäldern und grünen Wiesen, Viehfarmen und Brücken, die sich an jeder Kreuzung ineinander verflochten. Unweigerlich mußte ich an unsere schlecht gepflasterten Straßen in Israel und an die aggressiven und ungeduldigen israelischen Autofahrer denken. Die amerikanische Art bewunderte ich dagegen sehr! Wie herrlich sind die Straßen dort! Man kann auf ihnen tagelang fahren ohne anzuhalten, ohne müde zu werden und sich gestreßt zu fühlen. Verglichen mit unseren Autofahrern empfand ich die Amerikaner als lockerer, geduldiger, hilfsbereiter und freundlicher. Vielleicht war es aber nur der irreführende Eindruck eines entzückten, naiven jungen Israeli.

Vier Stunden später stattete ich Rebecca in Washington einen Besuch ab. Ich hatte sie vor einem Jahr kennengelernt. Sie studierte am College und stellte mich ihren Freunden und Kommilitonen vor. In dieser intellektuellen und gehobenen Gesellschaft fühlte ich mich sehr unwohl und spürte, daß ich etwas viel Kostbareres und Wertvolleres besaß, als alle diese gebildeten Studenten zusammen. Ihre Sex- und Drogenorgien, die sie unter freiem Himmel abhielten, beeindruckten mich nicht. Sie lebten in Unmoral, Materialismus und Atheismus. Rebecca und ich fanden sehr schnell heraus, daß uns nichts Gemeinsames verband. Es gab nichts, worüber wir sprechen konnten, denn ich wollte nur von Jeshua erzählen, sie jedoch nichts von Ihm wissen. Nach einer Woche wußte ich, daß es höchste Zeit für mich war zu gehen.

Es beschämt mich, in diesem Zusammenhang das Problem zu erwähnen, das mich damals am meisten quälte und dessen Narben ich heute noch trage: meine Beziehungen zum anderen Geschlecht. Seit meiner Jugendzeit hatte ich Frauen wie Lustobjekte behandelt; wie Menschen, die nur dazu da waren, schwanger zu werden und Kinder zu gebären. Bei meinen Kameraden in unserer verarmten Wohngegend prahlte ich gerne mit meinen »Eroberungen« – sowohl realen als auch fiktiven. Alle wollten in meiner Nähe sein, wenn es darum ging, Mädchen »aufzureißen«, wie wir es damals nannten. Sie dachten, ich könne es besser als irgend jemand anderes. Schnell genug fing ich an, diesen Schwindel selbst zu glauben. Folglich wuchs in mir die Überzeugung, daß ein »Mann« sich gegenüber Frauen derart zu verhalten hatte. So wie meine Auflehnung gegen das *Establishment* und mein Widerstand gegen die Staatsgewalt – so sollte dieses Verhalten der Beweis für meine »Männlichkeit« sein. Leider war es eine verzerrte Sicht der Realität, die ich mir aufgrund der Umstände und der Kultur, in der ich aufgewachsen war, angeeignet hatte.

Als ich durch Jeshua erkennen durfte, wie die Dinge wirklich waren, schrieb ich einen Brief an ein Mädchen, das von mir auf schwerwiegende Weise verletzt worden war. Ich gestand ihr meine Schuld ein und bat sie um Vergebung:

»Liebe …,

Du wirst überrascht sein, nach so langer Zeit von mir noch einmal zu hören. Vielleicht ist es nicht der richtige Zeitpunkt, um Dir im einzelnen zu erzählen, was ich in den letzten Jahren alles erlebt habe. Aber ich möchte Dir von einer sehr außergewöhnlichen Erfahrung berichten, die ich mit Gott hatte. Ich hoffe, ich werde eines Tages die Gelegenheit haben, Dir persönlich mehr darüber zu berichten, wenn ich nach Israel zurückkehre.

Aufgrund der Erfahrung, die ich machen durfte, fühle ich mich verpflichtet, Dich um Vergebung zu bitten: für das schreckliche Unrecht, das ich Dir zufügte, als Du wegen mir schwanger wurdest und gezwungen warst, das Baby abzutreiben. Ich habe Dich nicht nur als Mittel zum Zweck benutzt, um meine Lust zu befriedigen, sondern ich fügte dieser Sünde noch ein Verbrechen hinzu, indem ich Dich veranlaßte, unser Kind zu ermorden, das andernfalls heute leben könnte.

Heute sehe ich das in einem ganz anderen Licht und lehne Abtreibung jeder Art, und aus welchem Grund auch immer, strikt ab. Wir sind es nicht, die Kindern das Leben geben, noch haben wir das Recht, es ihnen zu nehmen. Ich bete von ganzem Herzen dafür, daß Dir die Abtreibung, die Du wegen mir erleiden mußtest, nicht schaden wird, falls Du heiratest und Kinder haben möchtest.

Es wird Dir wahrscheinlich sonderbar vorkommen, aber seit dieser lebensverändernden Erfahrung, von der ich Dir zu Anfang dieses Briefes schrieb, bin ich wirklich geistlich von neuem geboren. Ich bin nicht mehr derselbe Jakob, den Du kanntest. Nun fühle ich mich verpflichtet, alle begangenen Fehler bestmöglich wiedergutzumachen. Ich bitte Dich, mir für das Verbrechen zu vergeben, das ich an Dir beging. Worte sind nicht ausreichend, um Dir mitzuteilen, wie sehr es mir wehtut, daß ich Dich so sehr verletzt habe.

Ich hoffe, daß Du mir vergeben kannst und möchtest.

Herzlichst,

Jakob Damkani«

Nachdem ich Washington verlassen hatte, fuhr ich Richtung Süden nach Florida. Ich kann mich nicht mehr erinnern, wieviele Anhalter ich mitnahm, aber eines ist sicher: keiner verließ mein Auto, ohne etwas über Jeshua, den Messias, gehört zu haben. Die meisten von ihnen waren langhaarige und heruntergekommene Hippies. Sie rochen widerlich; einige von ihnen waren stark drogenabhängig. Mit Gelegenheitsjobs hielten sie sich über Wasser und teilten ihren Verdienst großzügig mit ihren Freunden. Viele kamen aus wohlhabenden Familien. Diese hatten sie aus Rebellion und Protest gegen ihre gutsituierten Eltern und »die materialistische Verdorbenheit, die die kapitalistische Gesellschaft zugrunde richtete«, verlassen. Sie wollten anders sein, besondere und einmalige Individuen, und deshalb sahen sie alle so gleich aus! Andere lehnten sich gegen das »unterdrückende *Establishment*« auf. Sie wollten die Gute Nachricht von Jeshua nicht hören, weil Er ihnen in der Sonntagsschule, als sie Kinder waren, nahegebracht wurde. Sie wunderten sich, daß ein junger Mann und Jude in ihrem Alter so »anständig«, so kleinkariert und beschränkt sein konnte, diesen »religiösen Unsinn« zu glauben.

Mehrere von ihnen erzählten mir von ihren Erfahrungen mit dem Okkultismus und Hindu-Glauben, die damals in den USA Fuß faßten und weltweit das »Neue Zeitalter«, das sogenannte New Age, einläuteten. Sie fühlten sich zu verschiedenen Gurus und deren esoterischen Lehren hingezogen, praktizierten schwarze Magie, Yoga, transzendentale Meditation und Voodoo. Sie hielten spiritistische Sitzungen ab und befaßten sich mit Astrologie und Horoskopen. Ihrer Meinung nach ging das Zeitalter des Christentums zu Ende, das in der Astrologie durch das Sternzeichen Fische symbolisiert sein soll. Nun sollte es durch die »neue Weltordnung« des Okkulten, das »Zeitalter des Wassermanns«, abgelöst werden. Sie betrieben Wahrsagerei mit Hilfe von Handliniendeutung, Tarotkarten und Kaffeesatzlesen. In ihren spiritistischen Sitzungen nahmen sie Kontakt zu »Geistführern« und »Totengeistern« auf, die nichts anderes waren als Dämonen in Verkleidung. Weil ich damals noch ein Anfänger im Glauben war, wußte ich nicht, wie ihnen wirksam zu begegnen war. In ihrer Gegenwart jedoch lief es mir vor Angst eiskalt den Rücken hinunter, und ich machte mir ernsthafte Sorgen um das ewige Schicksal dieser jungen Menschen.

Im Süden fuhr ich durch Geisterstädte, die aussahen wie die aus alten Schwarzweißfilmen. Nach einer meilenweiten Fahrt durch unbekannte Landschaften erreichte ich New Orleans, die Heimat des »Blues«. Hier atmete ich wieder den wohlbekannt salzigen, erfrischenden Geruch des Meeres.

Von New Orleans fuhr ich weiter Richtung Houston, Texas, glücklich über das großartige Wunder der geistlichen Neugeburt. Dort besuchte ich Uri, einen israelischen Bekannten und Freund meines Bruders aus seiner Zeit in der Armee und an der hebräischen Universität in Jerusalem. Bei Uri begann ich, meine Erfahrungen in einem Tagebuch aufzuzeichnen, in der Hoffnung, sie eines Tages als Buch veröffentlichen zu können. Es sollte für meine

Geschwister, die Kinder Israels, eine Hilfe werden, um zum errettenden Glauben an den Messias zu kommen, den ich so sehr liebte. Damals hatte ich keine Ahnung, wieviele Jahre vergehen würden, bis dieser Traum sich verwirklichte!

Nach einiger Zeit machte ich mich wieder auf den Weg und fuhr Richtung Norden nach Dallas, Texas. Ich folgte einer Einladung in den Campus der berühmten messianischen Bibelschule »Christ for the Nations«. Die Bibelschüler waren sehr gespannt darauf, einen jungen messianischen Juden aus Israel kennenzulernen. Sie hatten nicht jeden Tag die Gelegenheit, dort mit einem so »seltenen Vogel« zusammenzutreffen! Sie baten mich, vor einer großen Schar von Glaubenden in einem riesigen Zuhörersaal Zeugnis von meinem Glauben abzulegen. Zum ersten Mal in meinem Leben stand ich vor einer zahlreichen Hörerschaft und berichtete öffentlich meine Lieblingsgeschichte vom wunderbaren Messias, der mich so sehr liebte!

Dort traf ich messianische Nichtjuden, die, wie Jeff, Israel von ganzem Herzen liebten und täglich für seine Sicherheit beteten. Die Schrift gebot ihnen: ›*Betet für den Frieden Jerusalems!*‹ (Psalm 122, 6) Diese Menschen fasteten und beteten, sobald sich eine Gefahr für das Wohlergehen des Staates Israel abzeichnete. Bis dahin hatte ich nicht gewußt, daß es Nichtjuden gab, die Israel und das jüdische Volk so sehr liebten. Seitdem habe ich jedoch viele weitere getroffen, für die ich ewig dankbar bin.

Bei »Christ for the Nations« traf ich einen jungen Mann aus Indien, der in den USA studierte. Er machte mich mit einem Freund bekannt, einem älteren Mann, der sein bisheriges Leben in einem entlegenen Dorf in den Bergen Nordindiens verbracht hatte. Sie wollten Weihnachten in Oklahoma verbringen und luden mich ein, mit ihnen zu kommen. Ich werde diesen lieben alten Mann niemals vergessen, der sprachlos vor Staunen angesichts der technischen Errungenschaften und der Großstädte des Westens war. Als wir Oklahoma City erreichten und unser wohlhabender Gastgeber uns in seine Villa einlud, fehlten dem alten Mann die Worte. Besonders beeindruckten ihn ferngesteuerte Dinge, wie die Fenster des Cadillacs, die sich »von allein« öffneten und schlossen; oder das Garagentor, das wie von einem unsichtbaren Diener bewegt wurde. Als er den riesigen Kühlschrank anstarrte, aus dem die Eiswürfel für sein Glas stammten, dachte ich schmunzelnd an jenen Jungen aus Kirjat Shmona, der in ein 2 ½-Zimmer-»Luxusappartement« nach Holon zog und zum ersten Mal in seinem Leben ein Badezimmer sah!

In Oklahoma City hatte ich die Gelegenheit, meinen Gehorsam dem Messias gegenüber zum Ausdruck zu bringen, indem ich sein Gebot vom Untertauchen in Wasser befolgte. Ich habe den Eindruck, daß ich, bevor ich mit meiner Geschichte fortfahre, dem Leser an dieser Stelle einige Erklärungen schuldig bin.

Im Gegensatz zur Meinung der jüdischen Öffentlichkeit ist das Untertauchen in Wasser, auch »Wassertaufe« genannt, keinesfalls eine nichtjüdische Praktik. Das Ritual dieses Untertauchens ist bei den gesetzestreuen, *orthodoxen* Juden sehr verbreitet und dient der rituellen Reinigung. Keine fromme Jüdin würde es wagen, die geschlechtlichen Beziehungen zu ihrem Ehemann nach ihrer Menstruation wiederaufzunehmen, ohne vorher durch Untertauchen in eine *koschere Mikwe* von ihrer »monatlichen Befleckung« gereinigt zu werden. Jeden Freitagabend gehen *ultraorthodoxe* jüdische Männer zur *Mikwe*, um ihre Körper durch Untertauchen zu reinigen, weil selbst das reinste und duftendste Badewasser für diesen Zweck unzureichend wäre.

Diese Bräuche leiten sich direkt aus der Schrift ab. Im Lauf der Zeit wurde der Taufe durch die jüdische Tradition eine weitere Bedeutung hinzugefügt: sie wurde eine notwendige Voraussetzung für die Bekehrung oder den Übertritt zum Judentum – darunter wurde (und wird immer noch) verstanden, daß der Konvertit als »neuer« Mensch aus dem Wasser auftaucht, dessen altes nichtjüdisches Leben weggewaschen wurde.

Später taufte der jüdische Prophet, Johannes der Täufer, mit Wasser, was wahre Buße und Reinigung von der Sünde symbolisiert. Nach dem Tod des Messias und Seiner Auferstehung wurde der Wassertaufe eine weitere Bedeutung hinzugefügt: die Identifizierung mit dem Tod des Erlösers und Seiner Auferstehung. Ein Jünger Jeshuas bekennt durch sein Untertauchen in Wasser, daß er mit dem Messias der Sünde gestorben und mit Ihm auferstanden ist, um in Ihm ein neues Leben zu führen. Das Untertauchen in Wasser ist somit immer ein jüdisches Symbol gewesen, selbst im messianischen Zusammenhang.

Als nun der Pfarrer dieser Gemeinde in Oklahoma City mich bei einem Gebetstreffen Mitte der Woche fragte, ob ich mit Wasser getauft sei, verneinte ich. Dann erklärte er mir die Bedeutung der Taufe und fragte mich, ob ich dem Herrn gehorchen wolle, indem ich mich in der Taufe mit Seinem Tod und Seiner Auferstehung identifiziere. Dem konnte ich ohne Zögern zustimmen.

Es wurde sofort beschlossen, daß ich am folgenden Sonntag mit Wasser getauft würde. In Anwesenheit der ganzen Gemeinde stiegen der Pastor und ich, mit speziellen Gewändern bekleidet, in die mit Wasser gefüllte *Mikwe*, die sich in der Mitte des Podiums befand. Nachdem ich meinen Glauben bekannt hatte, verkündete er: »Ich taufe dich im Namen des Vaters, des Sohnes Jesus Christus und des Heiligen Geistes, Amen!« Dann beugte ich mich zurück und tauchte im Wasser unter. Ich war so froh und übermütig, daß ich den Vorgang dreimal wiederholte!

Der Gottesdienst war wunderschön. Die Lieder des Chors, die Gebete, die Predigt und vor allem der Taufvorgang hinterließen einen bleibenden Eindruck. Ich war glücklich, diese Gemeinschaft mit anderen Geschwistern, die den Herrn und einander lieben, zu erleben. Gemeinsam lobten wir Gott und beteten Ihn an. Aber genau wie alle anderen schönen Erlebnisse, so nahm auch dieser Gottesdienst ein Ende.

Nach zwei unvergeßlichen Wochen fuhren meine indischen Freunde und ich wieder zurück nach Dallas. Von dort machte ich mich auf den Weg nach Houston, zurück zum Superhighway Richtung Westen. Auf dem langen Weg nach Kalifornien lernte ich viele interessante Menschen kennen. In einem der Reservate traf ich einen Indianer, der mir von der Einstellung des »weißen Mannes« gegenüber den Angehörigen seines Stammes berichtete. Und ich traf Doris, eine ältere messianische Glaubende aus Las Vegas, die eine Art Bibelschule für junge Glaubende führte und sie lehrte, dem Messias nachzufolgen. Diese und andere Begegnungen bereicherten meine Reise quer durch die USA, die mehrere Monate andauerte.

Nach einer scheinbar endlosen Fahrt durch die brennendheiße Wüste gelangte ich schließlich nach Los Angeles. Ich bin dem Herrn von Herzen dankbar für den Weg, den Er mich führte und weiter führen wird, bis Er wiederkommt.

Bevor ich New York verließ, hatte mir Jeff die Adresse von Gideon Miller in Los Angeles gegeben. Ich mußte Jeff versprechen, diesen messianischen Glaubenden zu besuchen, sobald ich die Westküste erreicht hätte. So rief ich Gideon an, und er erklärte mir den Weg zu seinem Haus. Erschöpft und todmüde parkte ich schließlich mein staubiges Auto vor der Einfahrt seines Hauses. Hier machte ich einige Erfahrungen, die den Beginn eines neuen Kapitels rechtfertigen.

»Die Greens« in Kalifornien

Gideon hieß mich herzlich willkommen und lud mich ein, einige Tage bei ihm zu bleiben. Er war ein Mann in den Sechzigern, der, wie Jeff, etwas Hebräisch sprach. Das hatte er sich während seines langjährigen Aufenthaltes in Jerusalem angeeignet. Er schlug mir vor, eine messianische Gemeinschaft namens »Last Days Ministry« aufzusuchen, die von einem außergewöhnlichen Mann namens Keith Green geleitet wurde. Je mehr er mir von diesem Mann erzählte, desto neugieriger wurde ich. Zwei Tage später nahm Gideon mich zu der Gemeinschaft der Greens, in einen Vorort von Los Angeles, mit.

Keith Green hatte eine vielversprechende Karriere als Musiker in den Bars von Los Angeles begonnen. Nachdem er jedoch zum Glauben an Jeshua kam, veränderte sich sein Leben völlig. Als von neuem geborener, messianischer Jude zog er durch die Straßen der Großstadt und erzählte jedem, den er traf, von seinem Erlöser. Er wandte sich an die Ausgestoßenen, die am Rand der Gesellschaft lebten. Er sprach mit Drogenabhängigen, Perversen, Prostituierten und all den Leuten, die Jeshua auch angesprochen und bis zum Tod geliebt hatte. Keith lud diese Leute zu sich nach Hause ein, wo sie essen und die Nacht verbringen konnten. Immer wieder verschwanden Wertgegenstände, Geld und andere Dinge, aber das schreckte ihn nicht ab. Bald wurde sein Haus zu klein für die ständig wachsende Zahl der Gäste, so daß er ein Gebäude in der nahen Umgebung mieten mußte. Als ich zu ihm kam, hatte er bereits sechs Häuser angemietet, in denen die vielen Menschen resozialisiert wurden, die Interesse am Evangelium zeigten.

Keith war ein großer, bärtiger Mann mit lockigem Haar und blauen Augen. Sein Blick war sanft und fest zugleich. Seine Frau Melody unterstützte das Unternehmen ihres Mannes von ganzem

Herzen. Sie organisierte den Haushalt, kaufte ein, überwachte die Putzarbeiten und fand sogar noch genügend Zeit, um ihren Mann bei der Komposition seiner Lieder zu unterstützen, die ihn später so bekannt machten. Sie hatten ein Indianermädchen adoptiert, das damals zwölf Jahre alt war. Später bekamen sie mehrere eigene Kinder.

Keith empfing uns in seinem bescheiden eingerichteten Heim. Nachdem Gideon mich vorgestellt hatte, wandte er sich mir zu und fragte: »Jakob, erzähl mir etwas von dir – wer bist du?«

Ich erzählte ihm meine Lebensgeschichte, wobei ich absichtlich einige Einzelheiten wegließ. Schließlich sollte der erste Eindruck kein schlechter sein!

»Wenn du mit uns leben willst, sollte dir bewußt sein, daß wir hier nicht faulenzen. Wir haben einen festen Tagesablauf. Nicht jeder, der zu uns kommt, ist in der Lage oder bereit, sich daran zu halten, zumindest nicht am Anfang. Willst du es versuchen?« fragte Keith.

»Erzähl mir bitte, was genau macht ihr hier?« antwortete ich mit einer Frage.

»Weckzeit ist um 6.00 Uhr morgens, danach folgt eine stille Zeit mit Gebet und Lesen in der Bibel bis 7.00 Uhr. Punkt 7.00 Uhr ist gemeinsames Frühstück, und um 8.00 Uhr geht jeder an seine Arbeit. Um 13.00 Uhr essen wir zu Mittag, danach gehen wir auf die Straßen, um den Menschen die Gute Nachricht von Jesus Christus, dem Messias zu verkündigen. Manchmal evangelisieren wir jeweils zu zweit von Tür zu Tür, am Strand, in den Straßen, in Fußgängerzonen und anderen öffentlichen Plätzen. Gelegentlich begleiten mich mehrere Leute zum Aufnahmestudio und beten für mich, während ich meine Lieder aufnehme. Wir kommen um 18.30 Uhr nach Hause. Dann widmen wir uns dem Bibelstudium und gemeinsamem Lobpreis und Gebet. Punkt 23.00 Uhr gehen wir zu Bett. Was denkst du – wirst du damit klarkommen?«

»Kein Problem«, sagte ich, »ich bin seit meiner Jugendzeit an Arbeit gewöhnt. Bereits mit 14 Jahren ging ich arbeiten, um meine Familie in Israel zu unterstützen.«

»Das ist gut«, sagte Keith. »Ich habe die Schwierigkeiten unseres Zusammenlebens absichtlich betont, weil einige der hier lebenden jungen Leute aus reichem Elternhaus kommen und sehr verwöhnt sind. Sie verließen ihre Familien und wandten sich aus Protest der Drogenszene zu. Sie sind noch nie irgendeiner Arbeit nachgegangen, und wenn man sie gewähren ließe, würden sie den ganzen Tag im Bett liegen und nichts tun. Sie haben keine Arbeitsmoral, und ihre schlechten Angewohnheiten müssen wir ihnen wieder abgewöhnen. Neben der evangelistischen Arbeit, die einen großen Teil unseres täglichen Zeitplanes in Anspruch nimmt, versuchen wir diesen jungen Leuten Disziplin beizubringen und sie in die Arbeitswelt einzugliedern.«

»Wieviele Leute leben hier in einem Raum zusammen? Wie kommen sie miteinander zurecht?« fragte ich. »Das kommt mir beinahe wie ein Leben im Kloster vor!«

»Ein Kloster?« lachte Keith. »Ganz und gar nicht! Wir müssen zu den Priestern und Mönchen gehen und ihnen das Evangelium predigen, damit sie Buße tun und von neuem geboren werden!

In jeder Wohnung leben sechs Leute, jeweils zwei in einem Zimmer«, erklärte er. »Du wirst selbst feststellen, daß die Zimmer nicht allzu aufgeräumt sind. Sauberkeit und Ordnung hängt in erster Linie also von dir ab. Wir werden dich weder verwöhnen und verhätscheln, noch werden wir dir Dinge abnehmen, die du selbst erledigen kannst. Wir zeigen jedem hier, wie er den Schriften gemäß ein messianisches Leben führen kann; es ist aber die Sache des Einzelnen, wie er das Gelernte in seinem Leben umsetzt. Wenn du Probleme mit deinen Glaubensgeschwistern hast, mußt du mit ihnen darüber reden.«

›Gut‹, dachte ich, ›warum sollte ich es nicht ein paar Tage versuchen, um herauszufinden, ob es mir gefällt.‹ Dann sagte ich zu Keith: »Ich bin nun seit einem knappen Jahr gläubig. Ich suche einen Ort, wo ich die Schriften gut kennenlernen und das Leben im Glauben mit anderen Brüdern teilen kann, die sich in vergleichbarer Situation befinden. Eure Gemeinschaft könnte in diesem Stadium gut für mich sein. Ich bin bereit, es zu versuchen und mit euch zu leben, aber ohne mich zu verpflichten.«

»Oh, nein! Ich bestehe darauf, daß du dich verpflichtest! Wenn du nicht bereit bist, mindestens drei Monate mit uns zu leben, dann solltest du es lieber sein lassen! Wahres geistliches Wachstum braucht Zeit und echte Verbindlichkeit!«

»Gut, ich verstehe, daß es eine ernste Angelegenheit ist«, sagte ich. »Ich bin bereit, es für einen Zeitraum von drei Monaten zu versuchen, und dann werden wir weitersehen.«

Ehrlich gesagt, hatte ich ein bißchen Angst, wollte aber meine Befürchtungen nicht aussprechen. Ich wußte, wie ein Leben im *Kibbuz* geartet war, und ich wußte auch, daß nicht jeder in der Lage war, sich ihm anzupassen. Mir war klar, daß ich für ein *Kibbuz*leben nicht geeignet war. Zwar hatte ich als Jugendlicher am Strand von Elat gelebt und das Leben in einer Gemeinschaft kennengelernt, aber es herrschte dort völlige Anarchie und »jeder tat, was er für richtig hielt«. Hier dagegen hatten wir uns einem festen Zeitplan unterzuordnen und die Regeln zu befolgen. Seitdem ich mich gegen mein Elternhaus aufgelehnt und es verlassen hatte, mußte ich mich nicht mehr unterordnen und mit anderen Menschen zurechtkommen. Somit war das Leben hier für mich eine ernsthafte Herausforderung.

Das Zusammenleben mit den anderen »schliff« mich sehr gut. Die ständige Auseinandersetzung mit meinen Glaubensgeschwistern, die tiefe geistliche Gemeinschaft, das gemeinsame Bibelstudium und Gebet, die Arbeit und die evangelistische Tätigkeit bewirkten Disziplin und Hingabe an den Herrn und meine Mitmenschen. Nirgendwo hätte ich im Glauben besser wachsen können. Wir machten einander die Betten, räumten abwechselnd am Morgen unsere Zimmer auf und lernten so zusammenzuarbeiten und uns gegenseitig zu helfen. Jeshua war unser lebendiges Vorbild.

Wir waren etwa 30 Leute und versammelten uns jeden Abend auf dem Boden sitzend, um zusammen das Wort Gottes zu studieren. Mir gefielen diese biblischen Lektionen sehr, weil sie mir die Gelegenheit gaben, zu verschiedenen Sachverhalten meine Meinung kundzutun. Da ich bereits mit dem *Tanach* vertraut war, war es für mich nicht allzu schwierig, in seinem Licht den Neuen Bund zu verstehen. Mit jedem Tag nahm ich an Heiligkeit und Liebe zu. Gott verwandelte mich langsam und allmählich in Sein Ebenbild.

Der Unterricht von Keith half mir, zum ersten Mal in meinem Leben die wahre Bedeutung des Kreuzes zu verstehen; jenes christliche Symbol, von dem ich dachte, daß es meinem Volk in der Vergangenheit so viel Leid und Verfolgung zugefügt hatte. Ich erkannte, daß das Kreuz nicht zwei miteinander verbundene Holzstücke darstellte, das in Kirchen hing, um von »Christen« verehrt und geküßt zu werden. Noch war das Kreuz ein Schmuckstück, das sich Nichtjuden um den Hals hingen. Es war vielmehr ein Lebensstil. Jeshua gab uns durch Sein Leben ein Beispiel der Selbstverleugnung und der Kreuzigung unserer selbstsüchtigen Natur. Er forderte alle wahren Glaubenden dazu auf, ihr Kreuz auf sich zu nehmen und Ihm nachzufolgen. Unsere sündige Natur steht dem Willen Gottes entgegen; wer aber von neuem geboren ist, strebt wirklich danach, in Einklang mit diesem göttlichen Willen zu leben und zu handeln. Um aber dem Willen Gottes zu gehorchen, muß man seine selbstsüchtige Natur »kreuzigen«, das heißt, seinen eigenen Willen, seine Begierden und Wünsche aufgeben und sich nicht durch sie bestimmen lassen. Dieser Prozeß kann nur im Leben eines Menschen stattfinden, dessen Denkweise von Gott verändert wird.

›Ich bin mit Christus gekreuzigt; ich lebe, doch nun nicht ich, sondern Christus lebt in mir ...‹ (Galater 2,20)

Ich war so froh, daß der Messias, der in mir lebte, meine selbstsüchtige Haltung gegenüber Frauen veränderte und mir half, sie als Menschen mit eigenen Rechten zu achten. Nun begann ich, sie als Schwestern und als wunderbare Schöpfung Gottes zu sehen. Für diese Veränderung bin ich von Herzen dankbar. Es zeigte mir, daß »ich lebte, aber nicht mehr ich, sondern der Messias lebte Sein Leben in mir.«

Besonders gefielen mir die *Shabbat*abende. Wir veranstalteten im Vorhof unter freiem Himmel ein *Shabbat*essen, zu dem wir die Menschen einluden, denen wir in der vergangenen Woche das Evangelium gepredigt hatten. Es kamen auch andere Glaubende aus der Nachbarschaft, weil wir überall sehr beliebt waren. Jeder Gast brachte etwas Leckeres zu essen mit, wodurch das Mahl abwechslungsreich und interessant wurde. Es war unser wöchentliches Festessen. Wir aßen mehr als gewöhnlich, beteten und sangen Lobpreislieder, die Keith mit seiner Gitarre begleitete. Obwohl er als talentierter Pianist weltberühmt wurde, vermied er es, im Mittelpunkt zu stehen. Nach dem Essen hielt er eine Predigt, durch die er interessierte Nichtgläubige zum Messias führte.

An einem dieser *Shabbat*abende besuchte uns Martin. Als Sohn eines wohlhabenden Piloten war er sehr behütet aufgewachsen. Er gab sein Studium an der Universität auf, als ihm bewußt wurde, daß er eines Tages vor dem Thron Gottes stehen und Rechenschaft über sein Leben in dieser Welt ablegen muß. Er sagte: »Es ist wichtig, daß wir alles, was wir tun, aus Glauben tun, weil das, was nicht aus Glauben geschieht, Sünde ist. Und ich glaube nicht, daß Gott mich an dieser Universität haben will!« Martin glaubte bereits an den Messias, als er zu uns kam, und ich entdeckte in ihm wahre Demut und ein besonderes Maß der Liebe Gottes. Der Heilige Geist zeigte ihm, daß es im Leben mehr gibt, als »das große Geld« zu machen und einen hohen gesellschaftlichen Status einzunehmen. An jenem Abend saß ich beim Essen neben ihm und gab ihm ein Stück Wassermelone. Die Schale hatte ich, wie in Israel üblich, vorher entfernt. Später erzählte er mir, daß es diese einfache Geste war, die sein Herz angerührt und ihn dazu bewegt hatte, mit uns zu leben. Aus irgendeinem Grund war dies für ihn sehr bedeutungsvoll.

Von diesem Augenblick an wurde Martin mein engster Freund. Wir bildeten eine ganz besondere Gebetsgemeinschaft. Gott offenbarte ihm die Notwendigkeit, für die Rettung Israels zu beten, und wir trugen diese gemeinsame Bürde einmütig. Wir vergossen viele Tränen für das Wohlergehen und die Sicherheit Israels und natürlich auch für seine Erlösung. Damals spürte ich die Gegenwart Gottes in einer Art, die sich nicht mit Worten beschreiben läßt.

Langsam und allmählich erwachte in mir der Wunsch, in Israel etwas Ähnliches wie einen jüdisch-messianischen *Kibbuz* zu gründen. Morgens würden wir den Boden bestellen und auf der Farm arbeiten, und abends in die Städte und Großstädte gehen, um den Menschen von Gottes lebensverändernder Macht zu erzählen. »Es ist für Gott höchste Zeit, die Herzen Seines Volkes Israel zu beschneiden«, sagte ich, und wünschte mir von ganzem Herzen, aktiv an diesem Vorgang beteiligt zu sein. Ich sprach mehr als einmal mit

Keith darüber. Ihm gefiel diese Vorstellung, aber er sagte mir immer wieder: »Geduld, Jakob, hab etwas Geduld. Die Bibel sagt, daß das geschehen wird, aber du mußt es Gott überlassen, es zu dem von Ihm vorgesehenen Zeitpunkt zu vollbringen!«

Eines Tages lud mich Martin nach dem Gebet zu sich nach Hause ein. Er hatte in seinem Zimmer eine riesige Sammlung von ungefähr 300 Pop-, Blues- und Rock'n Roll-Alben, die er sich im Lauf der Jahre gekauft hatte. Diese Sammlung war einmal das Wertvollste, was er je besessen hatte. Jetzt wollte er sie unbedingt loswerden, nachdem er erkannt hatte, daß es nicht der Geist Gottes war, der diese Sänger und Künstler inspiriert hatte, sondern daß ihre Inspiration aus satanischen Quellen kam. Er empfand, daß er Gott nicht mit ganzem Herzen dienen könne, solange er diese Art von Musik im Hintergrund hatte. Bis dahin war er dieser Musik verfallen gewesen; jetzt aber hatte er in seinem Herz den Wunsch, nur noch einem Herrn zu dienen – dem Herrn Jeshua und nur Ihm allein. Sein jüngerer Bruder bat und flehte ihn an, ihm diese großartige Sammlung zu schenken, aber Martin gab seinem Flehen nicht nach. Schnell und entschlossen trugen wir die teure Sammlung zur Mülltonne und vernichteten jede einzelne Schallplatte. Mit jeder zerbrochenen Platte leuchtete Martins Gesicht heller vor Freude, bis die ganze Last von seinem Herzen fiel. Ich konnte ihn nur bewundern wegen des Opfers, das er brachte, und ich war sicher, daß Jeshua sich in dieser Stunde über ihn freute.

Nach einem sechsmonatigen Aufenthalt bei Keith und Melody wußte ich, daß ich weiterziehen mußte. Keith war der Ansicht, daß ich noch länger bleiben sollte. Ich setzte aber hartnäckig meinen Willen durch. Wir trennten uns daher nicht im Einvernehmen. Mehrere Monate später erhielt ich einen Brief von ihm, in dem er sich dafür entschuldigte, daß er mit mir gestritten hatte. Rückblikkend konnte ich ihn verstehen, weil er sich aufrichtige Sorgen um mein geistliches Wohlergehen machte. Doch ich hatte seine Absichten falsch verstanden. Ich bedaure mein überhebliches Verhalten ihm gegenüber – leider kann ich es nicht mehr wiedergutmachen, weil er kurze Zeit später bei einem Flugzeugunglück ums Leben kam.

Nachdem ich einige Monate unterwegs war, hatte ich den starken Eindruck, daß ich nach Oklahoma City zu der Gemeinde, in der ich getauft wurde, zurückkehren sollte. Es schien mir, als würde mich eine leise Stimme zurück »nach Hause« rufen. Irgendwie betrachtete ich diese Kirche als meine »geistliche Heimat«, obwohl ich dort nur für kurze Zeit gewesen war. Ohne zu zögern fuhr ich wieder Richtung Osten.

Zurück in den Osten

Arizona – ungefähr 50 Grad Celsius im Schatten. Ich fuhr auf einer unbefestigten, einsamen Straße in die Berge, um eine Gruppe messianischer Geschwister zu besuchen, die sich »Halleluja« nannten. Nach einer langen Fahrt bei drückender Hitze durch die Wüste kam ich endlich dort an.

Diesen Ort werde ich nicht vergessen. Kurz nach meiner Ankunft fing eine der Holzhütten, die als Schlafsaal für die Kinder diente, plötzlich Feuer. Instinktiv sprang einer der Männer in die Flammen und kam einige Sekunden später mit drei Kindern wieder heraus. Drei andere Kinder (zwei davon waren Brüder) blieben in der Hütte. Das Feuer verschlang in Windeseile das aus trockenem Holz gebaute Gebäude.

Ich kann den Schrecken dieses Unglücks nicht mit Worten beschreiben. Männer und Frauen schrien um Hilfe, aber es war nicht mehr möglich, die drei Kinder, die sich noch in der Hütte befanden, zu retten.

Die Tragödie dauerte nur wenige Minuten. Wir standen schrekkensstarr da – unfähig, uns zu bewegen und zu reagieren. Ich war über mich selbst wütend, weil ich es nicht gewagt hatte, in diesen entscheidenden Augenblicken zu helfen und ins Feuer zu springen, um zu retten, was noch zu retten war. Die glühende Hitze aber verhinderte jetzt einen weiteren Rettungsversuch. Als die Flammen erloschen, war nur noch ein schwelender Haufen Kohle übrig. Ich war wirklich beschämt: in der Vergangenheit war ich manches Wagnis eingegangen, ohne mit der Wimper zu zucken; und hier hatte ich die einmalige Gelegenheit in meinem Leben, kleine Kinder vor dem sicheren Tod zu bewahren, unternahm aber nichts, weil ich meine eigene Haut retten wollte. Ich war wohl kein besonders großer Held.

Aus der ganzen Umgegend kamen Bekannte herbei, um mit den betroffenen Familien zu trauern und ihnen ihr Beileid auszudrükken. Die Beerdigung werde ich mein Leben lang nicht vergessen. Am offenen Grab sagte die Mutter der toten Brüder:

»Wir wissen alle, daß es Gott war, der uns das Leben gab. Ich empfing diese beiden kostbaren Kinder als Geschenk von Gott, und nun ist es Sein Wille, daß ich sie Ihm zurückgebe. Jeshua sagte: ›*Lasset die Kinder, und wehret ihnen nicht, zu Mir zu kommen; denn solchen gehört das Himmelreich.*‹ (Matthäus 19,14)

Gottes Liebe zu uns ist stärker als der Tod. Er starb bereitwillig für uns, damit wir gerettet werden. Ich glaube, daß Er den Tod in einem anderen Licht sieht, als wir es tun. In Seinen Augen mag der Tod kleiner Kinder gar keine so schreckliche Tragödie sein.

Er weiß im voraus, wie diese böse Welt sich weiter verschlechtern wird – sie wird finster. In Seiner unendlichen Weisheit und Liebe hat Er beschlossen, diese Kleinen in Sein Königreich aufzunehmen. Sie haben von ganzem Herzen an Ihn geglaubt. So hat Er sie vor den Beschwernissen, die Er noch über diese Erde kommen läßt, gerettet.

Ich vermisse meine Kleinen so sehr! Es tut so weh! Trotzdem bin ich nicht verbittert und auch nicht wütend auf Gott, weil Er mir meine geliebten Kinder wegnahm. Ich liebe Ihn und werde Ihn trotz allem weiter lieben, unabhängig von meinem Kummer. Er weiß, was für sie und für uns alle das Beste ist, und Er hat für sie das Allerbeste beschlossen.

Wenn es unter Ihnen jemanden gibt, der Jeshua den Messias nicht kennt, so hoffe ich, daß meine Tragödie Sie näher zu Ihm bringt. Er hat für uns den grausamsten Tod am Kreuz erlitten.«

Dann wurde das Grab geschlossen, und die hinterbliebene Mutter wandte sich ihm noch einmal zu und sagte:

»Meine lieben Kinder, wartet geduldig auf mich. Es kommt der Tag, an dem wir uns wiedersehen, und dann werden wir nie mehr getrennt sein! Ich verspreche es! Jeshua hat mich das gelehrt, und Er hat immer recht!«

Am Ende der Beerdigung stand die tief bewegte Gemeinde auf und pries Gott mit Lobliedern für Seine Liebe und Güte. Ich traute meinen Ohren nicht. Wie machtvoll mußte dieser Messias sein, der den Tod überwunden hat: er tröstet die Mütter am Grab ihrer geliebten Kinder und wischt ihnen die Tränen fort!

In meinem Leben habe ich an vielen Bestattungen teilgenommen. Ich erlebte die stark emotional geprägten Beerdigungen der *Sephardim*-Juden, die vor Kummer und Schmerz laut schrien, vor Bitterkeit wehklagten, sich das Gesicht zerkratzten und die Haare ausrauften. Ich nahm auch teil an den ruhigen und beherrschten Beerdigungen der *Ashkenasim*-Juden, die allen Schmerz in ihrem Innern verbargen. Und ich erlebte Militärbestattungen, bei denen harte, robuste Soldaten unter Tränen über dem Grab ihres Freundes zusammenbrachen, der in Ausübung seines Dienstes gefallen war. Aber noch nie zuvor hatte ich eine Mutter auf solche Weise über ihre Kinder trauern sehen. Die Welt kennt diesen göttlichen Frieden nicht!

Später sang die andere Mutter ein Loblied für Gott. Unter der drückendheißen und grellen Wüstensonne stieg ihre klare Stimme wie die einer Lerche zum Thron der Herrlichkeit auf. Einen solchen Lobgesang hört man nur einmal im Leben! Sie schüttete ihr von Kummer erfülltes Herz vor dem Herrn aus!

Nach der Beerdigung versammelten sich die Teilnehmer im Freien und redeten offen und natürlich miteinander, als wären sie nicht zu einer Beerdigung gekommen, sondern hätten lediglich einigen Freunden, die für eine Weile weggegangen waren, Lebewohl gesagt; in der tröstlichen Gewißheit, daß sie sich bald bei ihrem geliebten Erlöser wiedersehen werden!

Nachdem ich einige Tage an diesem schönen Ort verbracht hatte, bestieg ich, noch ganz unter den Eindrücken dieser außergewöhnlichen Erfahrung, mein Auto, und fuhr weiter Richtung Oklahoma. Die Fahrt nach Oklahoma City verlief ruhig und ohne Zwischenfälle, so daß ich schließlich wohlbehalten ankam.

In Oklahoma verbrachte ich drei Jahre. Dort lebte ich im Verbund der Kirche und besuchte regelmäßig die Versammlungen. Das Leben, das ich führte, war das eines wahren Glaubenden und hatte nach außen einen heiligen Anschein. Doch ganz allmählich, und zunächst unbemerkt, erkaltete meine erste Liebe zu Jeshua. Sicherlich tat ich nichts Schlimmes oder Verachtenswertes, aber ich versank in selbstzufriedener Routine. Ich schien mich von den übrigen Kirchenmitgliedern nicht zu unterscheiden und dachte, daß es für mich nun höchste Zeit sei, mich häuslich und wirtschaftlich niederzulassen.

Bei einem der Gottesdienste lernte ich Woody kennen. Woody kaufte Gebäude zu günstigen Preisen, um sie zu renovieren und mit Gewinn wieder zu verkaufen. Er stellte mich ein, und wir arbeiteten rund um die Uhr, um alte baufällige Gebäude wieder herzurichten. Später stellte er mich seinem Bruder Keith vor, der neben seiner Tätigkeit als Rechtsanwalt eine Farm betrieb, in der Teppiche aus Fertigrasen hergestellt wurden. Keith fragte mich, ob ich seine Farm leiten wolle. Bereitwillig ging ich auf sein Angebot ein, weil ich gerne hart arbeitete. Von Sonnenaufgang bis Sonnenuntergang mähte ich den Rasen, schnitt ihn in lange Streifen, rollte diese zusammen, lud sie auf die firmeneigenen Lastwagen und brachte sie zu den Kunden, wo sie von mir wieder eingepflanzt wurden. Nach einiger Zeit konnte ich mir ein Haus und einen eigenen Lastwagen kaufen, und mein Geschäft wuchs und gedieh.

Bald investierte ich immer mehr Zeit und Kraft in meine Arbeit, und widmete mich immer weniger dem Reich Gottes, dem Gebet und dem Lesen in der Bibel. Die enge Verbundenheit, die ich einmal mit Jeshua hatte, geriet allmählich in Vergessenheit. Nach außen hielt ich die Fassade der Heiligkeit aufrecht. Diese Heiligkeit kam aber nicht von meiner Nähe zum Herrn. Ich versuchte vielmehr, mit eigener Kraft und Ausdauer das zu tun, was in Gottes Augen richtig zu sein schien. Dieser Beweggrund war genau das Gegenteil von dem, was ich zu Beginn meines Weges mit dem Herrn als richtig erkannt hatte. Am Anfang war Er es, der in mir wirkte, und ich folgte Ihm aus Freude und Gehorsam. Jetzt aber war ich ein frommer und religiöser »messianischer Jude« geworden, der seine selbstsüchtige Natur mit natürlichen Mitteln zu überwinden versuchte.

Der neue Geist, den der Herr mir geschenkt hatte, lebte zwar immer noch in mir, aber er schlummerte ein, weil ich das Lesen in der Bibel und das Gebet vernachlässigte – das wahre Brot des Lebens. Auch begann das neue Herz, das Er mir einpflanzte, ein wenig zu rosten und zu verderben. Bei der Arbeit pries ich weiterhin den Herrn in meinem Herzen, aber das war offensichtlich nicht genug. Ich bemerkte nicht, daß das Unheil bereits vor meiner Tür stand!

Eines Morgens wachte ich mit heftigen Zahnschmerzen auf. Ich war längere Zeit nicht mehr beim Zahnarzt gewesen und hatte deshalb mehr Karies als Zähne. Mary, die hübsche Zahnarzthelferin, die mich behandelte, zog meine Aufmerksamkeit ein wenig zuviel auf sich. Ziemlich schnell befand ich mich mit ihr in peinlicher Intimität, da ich lange in sexueller Enthaltsamkeit gelebt hatte. Versuchung und Sünde ereilten mich völlig unverhofft!

Damals renovierte ich ein Haus, das ich für mich selbst gekauft hatte, und fand so eine gute Ausrede, zu Mary zu ziehen – natürlich nur vorübergehend. Obwohl ich mit Mary in Sünde lebte, brachte ich es nicht fertig, meine religiösen Überzeugungen vor ihr zu verbergen. Als ich ihr vom Messias erzählte, versetzte mir die Realität einen Schlag ins Gesicht. Wie konnte ich, so unrein und mit Sünde beschmutzt, anderen predigen und ihnen von einem Messias erzählen, der kam, um sie von ihren Sünden zu erlösen? Ich hatte mich eigenhändig auf frischer Tat ertappt und schämte mich in Grund und Boden. Plötzlich kam ich mir äußerst verachtenswert und schmutzig vor. Es wurde mir bewußt, daß ich wegen der Begierde nach einer Frau die wundervolle Liebe meines besten Freundes, *Jeshua Hamashiach*, verwirkte. Doch Er wandte Seine Gnade nicht einen einzigen Augenblick von mir ab. Er liebte mich noch immer, obwohl Er das Gefühl Seiner Liebe vor mir zurückhielt. Er ließ mich spüren, daß meine Sünden mich von Ihm trennten. Ich fühlte mich geschlagen, einsam, verloren und elend, als läge die ganze Welt in Trümmern vor mir.

Mit bitteren Tränen der Reue kniete ich nieder und bat Gott um Vergebung – und Er hat mir vergeben! Nachdem ich meine Sünden vor Gott bereut und bekannt hatte, konnte ich mit Mary offen und ehrlich sprechen. Ich bekannte ihr, daß ich schwach geworden war und bat sie um Vergebung. Das Ergebnis war sehr eindrucksvoll. Einige Tage später nahm auch Mary den Herrn als ihren persönlichen Retter an! Ich zog sofort bei ihr aus und zurück in mein Haus, das fast fertig renoviert war. Wir sind bis heute Freunde geblieben. Ich preise Gott für ihre Hingabe an Jeshua, weil sie Ihm auf unterschiedliche Weise dient und andere Menschen zum rettenden Glauben an unseren Herrn führt.

Das Haus, das ich mir auf einem kleinen Grundstück in Oklahoma City gekauft hatte, nahm einen wichtigen Platz in meinem Herzen ein, während der Rest meines Herzens von Lastwagen, Auto und anwachsendem Bankkonto belagert war. Mein Leben verlief friedlich – der »amerikanische Traum« wurde wahr. Dieses Kind aus der 1 1/2-Zimmer-Wohnung in Kirjat Shmona hatte es bis zu einer Luxusvilla in Oklahoma City gebracht! Diesmal war alles durch harte und ehrliche Arbeit erworben worden.

Ich hatte nicht die Absicht, mein kleines Vermögen und meinen ehrlich verdienten irdischen Besitz aufzugeben. *Erez Israel* schien mir so fern wie der Osten vom Westen! Hin und wieder entsann ich mich des Rufes Gottes, zu meinem Volk zurückzukehren und es mit Jeshua bekannt zu machen. Diesen Ruf, sowie alle Gebete, die ich mit Martin unter Tränen für die Rettung Israels gesprochen hatte, verdrängte ich aber schnell wieder aus meinem Gedächtnis. Ich verdrängte ihn mit dem Vorsatz, daß ich eines Tages bestimmt zu meinem Volk zurückkehren werde. Jetzt aber hatte ich in den Vereinigten Staaten etwas Wichtigeres zu tun. Ich wurde »ein Mann von Welt« und genoß mein Leben. Allmählich schwand meine Bereitschaft völlig, der Stimme des Heiligen Geistes zu folgen.

An einem Sonntagmorgen, mitten im Gottesdienst, kam der Geist Gottes plötzlich mit Macht auf mich, und ich hörte die Stimme des Erlösers, der mich hart und ernst ermahnte: ›Jakob, Mein Sohn, wo bist du? Hast du Meinen Auftrag an dich völlig vergessen, hinzugehen und Meine Rettung deinem Volk, Israel, zu predigen? Was ist mit dir geschehen, daß du an den Fleischtöpfen Ägyptens sitzt, statt ins Gelobte Land zu gehen? Steh auf und geh!‹

Ich kann mich nicht mehr erinnern, worüber der Prediger an jenem Morgen sprach. Aber die Worte des Herrn hatten mein Herz wie ein scharfes zweischneidiges Schwert durchbohrt. Gott überwältigte mich dann mit Seiner Liebe auf so machtvolle Weise, daß ich in Tränen ausbrach. Wie konnte ich tatsächlich ein bequemes und behagliches Leben in einem fremden Land führen, während die göttliche Wahrheit über den Messias den Augen meines Volkes, meinem eigenen Fleisch und Blut, immer noch verborgen war?

Am nächsten Morgen traf ich Vorkehrungen, alles zu verlassen und nach Hause zurückzukehren. Ich löste das Geschäft auf und verpachtete das Haus, das fast fertig renoviert war. Wahrlich, der Herr muß einen großen Sinn für Humor haben – drei Jahre lang hatte ich wie ein Sklave gearbeitet, und mein ganzes Geld und meine Kraft in den Bau meines Traumhauses gesteckt. Nun, als ich mich endlich zurücklehnen und die Früchte meiner Arbeit hätte genießen können, forderte Er mich auf, alles bereitwillig aufzugeben, das Haus zum Hypothekenpreis zu verpachten und Ihm in unser Heimatland zu folgen! Diejenigen, die die Freude und Erfüllung kennen, die nur im Gehorsam gegenüber Gott zu finden ist, können verstehen, was ich meine.

Noch in der gleichen Woche fuhr ich nach Osten in Richtung New York, fest entschlossen, so schnell wie möglich zurück nach Israel zu fliegen. Ich kannte aber noch nicht die vielen Schliche des Teufels und seine schlauen und geschickten Methoden, die er anwendet, um den Glaubenden eine Falle zu stellen und sie in Versuchung zu führen.

›Wenn ich schon mal wieder hier im Osten bin‹, dachte ich, ›könnte ich doch meinen guten Freunden Michael, Aryeh und Yisrael einen kurzen Besuch abstatten. Ich habe sie nicht mehr gesehen, seitdem ich in den Westen aufgebrochen war.‹ ›Die Straße zur Hölle ist mit guten Vorsätzen gepflastert‹, sagt ein bekanntes Sprichwort. Kurzerhand änderte ich meine Pläne, nur um alten Freunden Guten Tag und Auf Wiedersehen zu sagen, bevor ich die Staaten verließ und zurück nach Israel flog.

Damals kannte ich auch jenen biblischen Grundsatz noch nicht, der besagt, daß, wenn Gott jemanden ruft, um eine gewisse Aufgabe zu erfüllen, er ohne zu zögern dem Ruf Gottes Folge leisten muß. Jede Verzögerung kann sich katastrophal auswirken!

Nachdem ich in New York City angekommen war, stellten mich meine Freunde einigen Bekannten vor, die gerade eine Sommerresidenz in den Catskill-Bergen nördlich von New York gekauft hatten. Als sie erfuhren, daß ich Erfahrung mit der Renovierung von alten Gebäuden hatte, baten sie mich, ihnen bei der Instandsetzung der Wohngebäude zu helfen, weil deren Fundamente gesunken waren. Auf der Stelle erklärte ich mich bereit und stellte den Ruf Gottes an mein Leben ein weiteres Mal zurück. Wir einigten uns über meinen Lohn, und ich machte mich fleißig an die Arbeit. ›Was hatte ich schließlich zu verlieren?‹ dachte ich. ›Im Gegenteil, ich würde mit einer beträchtlichen Geldsumme nach Israel zurückkehren, um meinen Traum*kibbuz* zu bauen und das Evangelium zu predigen!‹

Ich sollte die Fundamente der Gebäude bis zum massiven Fels vertiefen. ›Aber‹, dachte ich mir, ›warum soll ich mich abmühen und eineinhalb Meter Beton in den Boden schütten, wenn es 70 Zentimeter auch tun?‹ Es war eine gewitzte Rechnung, weil ich so Material sparen würde! Das einzige Problem bestand darin, daß ich es nicht für nötig hielt, diesen genialen Plan meinen Arbeitgebern mitzuteilen. Schließlich würden ja die Häuser an ihrem Ort stehen, ihre Sockel perfekt waagerecht sein, fest und stabil aussehen, und niemand würde bemerken, daß ihre Fundamente nicht tief genug reichten!

Hier entdeckte ich zum zigsten Mal, daß der alte und verdorbene Jakob immer noch lebendig und wohlauf und nicht mit Jeshua gekreuzigt war. Er schlief nur unter dem Einfluß des Geistes Gottes und lag auf der Lauer, um mich wieder schuldig werden zu lassen. Die geleistete Arbeit schien perfekt, und meine Arbeitgeber waren zufrieden. Ich erhielt die volle Summe, die wir abgesprochen hatten, und machte mich erfreut auf den Weg.

Diesmal aber, anders als in der Vergangenheit, ließ mir der Geist Gottes keine Ruhe: ›*Verflucht sei, wer des Herrn Werk lässig tut!*‹ (Jeremia 48,10) Mein Gewissen plagte mich – das war das neue Herz und der neue Geist, die ich vom Herrn Jeshua erhalten hatte, als ich von neuem geboren wurde. Es klagte mich wegen des Betrugs an, den ich gegenüber meinen Arbeitgebern begangen hatte. Ich hatte ihr Vertrauen gebrochen und damit dem Namen des Messias Schande zugefügt. Ich kam mir sehr schlecht und verbrecherisch vor. Schließlich wendete ich meinen Wagen und fuhr zu meinen Arbeitgebern zurück. Beschämt gab ich ihnen das ganze

Geld zurück, entschuldigte mich für mein betrügerisches Verhalten und bat sie ernsthaft um Vergebung. Ich weigerte mich, einen Lohn für meine zeitraubende und anstrengende Arbeit anzunehmen.

Was hatte ich nun davon? Mein Vermögen hatte sich nicht vermehrt, und mein Flug nach Israel hatte sich in Gottes Zeitplan verspätet. Es war so viel Zeit für praktisch nichts verschwendet worden. Doch ich wußte, daß ich richtig gehandelt hatte, als ich das Geld zurückgab. Das Gewicht, das auf meinem Herzen lastete, wurde weggehoben und ich war wieder frei, den Willen des Herrn zu tun. Ich fragte mich, ob der Prophet Jona genauso empfunden hatte, als ihn der Fisch auf das Festland schleuderte!

Am offenen Grab meines Bruders

Die Zeit verging – doch ich hatte mir noch immer kein Flugticket gekauft, obwohl ich mehr als einmal die leise Stimme Gottes hörte, die mich aufforderte, in meine Heimat zurückzukehren. Aber Gott läßt sich nicht spotten! Ich werde wahrscheinlich nie erfahren, wie mich die Nachricht erreichte, daß die Beerdigung meines ältesten Bruders am 16. August in Holon stattfinden würde. Er war unter tragischen Umständen gestorben.

Shmuel, der viele Jahre in Kopenhagen gelebt hatte, wollte schon seit langem nach Hause zurückkehren. Es war der energische Widerstand seiner Frau, der ihm das Herz brach.

Nun hatte ich keine andere Wahl. Es schien, als ob Gott mich beim Schopf gepackt und ins Flugzeug gesetzt habe. Es belastete mich, daß mein Bruder gestorben war, ohne daß wir uns vorher versöhnen konnten. Nun mußte ich endgültig von ihm Abschied nehmen, ohne zu wissen, ob er seine feindliche Gesinnung gegenüber Jeshua geändert hatte. Nachdem ich ihm von meiner Rettung durch Jeshua geschrieben hatte, schrieb er mir sehr barsche Briefe zurück: »Du hast das Judentum verraten und bist zum Christentum übergetreten! Hast du die Inquisition, die Kreuzzüge und alles andere vergessen, was diese Christen im Namen von Jesus uns Juden angetan haben? Wie kannst du es wagen, wie diejenigen zu konvertieren, die damit ihre Seelen getötet haben!«

Obwohl seine Reaktion mich sehr verletzte, war sie vorhersehbar und verständlich. Denn wie konnte man von einem blinden Mann erwarten, die verschiedenen Farben des Regenbogens zu beschreiben? Alle übrigen Mitglieder meiner Familie reagierten trotz ihres Schmerzes und Abscheus über meinen »Treuebruch« nicht so heftig. Waren es die vielen Jahre, die Shmuel im Ausland verbracht hatte, die den Blick für seine jüdische Identität so sehr schärften und seine Einstellung zu den »christlichen« Nichtjuden extrem werden ließen?

Nachdem ich *Jeshua Hamashiach* als meinen Erlöser angenommen hatte, schrieb ich meinen Verwandten und Freunden lange Briefe mit Zitaten aus dem *Tanach* und ausführlichen Erklärungen. Diese schickte ich ihnen dann mit sehr viel Liebe und Gebet. Ich versuchte mein Bestes, ihnen deutlich aufzuzeigen, was Gott von allen Menschen erwartet: daß sie an den Messias glauben, den Er gesandt hatte. Leider erreichten meine Worte unbeschnittene Ohren und Herzen, die den Unterschied zwischen von Menschen gemachter Religion und von Gott geschenktem Glauben nicht kannten. In meinen Briefen beschrieb ich die gewaltige Veränderung in meinem Leben. Ich drückte tiefe Reue und Bedauern über die Sünden aus, die ich hauptsächlich an meinen Eltern und besonders an meiner Mutter begangen hatte. Von ganzem Herzen bat ich sie um Vergebung für den Kummer, als ich mein Elternhaus verließ und nach Elat verschwand.

Auch meinen älteren Bruder bat ich, mir zu vergeben. Er machte sich aufrichtige Sorgen um meine Zukunft, aber ich hatte ihn nie ernstgenommen. Rückblickend tut mir meine falsche Haltung ihm gegenüber sehr leid. Ich bereue, daß ich mich über seine »Spießigkeit« lustig machte. Er hielt sein Studium für den Zweck und das Ziel seines Lebens, während ich zu wissen glaubte, worin das »wahre Leben« bestand, weil ich mich keiner Autorität unterwarf. Was für eine furchtbare Verzerrung der Wahrheit war in mir!

Wenn ich so zurückschaue, führte mich alles, was ich durchmachte, ohne Zweifel an den Platz in Gottes Reich, den ich nun einnehme. Gott schenkte mir Sein Heil allein aus Gnade. Ich würde es nicht gegen einen Titel oder sozialen Status eintauschen. Ich will einzig und allein den Willen meines Schöpfers tun. Dafür wurde ich geboren, und zu diesem Zweck kam ich in die Welt. Gott schenkt mir in dieser Welt Leben im Überfluß. Und ich habe die Zusicherung des Heiligen Geistes, daß ich von den Toten zu ewigem Leben auferstehen werde!

Meiner zwei Jahre älteren Schwester schrieb ich ebenfalls und bat sie um Vergebung, daß ich ihr den Kiefer mit einem Faustschlag gebrochen hatte. Schließlich entschuldigte ich mich auch bei meinen jüngeren Schwestern Carmelah und Frieda. Ich hatte sie immer gezwungen, mein Bett zu machen, meine Kleider aufzuräumen, meinen Abwasch zu erledigen und meine Schuhe zu putzen. Hin und wieder zahlte ich ihnen etwas für ihre Dienste. Aber war ich nicht so mit ihnen umgegangen, wie ich nicht von anderen behandelt werden wollte? Hatte ich sie nicht auf die gleiche Weise ausgebeutet, wie andere mich? Als ich gläubig wurde, bat ich deshalb auch sie um Vergebung. Sie verziehen mir, obwohl sie nicht verstehen konnten, was mit mir geschehen war.

Ich war sehr aufgeregt, als ich nach neun Jahren »Exil« nach Hause zurückkehrte. Als ich am Ben Gurion Flughafen ankam, wäre ich am liebsten niedergefallen und hätte die kostbare Erde des Landes geküßt, in dem ich geboren wurde und dem ich nun verpflichtet war. Nun war ich gewillt und bereit, meinem geliebten Herrn und Erlöser zu folgen und mich ganz meinem Volk hinzugeben, damit es die Rettung Gottes erfahren und seinen Weg heim zum ewigen Vater finden konnte.

Niemand verstand die wahre Bedeutung meiner Tränen. Die Menschen, die mich weinen sahen, dachten wahrscheinlich, daß es Tränen der Freude oder des Heimwehs nach meiner Familie und meinem Heimatland waren. In Gedanken war ich aber bei den Propheten und Aposteln.

Abgesehen von einigen kurzen Zeitabschnitten in den Tagen Josuas, Davids und Salomos, Esras und Nehemias, war das geistliche Leben meines Volkes zu Götzendienst und Unmoral verkommen. Gott ließ über uns Sein gerechtes Gericht ergehen, während wir stets die Nichtjuden um uns herum für alles Böse verantwortlich machten, das uns widerfuhr, anstatt zu Gott umzukehren!

Gott wußte genau, wann Er uns die Heere von Ammon und Moab, Assyrien und Babylon, Griechenland und Rom schicken mußte. Je weiter wir uns von Ihm entfernten, desto härter waren die Kriege, die gegen uns geführt wurden. Und wer weiß, was die Zukunft uns bringen wird?

Ich vergoß Tränen der Freude und der Trauer: Einerseits schmerzte mich die gegenwärtige, geringe Geistlichkeit meines Volkes; andererseits empfand ich eine tiefe Freude, die dem Glauben entsprang, daß mein Volk das Stadium in seiner Geschichte erreicht hatte, in dem es bereit sein würde, Jeshua als den Herrn anzunehmen. Ich hatte einen großen Traum, oder besser gesagt, eine Vision von Gott: die Gründung eines messianischen *Kibbuzes* und die Ausbildung einer Armee von Predigern.

Während mir diese wunderbaren Gedanken durch den Kopf gingen, mußte ich immer wieder unwillkürlich an meinen toten Bruder denken. Ich fragte mich, ob er auch dann gestorben wäre, wenn ich in den Vereinigten Staaten nicht in zeitlichen Verzug geraten wäre. Endlich kehrte ich nach Hause zurück, aber zu welchem Preis! Diesmal nahm ich nicht an einer fröhlichen Hochzeit teil, sondern am Begräbnis eines Toten und der *Schiwa*.

Als wir in die Leichenhalle kamen, hatte sich dort bereits eine große Menschenmenge versammelt. Nachdem der Leichnam identifiziert und zeremoniell gewaschen worden war, kam der Augenblick für das tatsächliche Begräbnis. Als der Name meines verstorbenen Bruders über den Lautsprecher ausgerufen wurde, weinte meine Mutter bitterlich. Die Trauernden stimmten in ihr Weinen und Klagen ein. Die Frauen schluchzten, und die Männer konnten ihre Gefühle kaum unter Kontrolle halten. Der Leichnam war in ein leinenes Tuch gewickelt und mit einem *Tallit* bedeckt. Er wurde aus der Leichenhalle getragen und auf einen Wagen gebettet. Trauernd folgten wir dem Leichenwagen zum offenen Betonbunker. Dort las der *Rabbi* Psalm 91 vor, der mit den Worten beginnt: ›*Wer unter dem Schirm des Höchsten sitzt, und unter dem Schatten des Allmächtigen bleibt* …‹

Dann bewegte sich der Leichenzug weiter zum frisch ausgehobenen Grab. Vier Männer trugen die Bahre auf ihren Schultern, und wir begleiteten den Verstorbenen zu seiner letzten Ruhestätte. Die schmerzvollen, verzweifelten Schreie meiner Mutter, die sich die Haare ausraufte, mit geballten Fäusten auf die Brust schlug und ihr von Kummer gezeichnetes Gesicht zerkratzte, zerrissen die Friedhofsstille. Vater versuchte vergeblich, seine tiefe Trauer für sich zu behalten. Er war erschüttert und bedrückt und weinte hemmungslos. Einer meiner älteren Brüder war sehr gefaßt und versuchte unsere Eltern zu beruhigen. Ich ging neben Vater und bemühte mich, ihn bestmöglich zu trösten. Meine Schwestern kümmerten sich um meine Mutter, aber es nützte beides nichts. Mutter schrie zum Himmel, doch der Himmel über ihr schien undurchdringlich wie massives Erz. Woher konnte meine Mutter ›Freudenöl statt Trauer nehmen, und Lobgesang statt eines betrübten Geistes‹? Würde meine geliebte Mutter jemals Trost erhalten? Würde sie jemals bereit sein, die Gute Nachricht zu hören?

›*Und ich sah in der rechten Hand dessen, der auf dem Thron saß, eine Buchrolle. Sie war innen und außen beschrieben und mit sieben Siegeln versiegelt. Und ich sah einen starken Engel, der rief aus mit großer Stimme: Wer ist würdig, das Buch aufzutun und seine Siegel zu brechen? Und niemand im Himmel noch auf Erden noch unter der Erde konnte das Buch auftun und hineinsehen. Und einer von den Ältesten spricht zu mir: Weine nicht! Siehe, es hat überwunden der Löwe, der da ist vom Geschlecht Juda, die Wurzel Davids, aufzutun das Buch und seine sieben Siegel. … Du bist würdig, zu nehmen das Buch und aufzutun seine Siegel; denn Du bist erwürgt und hast mit Deinem Blut für Gott erkauft Menschen aus allen Geschlechtern und Sprachen und Völkern und Nationen und hast sie unserem Gott zu Königen und Priestern gemacht, und sie werden herrschen auf Erden. … Das Lamm, das erwürget ist, ist würdig, zu nehmen Kraft und Reichtum und Weisheit und Stärke und Ehre und Preis und Lob.*‹ (Offenbarung 5, ausgewählte Verse)

Schweigend stand ich am offenen Grab meines ältesten Bruders und blickte mich um. Ich sah meine von Kummer geplagte Mutter, die ihrer Trauer in schmerzvollen Klageschreien freien Lauf ließ. Ich beobachtete meine weinenden Schwestern und meinen Vater, der kurz vor dem Zusammenbruch war. Unsere Verwandten weinten ebenfalls und erwiesen dem Toten die letzte Ehre. Sie beteten für seine Seele, damit er im Himmel Ruhe fand. Schreckliche Gedanken gingen mir durch den Sinn: ›Wie kann man allen diesen geliebten Menschen sagen, daß keine Aussicht auf Erhörung ihrer aufrichtigen Gebete bestand? Wie konnte ich ihnen erklären, daß ein Mensch, der Gottes Vergebung für seine Sünden durch das Opfer Jeshuas des Messias nicht annimmt, in seinen Sünden stirbt und am Jüngsten Tag für ewig schuldig gesprochen wird?‹

Dann beschlichen mich gotteslästerliche Gedanken: ›Was für ein Gott ist das, der einen gerechten und ehrlichen Menschen direkt in die Hölle schicken kann, nur weil dieser nicht an Jeshua glaubte? Was geschieht mit den vielen unwissenden Menschen, die nie eine Gelegenheit hatten, die rettende Botschaft zu hören? Wird ein gerechter Gott wirklich alle diese Menschen in die ewige Verdammnis schicken?‹

Doch plötzlich traf mich die Wahrheit wie ein Blitzstrahl vom Thron Gottes: weil Gott heilig, wahrhaftig und gerecht ist, kann Er nicht dulden, daß ein Sünder in Seine Gegenwart kommt und sie beschmutzt! *›Deine Augen sind zu rein, als daß Du Böses ansehen könntest.‹* (Habakuk 1,13) Deshalb vertrieb Er Adam und Eva aus dem Garten Eden, nachdem sie in Sünde gefallen waren! Jeder, der es aus irgendeinem Grund versäumt, Gottes Rettung anzunehmen, wird für seine Sünden zu bezahlen haben. Der Lohn der Sünde ist der Tod und ewige Trennung von Gott!

›Wenn das wirklich der Fall ist‹, dachte ich, ›dann ist jeder, der stirbt, ohne Jeshua als seinen Retter angenommen zu haben, ewig verloren!‹ Gott hat uns Seine Rettung als Geschenk angeboten. In Seinem Wort läßt Er es uns deutlich wissen:

›Denn so sehr hat Gott die Welt geliebt, daß Er Seinen eingebornen Sohn gab, auf daß alle, die an Ihn glauben, nicht verloren werden, sondern das ewige Leben haben.‹ (Johannes 3,16)

Gott gab jedem einzelnen von uns die freie Wahl, Sein Rettungswerk anzunehmen oder abzulehnen. Wir können mit jemandem verglichen werden, der im Sumpf ertrinkt. Er kann sich nicht selbst aus dem Morast ziehen. Vielmehr bewirkt jede Bewegung, daß er nur noch tiefer und schneller sinkt. Wenn aber jemand, der nicht allzu weit entfernt auf einem festen Felsen steht, ihm ein Rettungsseil zuwirft und ihm zuruft: »Fang auf!« hat der Versinkende zu entscheiden, ob er sich an das Rettungsseil klammern und gerettet werden will, oder ob er die angebotene Rettung ablehnt und im Sumpf ertrinkt. Es macht keinen großen Unterschied, ob der Betroffene das Rettungsseil sah und es ablehnte, oder ob er es nicht bemerkte – in beiden Fällen wird er untergehen! Wer bewußt Gottes Rettung ablehnt, begeht in der Tat Selbstmord:

›*Siehe, Ich habe dir heute vorgelegt das Leben und das Gute, den Tod und das Böse. ... Ich nehme Himmel und Erde heute über euch zu Zeugen: Ich habe euch Leben und Tod, Segen und Fluch vorgelegt, damit du das Leben erwählst und am Leben bleibst, du und deine Nachkommen.*‹ (5. Mose 30:15, 19)

Mit tränenverschleierten Augen blickte ich zum Himmel. Er war klar und blau, und meine Gedanken trugen mich weit, weit weg. Ich dachte an Gott, der unendlich traurig über Sein geliebtes Volk war, das in die Irre ging. Es wich von Ihm ab und stützte sich auf verschiedene Arten von unnützem Aberglauben und auf von Menschen gemachte Traditionen. Ich stellte mir den Herrn und Gott Israels im hellen Glanz Seiner Majestät auf Seinem Thron vor, wie Er Sein Volk beobachtete. Es hatte Sein heiliges Wort in unendlich viele Gesetze und Regeln verwandelt, die es trotz bester Absichten niemals einhalten konnte – und das alles im Namen der Religion!

Dann beteten wir gemeinsam das *Kaddish*. Dieses Gebet, das in Aramäisch verfaßt ist, erwähnt weder den Toten noch den Tod. Es ist ein Gebet des Lobes und der Anbetung des allmächtigen Gottes:

»Erhoben und geheiligt sei Sein großer Name in der Welt, die Er nach Seinem Willen erschaffen. Seine Erlösung lasse Er aufsprießen und Seinen Messias nahen, in eurem Leben und in euren Tagen und dem Leben des ganzen Hauses Israel, bald und in naher Zeit; und sprecht: Amen! Sein großer Name sei gepriesen für immer und in alle Ewigkeit! Gepriesen und gerühmt und verherrlicht und erhoben und erhöht und gefeiert und hocherhoben und bejubelt sei der Name des Heiligen, gelobt sei Er, hoch über allen Preis und Gesang, Lob und Trostverheißung, die in der Welt gesprochen werden; und sprecht: Amen! Fülle des Friedens und Leben möge vom Himmel her uns und ganz Israel zukommen; und sprecht: Amen! Der Frieden schafft in Seinen Höhen, Er schaffe Frieden unter uns und ganz Israel; und sprecht: Amen!«

Meine Augen beobachteten jene bemitleidenswerten Menschen, die an einen Gott glaubten, den sie für sich selbst erfunden hatten. Ich konnte sie so gut verstehen! Ihre Hoffnungslosigkeit und Verzweiflung berührte mein Herz. Im Geist umarmte ich jeden von ihnen und versuchte, sie in die wahre Gegenwart Gottes zu bringen, ihnen die Wahrheit im Messias vor Augen zu führen. ›Was geht in diesen Menschen vor?‹ fragte ich mich. ›Glauben sie wirklich, daß, wenn sie das *Kaddish* genügend oft wiederholen, oder die entsprechenden Abschnitte aus Psalm 119, nach der Reihenfolge der Buchstaben im Namen des Toten[19], über seinem Grab lesen, er den Garten Eden erben wird? Und daß, wenn ihr Tag kommt, sie auch dorthin kommen werden?‹

Ich hatte keine Vorstellung, was mein Vater und meine Brüder tief in ihrem Innersten dachten, als sie ihre Stimmen erhoben und das *Kaddish*gebet sprachen. Glaubten sie wirklich, daß die Rettung von Shmuels Seele von ihrer Treue abhing, das *Kaddish* jeden Tag, jeden Monat, und später jedes Jahr an seinem Todestag zu sprechen? Wo irrte der jüdische Glaube? Was glaubt der Jude denn tatsächlich?

Es fiel mir sehr schwer, meinen Mund zu halten und zu schweigen. Ich wollte vor Schmerz aufschreien und die pathetische Menge dazu aufrufen, mit aufrichtigem Herzen zum Gott ihrer Väter zurückzukehren und sich von der selbsterfundenen Religion Israels abzuwenden! Wie aber würden sie reagieren? Was würden meine Familie und die vielen religiösen Menschen, die hier versammelt waren, denken und sagen? Hier waren sie, die die Stellvertreter Gottes sein sollten! Meine Augen drangen durch ihre äußere Erscheinung in ihr Inneres. Ich konnte ihre elenden, sündengeplagten Herzen hinter ihren schwarzen Gewändern der Religion sehen. Ich wußte, daß Gott sie so von Seinem Thron hoch oben sah. Doch sie lehnten Seine Rettung ab! Mein Herz schien vor Mitleid zu zerbrechen und wandte sich ihnen zu. Wenn mir Gott nicht in Seiner unendlichen Gnade Jeff über den Weg geschickt hätte, würde ich jetzt auch genau wie sie hier stehen, blind wie eine Fledermaus gegenüber jeder geistlichen Wahrheit, verloren in meiner Selbsttäuschung!

Plötzlich erinnerte ich mich an ein anderes Begräbnis – an jenen außergewöhnlichen Beerdigungsgottesdienst in der Wüste Arizonas. Dort hatten auch hinterbliebene Mütter am offenen Grab ihrer geliebten Kinder gestanden. Aber was für ein Unterschied! Wie anders ist die Trauer eines Menschen, der weiß, daß es für seine Zukunft eine Hoffnung gibt, und daß Gott in Seiner unendlichen

Weisheit und Liebe die, die Er liebt, zu sich nimmt! Wie bitter ist die Trauer derer, die diese gesegnete Hoffnung nicht haben und nicht wissen, wo ihr Weg hinführt!

Unwillkürlich mußte ich einen Vergleich zwischen den unterschiedlichen Müttern anstellen! Meine Mutter verlor sich in ihrer Trauer, zerkratzte ihr Gesicht und schlug sich mit den Fäusten auf die Brust. Sie war unfähig, ihren Sohn loszulassen und ihn ins Grab hinabsinken zu sehen. Dagegen sangen jene beiden Mütter in Arizona ihrem liebenden Herrn ein Loblied, obwohl ihr Unglück nicht weniger hart als das meiner Mutter war. Sie vertrauten darauf, daß ihre geliebten Kinder nun mit ihrem Herrn in der Ewigkeit lebten. Sie wußten, daß es nur eine Frage der Zeit war, bis sie für immer wiedervereint sein würden.

Nach der Beerdigung gingen wir nach Hause und setzten uns zur *Schiwa* auf den Boden. Alle Spiegel, Glasfenster und selbst der Fernsehapparat wurden mit Wolldecken zugehängt. Nach jüdisch-*kabbalistischer* Tradition würden nämlich Widerspiegelungen die Seele des toten Mannes stören, die immer noch im Haus umherwandern und keine Ruhe finden würde. Die Familie saß sieben Tage lang auf Matratzen zum Gebet auf dem Boden. Nachbarn und Freunde kamen, ohne anzuklopfen, und versorgten uns mit Speisen und Getränken.

Der *Rabbi*, der die Beerdigung gehalten und von einem Blatt Papier eine rührende Trauerrede vorgelesen hatte, saß mir gegenüber. Immer wieder lasen wir Psalmen, um die Seele des Toten zum Himmel hinauf zu geleiten. Der *Rabbi* achtete darauf, daß die gemeinsamen Gebete zum richtigen Zeitpunkt und das *Kaddish* häufig genug gesprochen wurden, um sicherzustellen, daß die Seele des Toten ihren Weg ins Paradies finden würde. Außerdem versuchte er, die Trauernden mit eigenen Auslegungen aus der *Thora* zu trösten.

Auch ich verschwendete meine Zeit nicht. Da ich eine Veranlagung zur Streitlust habe, mußte ich auf jede seiner Bemerkungen eine passende Antwort geben. Bald entwickelte sich zwischen uns eine hitzige Debatte. Wir disputierten über alles mögliche. Wir erörterten den Weg der Erlösung, das Leben nach dem Tod, die Dreieinigkeit Gottes und die Jungfrauengeburt des Messias. Wir sprachen über das Wort des lebendigen Gottes im Vergleich zu menschlichen Traditionen und über den jüdisch-*orthodoxen* Weg im Gegensatz zum messianischen Judentum.

Eine auffällige Tatsache war nicht zu übersehen. Wann immer ich ein Argument aus der Bibel anführte, konterte der *Rabbi* mit Zitaten aus den Büchern der Weisen und aus dem *Talmud*. Meine Familie traute ihren Ohren nicht und war sprachlos vor Staunen. Es war nicht mehr derselbe alte Jakob, den sie kannten, dieser rebellische junge Mann, der aus Furcht vor dem Gesetz das Land verließ; und der sie mit seinem plötzlichen Besuch bei der Hochzeit seiner Schwester überrascht und seiner Mutter beinahe einen Herzanfall zugefügt hatte, aber schleunigst wieder in die USA zurückfliegen wollte!

Nun saß ein völlig veränderter Jakob vor ihnen, der aus tiefer und echter Überzeugung und mit einer Vollmacht sprach, die sich direkt vom Wort Gottes ableitete und eine um die andere Behauptung eines israelischen *Rabbis* widerlegte! Natürlich versuchten sie, mich immer wieder aus Respekt vor der Ehre des *Rabbis* zum Schweigen zu bringen, aber ich konnte einfach nicht still sein. Ich fuhr fort, aus den Heiligen Schriften zu zitieren, bis der *Rabbi* schließlich jeden in der Familie davor warnte, das Neue Testament zu lesen oder dieses Thema zu Hause anzusprechen. Er bat sie, sofern das möglich sei, mit mir nicht über theologische Dinge zu debattieren!

Erste Schritte im Heimatland

Nach dieser Auseinandersetzung mit dem *Rabbi* empfand ich es als dringend notwendig, mehr über die *ultraorthodoxe* jüdische Denk- und Lebensweise zu erfahren. Ich wußte, daß ich der Opposition nicht erfolgreich begegnen konnte, wenn ich sie nicht gut genug kannte. So ließ ich mir einen üppigen Bart wachsen und trat in eine berühmte Jerusalemer *Jeschiwa* ein. Dort verbrachte ich einige Monate und hörte mit den anderen *Talmud*schülern den *Rabbis* zu, wie sie in endlosen Diskussionen und kompliziertem *Pilpul* althergebrachte, undurchsichtige und unwesentliche *talmudische* Streitfragen erörterten. Die *Talmud*schüler fanden in dem Lernstoff keinen Bezug zu ihrem Leben in dieser modernen Welt. Sie besuchten die *Jeschiwa* nur, um die *Thora* zum Zwecke des Studiums zu erforschen.

Ich stellte fest, daß diese religiösen Menschen die Worte der *Rabbis* und Gelehrten weit mehr schätzten als die Heiligen Schriften. Am bemerkenswertesten war, daß es nur um unwichtige Dinge ging. Zwar hungerten und dürsteten diese jungen Männer wirklich nach der Wahrheit, nach der sie Tag und Nacht eifrig suchten. Aber ihr Durst nahm ständig zu, weil sie das Wasser des Lebens nicht kannten, das ihn hätte stillen können. Sie glichen Wanderern in der Wüste an einem heißem Sommertag: getäuscht von einer Fata Morgana verschwendeten sie ihre letzte Kraft, um die Luftspiegelung einzufangen, und mußten sich schließlich erschöpft, ernüchtert und durstiger als je zuvor geschlagen geben!

Ihr Leben war bis in jede Einzelheit gebunden und bestimmt durch komplizierte *Halachot*. Wie sehr unterschied sich der Geist dieser *Halachot* vom Geist der Bibel! Wie sehr unterscheidet sich das schwere und unerträgliche Joch der *Halacha*, der »Tradition gelehrter Männer«, vom sanften und leichten Joch des Messias, der Wahrheit Gottes, die die Gefangenen freisetzt!

Im Gegensatz zum wahren Glauben ist jede Religion angefüllt mit Ritualen und Bräuchen. Die religiösen Instanzen verdunkeln die göttliche Wahrheit, indem sie diese in ein religiöses Gewand kleiden. Sie sind Meister im Aufstellen von Geboten und ignorieren völlig alle von Gott erfüllten Verheißungen bezüglich des Sühneopfers. Der Opfertod Jeshuas aber ist der einzige Weg, auf dem der Mensch zu Gott kommen und gerettet werden kann.

Wie anders ist das Leben im Glauben und in der wahren Nähe zum Schöpfer, im Gegensatz zu dem von religiösen Zwängen gebundenen Dasein! Ich werde nie die »Jahrzeit« (Jahrestag des Todes) eines heiligen *Rabbis* vergessen. Seine Schüler gingen in Scharen zum Ölberg, um an seinem Grab zu beten. Dieses Ritual fand ich schon immer abstoßend. Seit ich Jeshua als meinen Herrn angenommen habe, scheint es mir der reinste Götzendienst zu sein. Die moderne jüdische Auffassung von »der Heiligkeit der Toten« steht in völligem Widerspruch zu den Worten der *Thora*, die die Toten und das Grab als die größte Unreinheit ansieht. Sie lassen jeden unrein werden, der damit in Berührung kommt. Die *Thora* sagt deutlich:

›*Wer irgendeinen toten Menschen anrührt, der wird sieben Tage unrein sein. ... Dies ist das Gesetz: Wenn ein Mensch in seinem Zelt stirbt, soll jeder, der in das Zelt geht, und wer im Zelt ist, unrein sein sieben Tage. ... Auch wer auf dem freien Feld einen berührt, der mit dem Schwert erschlagen ist, oder einen Gestorbenen oder eines Menschen Gebein oder ein Grab anrührt, der ist unrein sieben Tage.*‹ (4. Mose 19:11, 14, 16)

Im Gegensatz zu diesen Versen schreiben die *Chassidim* den Gräbern der Gerechten höchste Heiligkeit zu und sind bereit, fast alles zu tun, um die »höchstwichtige *Mizwa*« einzuhalten und zum Grab der Gerechten zu pilgern! Vielleicht sind wir messianischen Juden in diesem Punkt sensibler, weil wir einen Gott anbeten, der den Messias siegreich von den Toten auferweckte und ein leeres Grab zurückließ!

Als es für mich an der Zeit war, die *Jeschiwa* zu verlassen, wunderten sich alle über meine unerwartete und befremdende Entscheidung. Gewöhnlich genießen *Talmud*schüler viele Vorrechte, gerechterweise oder nicht, die sie nicht so schnell aufgeben. Sie konnten nicht verstehen, daß jemand, der erst vor kurzem gekommen war und noch nicht einmal genügend Zeit hatte, den süßen Wohlgeruch der *Thora* zu schmecken, die *Talmud*schule verlassen wollte. Als sie mir Fragen stellten, konnte ich mein Geheimnis nicht länger für mich behalten und sagte ihnen:

»Ihr studiert und erforscht die Weisheiten des *Talmud* wie Menschen, die nach den verborgenen Schätzen der Wahrheit suchen. Die Wahrheit aber kann man nicht im *Talmud* finden, sondern nur in der Bibel, die über die fleischgewordene Wahrheit spricht, über *Jeshua Hamashiach*!«

Ihre Antwort war ein Meer von Speichel.

Kurz nach diesem Vorfall ging ich zum Einstellungsbüro der israelischen Armee, diesmal aber mit der entgegengesetzten Absicht als vor zwölf Jahren. Seit ich zum Glauben an Jeshua gekommen war, bereute ich zutiefst meinen Unfug in der Armee und wollte die Angelegenheit in Ordnung bringen. Daher ging ich noch einmal zum Einstellungsbüro der Armee und bat um eine medizinische Untersuchung, um meine Tauglichkeit für den aktiven Dienst festzustellen. Ich wurde zu einem Gespräch eingeladen, und die Mitglieder des Ausschusses waren sehr erstaunt, daß ein 30jähriger Mann den gewöhnlichen Streitkräften beitreten wollte.

»Ihre Akte besagt, daß Sie 1970 zum Dienst einberufen wurden, aber ein halbes Jahr später wegen mangelnder Führung entlassen wurden. Warum denken Sie, daß Sie es nun besser machen werden?«

»Als ich 16 Jahre alt war, wurde ich zu den ersten psychometrischen Tests eingeladen«, erwiderte ich. »Damals war ich noch ein echter Patriot. Ich wollte mich freiwillig zu den Fallschirmspringern oder der Kommandoeinheit melden, wie Sie aus meinen Akten ersehen können. Bald danach lief ich jedoch von Zuhause weg und ging nach Elat. Meine Lebensweise in Elat veränderte meine gesamte Denkweise, und ich fing an, mir Gedanken zu machen, wie ich dem Militärdienst entkommen könnte. Als ich das erste Mal zu medizinischen Untersuchungen bestellt wurde und Profil 97 (das Höchstmögliche) erreichte, war ich sehr froh. Später aber bekam ich von meinen Freunden aus der Nachbarschaft allerlei Tips, wie man sich dem Armeedienst entziehen kann. So gelang es mir, nach sechs Monaten frühzeitig entlassen zu werden. Später ging ich ins Ausland ...«

»Wo waren Sie denn?« fragte eines der Ausschußmitglieder.

»In den Vereinigten Staaten«, antwortete ich.

»Und was hat Sie dazu geführt, Ihre Meinung wieder zu ändern?«

»In den Vereinigten Staaten kam ich zum Glauben an Jeshua, den Messias Israels, der mich erst zu einem richtigen Juden machte. Er schenkte mir Liebe und Verständnis für alles, was mit der letztendlichen Bestimmung Israels zu tun hat. Deswegen kam ich nach Hause zurück. Ich möchte meinem Land all das zur Verfügung stellen, was ich ihm bislang nicht gab, und in einer Einheit dienen, in der ich der Armee am nützlichsten sein kann.«

Ein Mitglied des Ausschusses, der eine *Kippa* trug, nahm meine Dienstakte und dachte gründlich nach. Dann musterte er mich von Kopf bis Fuß und fragte: »Wie kam es zu dieser ganzen Geschichte mit Jeshu?«

»Das ist eine lange Geschichte, und ich möchte nicht ins Detail gehen. Kurzum, als ich die Heiligen Schriften las, stieß ich auf Stellen, die ich nicht wegerklären konnte, weil sie eindeutig auf Jeshua zutrafen. Am Anfang dachte ich, es sei nur Zufall. Später aber entdeckte ich mehr und mehr Abschnitte, die das Puzzle vervollständigten. Und als ich über unsere leidvolle Geschichte als auserwähltes Volk nachdachte, konnte ich meine Augen nicht mehr vor den Tatsachen verschließen. Sie sprachen für sich und räumten alle meine Gegenargumente aus!«

»Haben Sie auch Visionen gehabt?« fragte der Psychiater des Ausschusses neugierig.

»Nun, ich hatte mehrere übernatürliche Erlebnisse, die ich für Wunder halte«, sagte ich. »Sehen Sie, der Gott der Bibel hat sich niemals geändert. Er ist ein lebendiger Gott und wirkt in der heutigen Zeit auf genau die gleiche Weise, wie Er das in vergangenen Zeiten getan hat!«

»Ist es Ihnen nie in den Sinn gekommen, daß Sie irgendwie wankelmütig sein könnten?« fragte das religiöse Ausschußmitglied. »Sie behaupten, daß Sie erst ein Patriot gewesen seien, dann änderten Sie Ihre Meinung und wurden ein Radikaler. Nun sind Sie zum Christentum übergetreten, eine erneute Veränderung. Wie können wir sicher sein, daß Sie Ihre Meinung nicht wieder ändern und womöglich auf die Seite des Feindes überwechseln?«

»Beim ersten Mal handelte es sich um eine vorübergehende Laune eines Jugendlichen, der nicht allzu klug war und durch den negativen Druck der Gruppe in seinem Lebensumfeld beeinflußt wurde. Bevor ich aber zum Glauben an Jeshua kam, hatte ich sehr starke innere Kämpfe. Es war mir sehr wohl bewußt, daß ich ein Jude bin, da ich ja aus einem traditionellen orientalisch-jüdischen Elternhaus stamme. Als Kind besuchte ich mit meinem Vater die *Synagoge* und studierte den *Tanach* wie jedes jüdische Kind in diesem Land. Mein Magen drehte sich um bei dem Gedanken, Jeshua könnte Israels wahrer Messias sein. Ich wußte genau, daß Israel als Volk Ihn damals abgelehnt hatte, und daß es Ihn bis heute ablehnt. Ich studierte auch Shaul Tschernichowkis Gedicht »Baruch Mi-Magenza« (Baruch aus Mainz) und war über alles unterrichtet, was uns Juden in den letzten 2000 Jahren blutiger Verfolgungen angetan wurde. Das Lesen unserer jüdischen Bibel, an die ich glaubte, warf jedoch Fragen auf, auf die ich die richtigen Antworten finden mußte. Verschiedene Ereignisse in meinem Leben – auf die ich hier nicht näher eingehen möchte – haben mir klar gezeigt, daß ich der Wahrheit nicht ausweichen kann. Gott selbst hat mich vor die Wahl gestellt, und ich habe das Leben gewählt!

Glauben Sie mir«, fuhr ich fort, »der Kampf war nicht leicht. Aber ich bin keinesfalls von einer Religion zur anderen übergetreten, auch nicht von einer Lehrmeinung zur anderen. Ich habe das neue Leben geschenkt bekommen, das unsere hebräische Bibel jedem, der glaubt, verspricht. Es ist ein untrennbarer Teil dessen, was Gott Seinem Volk Israel geben will.«

»Haben Sie sich mit gelehrten Männern und *Rabbis* beraten, bevor Sie sich entschieden, an diesen Mann zu glauben?« fragte das religiöse Ausschußmitglied.

»Nun, um ehrlich zu sein, das tat ich nicht. Ich beriet mich mit niemandem, weil es mir nicht erforderlich schien. Ich sprach mit keinem *Rabbi*, weil ich bereits lange zuvor erkannt hatte, daß das *Rabbiner*tum keine angemessenen und befriedigenden Antworten auf meine Fragen wußte. Später hatte ich die Gelegenheit, mit vielen *orthodoxen* Juden zu sprechen. Sie wollten mich überzeugen, daß ich meine Meinung wieder ändern und zur Hauptströmung des Judentums zurückkehren sollte. Das versuchen sie übrigens immer noch. Als ich aber ihre Argumente sorgfältig prüfte, stellte ich fest, wie irrelevant sie waren. Sie gehen davon aus, daß ›Jeshu‹ ein ›Verbrecher Israels‹ und ›ein Bastard der Unreinheit‹ gewesen sei; daß er ›Hexerei betrieben hätte, um Israel mit magischen Formeln (oder mit dem heiligen Namen Gottes, nach einer anderen Version) zu verführen, die er sich unter die Haut einpflanzte‹; und daß er ›am Abend vor dem *Pessach*fest in Jerusalem erhängt und dazu verurteilt worden sei, in kochenden Exkrementen zu ertrinken.‹ Alle diese widerlichen und ekelhaften Geschichten wurden von religiösen Menschen erfunden, die lediglich Jeshuas Namen dem normalen, unwissenden Juden hassenswert machen sollten.

Wenn ein Jude gebeten wird, sich mit dem Neuen Testament zu befassen, das am verläßlichsten über das Leben und den Dienst Jeshuas berichtet, schreckt er davor zurück wie vor einer Giftschlange. Der Jude verbietet sich selbst und seinen Mitjuden, den Neuen Bund zu lesen und ihn in irgendeiner Hinsicht, ob gut oder böse, mit Jeshua in Zusammenhang zu bringen. Er vermeidet es sogar, Ihn bei Seinem wahren Namen zu nennen. Er spricht ihn absichtlich falsch aus und verkürzt ihn zu Jeshu, was ›mögen sein Name und Gedenken ausgelöscht werden!‹ heißt. Jeshua dagegen bedeutet in Hebräisch ›Rettung‹. Aber glauben Sie mir, das beunruhigt mich nicht mehr, weil viele Juden den heiligen Namen Gottes absichtlich falsch aussprechen und Ihn ›Elokim‹ statt ›Elohim‹ oder ›Adoshem‹ statt ›Adonai‹ nennen, nur um zu vermeiden, daß sie den heiligen Namen Gottes mißbrauchen. Ich halte deshalb die falsche Aussprache von Jeshuas Namen für ein insgeheimes Zugeständnis an Seine Göttlichkeit!

Die Juden erschrecken zu Tode, wenn sie mit der Wahrheit fertigwerden müssen, und ich spreche hier deutlich vom Herrn Jeshua, dem Messias. Sie versuchen die Wahrheit zu verdrängen, ihr auszuweichen und jede ernsthafte Auseinandersetzung mit ihr zu vermeiden. Daher konnte ich vom *Rabbiner*tum keine stichhaltigen Antworten bekommen!«

»Ich habe den Eindruck, daß Sie ziemlich verärgert über das *Rabbiner*tum sind. Was wissen Sie eigentlich darüber?«

»Ich bin direkt von einer Jerusalemer *ultraorthodoxen Jeschiwa* hierher gekommen, in der ich die letzten sechs Monate verbrachte. Dort studierte ich die *Thora* auf sehr verdichtete Weise, bis ich mir ein Urteil bilden konnte. Ich möchte aber keine Mißverständnisse aufkommen lassen: ich habe keine Einwände gegen das Judentum der *Thora*. Ganz im Gegenteil! Ich bin ein stolzer Jude – so wurde ich geboren, und so werde ich sterben. Was mich jedoch bedrückt, und dagegen gehe ich mit aller Kraft an, sind die negativen Erscheinungen im etablierten *rabbinischen Judentum*. Und in erster Linie protestiere ich gegen die sündhafte und feindselige Einstellung der religiösen Juden gegenüber Jeshua und Seinen Nachfolgern!«

»Können Sie nicht erkennen, daß das Lesen dieses Buches Sie dazu gebracht hat, Verrat an Ihrem eigenen Volk und Ihrer Religion zu üben? Wie wagen Sie es, auch nur zu denken, daß alle *Rabbis* sich irren, und daß Sie allein recht haben? Sind alle anderen blind, und nur Sie allein können sehen?«

»Nun, ich weise zunächst Ihre Behauptung zurück, daß dieses Buch mich dazu veranlaßt hat, Verrat an meinem Volk und meiner Religion zu begehen. Wenn Sie es jemals selbst gelesen hätten, wüßten Sie, daß es keine Aufforderung enthält, das jüdische Volk zu verraten oder zu verlassen – Gott bewahre! Ich kam nicht mit der Absicht hierher, um vom Armeedienst befreit zu werden und in einer messianischen *Jeschiwa* den Neuen Bund studieren zu können. Genau das Gegenteil ist der Fall! Ich kam hierher, um der Armee beizutreten und mich meinem Land zur Verfügung zu stellen. Nennen Sie das Verrat? Ich bin der Ansicht, daß die wahren Verräter diejenigen sind, die ihre Religion als Vorwand gebrauchen, um den Dienst in der Armee zu verweigern und unser Land auf verschiedene Weise durch ›einmalige Zuwendungen‹ öffentlicher Geldmittel etc., berauben und ausbeuten!

Was Ihre zweite Frage angeht, lautet meine Antwort: ja, die *Rabbis* können sich alle irren. Mehr als einmal in der Geschichte Israels befand sich die Mehrheit im Irrtum und einige wenige Treue waren auserwählt, um ihnen ihre Verfehlung vor Augen zu führen. Im *Tanach* gibt es viele Beispiele, wo Gott den kleinen Rest ausersah. Zur Zeit Jeremias gab es nur eine Handvoll Menschen, die sich dazu entschieden hatten, Gott treu zu folgen. Ich kann Ihnen nicht erklären, warum Gott mich aus meiner Familie und aus dem Volk Israel auswählte, um ein ›Licht für die Völker‹ zu sein. Aber wer bin ich denn, daß ich Gottes Weisheit und Erwählung hinterfrage? Ich schäme mich des Evangeliums des Messias ganz gewiß nicht!«

»Vielen Dank!« unterbrach der Psychiater plötzlich meinen Redefluß und kritzelte etwas in meine Akte, die vor ihm lag. »Sie werden meine Antwort bald bekommen!«

Ich verabschiedete mich mit einem guten Gefühl und mit großen Hoffnungen. Ich wußte, daß ich Zeugnis von meinem Glauben an den Messias gab, und daß ich den guten Willen und die Bereitschaft zeigte, meinem Land zu dienen. Deshalb war ich sehr aufgeregt, als ich zwei Wochen später von der Armee einen braunen Umschlag mit der Post zugestellt bekam. Als ich aber den Umschlag öffnete und die wenigen Zeilen las, die auf dem weißen, offiziellen Briefbogen standen, verfinsterte sich mein Gesicht:

»Jakob Damkani, Shalom,

wir bedauern, Ihnen mitteilen zu müssen, daß der medizinische Ausschuß, der Ihren Fall untersucht und Ihr Gesuch nach Rückkehr zum Militärdienst nochmals überprüft hat, zu dem Schluß gekommen ist, daß Sie für den Dienst in der israelischen Armee nicht geeignet sind.

Ihr sehr ergebener ...«

Ich legte die ganze Sache in Gottes Hände. Er erfüllte mein Herz mit Seinem Frieden. Ich konnte nicht verstehen, wie und warum der medizinische Ausschuß dieses Urteil traf. Daraus folgerte ich, daß Gott andere Pläne mit mir haben mußte und mich eher in ›Seiner Armee‹ brauchte. Ich bedauerte damals und bedaure es noch heute, daß mir das Recht, meinem Land als Soldat zu dienen, verweigert wurde. Leider konnte weder die Regierung noch die Armee zum damaligen Zeitpunkt verstehen, was für eine gewaltige und tiefgreifende Veränderung Jeshua im Herzen eines Menschen vollziehen kann. Wenn mein Glaube nicht gewesen wäre, wäre ich dann nicht wie viele andere Israelis im Ausland geblieben und hätte ein bequemes Leben geführt?

Verfolgung

Dadurch, daß die Armee mich nicht wollte und mir eine endgültige Freistellung erteilt hatte, begann ich, als Gärtner zu arbeiten. Verglichen mit dem Vermögen, das ich in Amerika verdient hatte, lebte ich nun wieder in der Armut meiner Kindheitstage. Aber das störte mich nicht. Nun, da ich die Dreißig erreicht hatte, erwarteten meine Eltern verständlicherweise, daß ich endlich heiraten und eine eigene Familie gründen würde, um sie jedes Jahr mit einem weiteren Enkel zu erfreuen. Doch ich hatte andere Pläne. Ich war entschlossen, meine Zeit nicht mit unwichtigen Angelegenheiten zu verschwenden, sondern wollte mich ganz dem Evangelium widmen. Das Volk Israel mußte den Unterschied zwischen Jeshu und Jeshua kennenlernen, zwischen »Namenschristentum« (den sogenannten Christen, die nur die äußere Form des Christentums angenommen haben) und dem wahren messianischen Glauben, der den neuen und endgültigen Bund Gottes hält.

Ich kaufte einen Kleinlastwagen und Gartengeräte und fand Arbeit. An zwei Tagen in der Woche verrichtete ich Gartenarbeiten und allgemeine Instandhaltungsarbeiten in Holon und Ramat Hasharon. Das reichte für meine materielle Versorgung aus. Meine Geschwister hatten ihr Studium erfolgreich abgeschlossen und das Haus verlassen. Nun wohnten nur noch meine Eltern, eine meiner Schwestern, die als Kindergärtnerin arbeitete, und ich zu Hause. Wie damals mit 14 Jahren gab ich auch jetzt meiner Mutter jede Woche Geld, um für die Bedürfnisse der Familie mit aufzukommen.

In den neun Jahren der Abwesenheit von Elternhaus und Familie hatte sich nicht allzu viel verändert. Mutter, die zu dieser Zeit um die Sechzig war, sah schon aus wie Achtzig. Sie war aber noch immer kräftig genug, um die ganze Haushaltsarbeit zu tun. Vater gab seine Tätigkeit als Bauarbeiter auf und arbeitete im Warenhaus der

Armee. Die meisten meiner früheren Freunde waren verheiratet und hatten Kinder. Mit vielen von ihnen sprach ich über den Messias, und es schmerzte mich zu sehen, wie sie fröhlich ihrem Untergang entgegengingen und die ausgestreckte Hand des Messias, des göttlichen Lebensretters, zurückwiesen! Alle diese lieben Freunde hatten, auf gute oder schlechte Weise, meinen Charakter mitgeprägt. Es war derselbe Charakter, den Gott später umformte, läuterte und heiligte und seitdem um Seines Namens willen gebraucht.

Eine neue Generation von Gangstern war in der Nachbarschaft herangewachsen. Außer mehreren Villen, die hier und da gebaut wurden, war aber alles mehr oder weniger beim Alten geblieben. Ich erneuerte das alte und undichte Ziegeldach auf dem Haus meiner Eltern und gewöhnte mich allmählich wieder an die Alltagsroutine in Israel.

Zu meiner Überraschung entdeckte ich, daß es messianisches Leben im Land gab. Es existierten eine Reihe messianischer Gemeinden.

Was ist eine »messianische Gemeinde«? Dieser Begriff bezeichnet eine Gruppe von Menschen, die eine wesentliche Sache gemeinsam haben: sie glauben, daß der *Tanach* und der Neue Bund das wahre Wort Gottes sind. Zu diesen Gemeinden zählen Juden, die vor ihrer Errettung *orthodox* oder konservativ waren, aber auch ehemalige Atheisten. Einige Gemeindemitglieder sind Nichtjuden, darunter Araber, die im Islam oder traditionellen Christentum (römische oder griechische Katholiken und griechisch Orthodoxe) aufwuchsen. Außerdem *Proselyten*, die früher sogenannte »Namenschristen« waren, sowie ehemalige Anhänger östlicher Religionen – von Buddhismus über Hinduismus bis zur »Hare Krishna«-Bewegung. Andere wurden aus den Klauen der »Zeugen Jehovas« gerettet oder waren Sozialisten, Kommunisten ... und was es sonst noch alles gibt!

Jeder ist dazu eingeladen, die Treffen der messianischen Gemeinden zu besuchen. Ihre Türen sind für alle offen. Aber nur diejenigen, die Gottes Vergebung für ihre Sünden angenommen haben, wie Er sie in den Heiligen Schriften durch Jeshua den Messias angeboten hat, können volle Mitglieder werden. Es ist unwichtig, aus welchem Hintergrund die betreffende Person vor ihrer Errettung kam, oder welcher Religion sie von Geburt an zugehörig war. Wesentlich ist nur, daß diese Person an einem bestimmten Punkt in ihrem Leben zu der Erkenntnis gelangt, daß der Gott Israels allen Menschen ein neues Herz und einen neuen Geist durch den Glauben an Jeshua verheißt. Wenn dieser Mensch Jeshua im Glauben angenommen hat, kann er klar bekennen, daß er Gottes Vergebung wirklich empfangen hat und von neuem geboren wurde. Niemand kann einem anderen diesen Glauben aufzwingen, noch kann man ihn für alles Silber und Gold dieser Welt kaufen oder verkaufen.

Heute gibt es mindestens 45 messianische Gemeinden in Israel, und die Zahl der Glaubenden nimmt stetig zu. Immer mehr Israelis erkennen, daß Jeshua wirklich der Messias ist. Gott ruft auch heute noch das Volk Israel und die Nichtjuden, Seine Vergebung anzunehmen, die Er durch den Messias anbietet, und Buße zu tun. Gott hat sich dem Volk Israel schrittweise offenbart. Den Höhepunkt dieser Offenbarungen bildete das Kommen Jeshuas. Das bedeutet jedoch nicht, daß Gott sich seitdem aus dieser Welt zurückgezogen hat. Heute ruft Er durch messianische Glaubende sowohl Juden als auch Nichtjuden in Seine Nachfolge.

Niemals werde ich den Aufruhr vergessen, den religiöse Juden aus Protest gegen die Aktivitäten einer dieser messianischen Gemeinden veranstalteten. Hunderte von wütenden, *ultraorthodoxen Jeschiwa*-Studenten hielten an einem *Shabbat*morgen vor dem Versammlungssaal eine Protestkundgebung ab. Dutzende von ihnen drangen später in den Saal ein und warfen die Bibeln und Liederbücher auf den Boden. Der glühende Haß in ihren Augen war erschütternd. »Nazis! Nazis!« schrien sie uns wutentbrannt an. »Die Nazis verbrannten unsere Körper, und ihr kommt hierher, um unsere Seelen zu verbrennen! Missionare! Verräter! Konvertiten!«

Der Aufruhr war wirklich beängstigend. Erst nach langem Kampf gelang es der Polizei, »Gottes Wächter« von diesem Ort zu entfernen und Wachen um den Saal aufzustellen. An jenem Tag gab Gott uns Gelegenheit, uns auf ganz besondere Art und Weise mit Jeshua und Seiner Verfolgung zu identifizieren, die Er um unseretwillen erduldet hatte. Wir sangen Gott Loblieder, hörten eine

Die Missionsbasis von Posaune der Rettung Israels in Jaffa.

Bereit, das Evangelium an die Enden der Erde zu tragen.

Wir bereiten uns im Gebet auf einen Einsatz im Norden Israels vor.

Australisches »Trump-Sal«-Team vor dem Einsatz.

Internationales »Trump-Sal«-Team in der Missionsbasis Jaffa.

Amerikanisches »Trump-Sal«-Team bereitet sich auf den Einsatz vor.

Koreanisches »Trump-Sal«-Team.

Ein weiterer Einsatz für Jeshua.

»Trump-Sal«-Team nimmt sich Zeit für eine Wanderung in der Wüste.

Ein weiteres »Trump-Sal«-Team in Jaffa.

Wir versammeln uns, um Gottes Wort zu studieren.

Ehemalige Drogenabhängige erhalten geistliche Nahrung in der Missionsbasis in Jaffa.

Deutsches »Trump-Sal«-Team evangelisiert bei einem Militärstützpunkt.

In Tel Aviv mit einem Spruchband: »Er trug die Sünde der Vielen«.

Wohlverdiente Ruhe nach einem Einsatz.

Mittagessen für das europäische Team in Jaffa.

Letzte Anweisungen vor dem Einsatz.

מיהו הקורבן?

יש אומרים שעם ישראל נועד להיות קורבן לישועת הגויים. מה אתם אומרים?

עם בחירה – לשם מה?

Zeitungsartikel rufen ein starkes Echo hervor.

Beim Einräumen der hebräischen Ausgabe von »Warum gerade ich?«.
Sie half vielen Menschen, zum Glauben zu kommen.

Wir verteilen »Warum gerade ich?« vor einer Tel Aviver Militärkaserne.

Die Soldaten nehmen das Buch freudig in Empfang.

Vom Golan zur Wüste mit dem Evangelium.

Soldaten an der libanesischen Grenze nehmen »Warum gerade ich?« neugierig in Empfang.

»Denn ich schäme mich des Evangeliums nicht; denn es ist eine Kraft Gottes, die selig macht alle, die daran glauben, die Juden zuerst...« (Römer 1,16)

Jakob hält die Thorarolle. »Dein Wort bewahre ich in meinem Herzen.« (Psalm 119, 11)

Verkündigung des Evangeliums an Juden in der Synagoge.

Verkündigung des Evangeliums an Israelis in Goa, Indien.

Dienst an Bedürftigen in der Liebe des Messias.

Jakob leitet den Jerusalem-Marsch während des Laubhüttenfestes.

Dank und Lob Gottes nach dem Marsch.

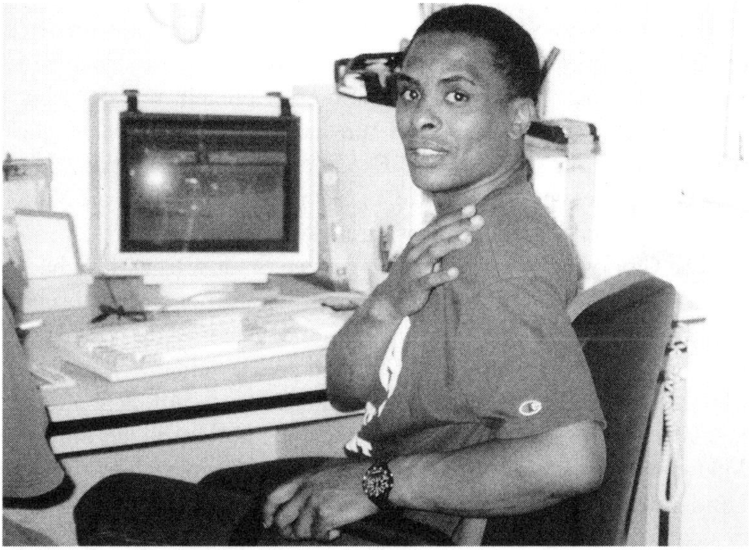

Daniel leitet das Büro in Jaffa.

Predigt über Sein Wort, beteten für unsere Verfolger und segneten die, die uns haßten und verfluchten. Jeder von uns hatte seinen inneren Kampf, aber nun wußte, sah und erkannte ich, was der lebendige Messias in und durch uns tun kann. In diesem Augenblick wünschte ich mir sehr, daß der *Rabbi* jener *Jeschiwa*, der die Flammen des Hasses entzündet hatte, in mein Herz sehen und die Macht des darin lebenden Messias erfahren könnte!

Die Opposition verteilte in der ganzen Stadt warnende Schilder und Plakate. Die Demonstrationen wurden immer systematischer. Täglich kam es zu neuen Vorfällen. Es schien, als ob die Verfolgung kein Ende nähme. Der wachsende Haß endete schließlich in einem Mordversuch. Die religiösen Juden übten Druck auf den Besitzer des Versammlungssaales der Gemeinde aus und zwangen ihn, den Mietvertrag zu kündigen. Da ich zu dieser Zeit ein »Neuling« im Land war, konnte ich den religiösen Druck noch nicht begreifen, der auf den Bürgermeister dieser Stadt ausgeübt wurde. Seitdem konnten wir jedoch alle miterleben, wozu diese lautstarke Minderheit fähig ist.

Der Versammlungssaal war nicht so wichtig für uns. Wir hielten unsere Treffen von jetzt an im Freien ab, in Obstgärten, im Wald und in Privathäusern von Gemeindemitgliedern. Wir wuchsen in unserer Liebe für Gott und unsere Glaubensgeschwister.

Dieser Vorfall war nur einer von vielen. Andere Gemeinden erlitten ebenfalls Verfolgungen. Bei einem Gebetstreffen in der »Pniel«-Gemeinde in Tiberias erlebte ich, daß Steine in den Versammlungsraum geworfen wurden – und das am *Shabbat*! Die Fenster gingen zu Bruch, und es kam einem Wunder gleich, daß niemand verletzt wurde. In Jerusalem wurde das Versammlungshaus der Gemeinde in der Narkis-Straße niedergebrannt. Das sind nur einige der schrecklichen Dinge, die *ultraorthodoxe* Juden ihren jüdischen Brüdern zufügten.

Religiöse Gewalt nimmt ständig zu. Sie drückt sich nicht nur in Ausschreitungen gegen messianische, sondern auch gegen weltliche Juden und gegen Mitglieder von *Kibbuzim* aus; und sogar gegen religiöse Juden, die sich anders verhalten. Ist es nicht höchste Zeit, daß die »Weisen der *Thora*« (die höchste Autorität der *sephardischen*

Gemeinschaft) sich mit den »Großen der *Thora*« (die höchste Autorität der *Ashkenasim*) zusammensetzen sollten, um die Lehren von *Rabbi* Gamaliel zu diskutieren. Er lebte im ersten Jahrhundert und traf folgende Aussage über die messianischen Juden:

›*Ihr Männer von Israel, seht euch vor mit diesen Menschen, was ihr tun wollt.... Und nun sage ich euch: Laßt ab von diesen Menschen und laßt sie gehen! Ist der Rat oder das Werk aus den Menschen, so wird es untergehen; ist es aber aus Gott, so könnt ihr sie nicht hindern; auf daß ihr nicht erfunden werdet als solche, die gegen Gott streiten wollen.*‹ (Apostelgeschichte 5,35.38-39)

Während dieser Tage des Aufruhrs und des Tumults – als uns alle Medien so behandelten, als seien wir ein mystischer Kult – mußte ich unweigerlich an die Verfolgung denken, die die Jünger Jeshuas vor 2000 Jahren erlitten. Nach der Kreuzigung ihres Herrn versteckten sich die verängstigten Jünger hinter verschlossenen Türen in Jerusalem. Sie waren niedergeschlagen, verzweifelt und enttäuscht von Jeshua. Er wurde am Vorabend des *Pessach*festes hingerichtet. Alle Hoffnungen Seiner Jünger auf schnelle militärische und politische Befreiung Israels waren dahin. Aber nur drei Tage später ist Er, wie Er ihnen vorausgesagt hatte, von den Toten auferstanden!

Während der 40 Tage zwischen Seiner Auferstehung und Seiner Himmelfahrt zeigte Er sich Seinen Jüngern mehrmals als der lebendige, auferstandene Herr. Er aß mit ihnen und erlaubte ihnen, Seinen lebendigen Leib zu berühren – und wies sie an:

›*daß sie nicht von Jerusalem wichen, sondern warteten auf die Verheißung des Vaters, welche ihr, so sprach Er, gehört habt von Mir; denn Johannes hat mit Wasser getauft, ihr aber sollt mit dem Heiligen Geist getauft werden nicht lange nach diesen Tagen.*‹ (Apostelgeschichte 1,4-5)

Jeshua wurde am Vorabend des *Pessach*festes gekreuzigt. Doch an *Shawuot* drehte sich der Spieß um. Der Vater hielt Sein Versprechen, und die Jünger wurden mit dem Heiligen Geist erfüllt – mit Mut und Kraft von oben. Der Apostel Petrus, jener Fischer aus Galiläa, der genau einen Tag vor der Kreuzigung seinen Herrn aus Angst vor dem *Sanhedrin* verleugnet hatte, stand auf und hielt in Gegenwart der anderen Jünger eine gewaltige Predigt. Kühn bewies er allen jüdischen Pilgern, die während dieses Festes in Jerusalem waren, daß alles, den Verheißungen im Alten Testament gemäß, genau auf diese Weise geschehen mußte. Jeshua mußte sterben und in voller Höhe die Strafe für die Schuld der Menschen bezahlen, um sie von der schweren Last der Sünde zu befreien!

Durch diese Predigt des Petrus kamen 3000 jüdische Männer zum Glauben an Jeshua. Damit wurde die erste messianische Gemeinde ins Leben gerufen. Diese Gemeinde war ein fester Bestandteil des damaligen Judentums. Viele Juden glaubten an Jeshua, so daß die religiöse Führungsschicht begann, sich um ihre eigene Autorität zu sorgen. Es kam zu einem Krieg um Leben und Tod – zwischen der Wahrheit Gottes und der von Menschen gemachten Religion. Tatsächlich trat der alte Kampf zwischen Gott und den Mächten der Finsternis in eine neue Phase ein. Dieser Krieg, der im Garten Eden begonnen hatte – und vielleicht sogar schon früher – gewann neue Stoßkraft. Es war wie in der Auseinandersetzung zwischen Samuel, dem Propheten Gottes, und den verdorbenen Söhnen des Priesters Eli. Nun tobte der gleiche Krieg zwischen den Jüngern Jeshuas, die Gott mit Seinem Geist erfüllte, und der konservativen religiösen Führungsschicht, die an ihrer selbstgemachten Autorität festhielt. Derselbe Heilige Geist, der die ersten Jünger mit göttlicher Kraft erfüllte und sie befähigte, den schlimmsten Verfolgungen standzuhalten, gibt auch heute noch jedem einzelnen Glaubenden und jeder wahren messianischen Gemeinde auf der ganzen Erde die nötige Kraft, das zu tun, was in den Augen des Herrn richtig ist. Er befähigt sie, aus der brennenden Liebe zu Gott und den Menschen in Gerechtigkeit und Wahrheit zu leben.

Als alle diese Kundgebungen und Tumulte stattfanden, wäre ich am liebsten vorgetreten und hätte den ungestümen jungen Männern laut und deutlich klargemacht, daß sie nicht in der Lage sein werden, das Werk des Geistes, der vor Tausenden von Jahren in den Herzen von Menschen zu wirken begonnen hatte, zu behindern oder aufzuhalten. Sie tanzten im Kreis und sangen: »David, der König Israels, lebt und ist da!« Unwillkürlich mußte ich an die Worte des Petrus an jenem Pfingsttag denken:

›*Ihr Männer von Israel, hört diese Worte: Jesus von Nazareth, den Mann, von Gott unter euch erwiesen mit Taten und Wundern und*

Zeichen, welche Gott durch Ihn tat unter euch, wie ihr selbst wißt: Ihn, der durch Ratschluß und Vorsehung Gottes dahingegeben war, habt ihr durch die Hand der Heiden ans Kreuz geschlagen und getötet. Den hat Gott auferweckt und aufgelöst die Schmerzen des Todes, wie es denn unmöglich war, daß Er sollte von ihm gehalten werden. Denn David spricht von Ihm: »Ich habe den Herrn allezeit vor Augen, denn Er ist an Meiner Rechten, auf daß Ich nicht wanke. Darum ist Mein Herz fröhlich, und Meine Zunge frohlocket; auch Mein Fleisch wird ruhen in der Hoffnung. Denn Du wirst Meine Seele nicht bei den Toten lassen, auch nicht zugeben, daß Dein Heiliger die Verwesung sehe. Du hast Mir kundgetan die Wege des Lebens; Du wirst Mich erfüllen mit Freuden vor Deinem Angesicht«. Ihr Männer, liebe Brüder, laßt mich frei reden zu euch von dem Erzvater David. Er ist gestorben und begraben, und sein Grab ist bei uns bis auf diesen Tag. Da er nun ein Prophet war und wußte, daß ihm Gott mit einem Eid verheißen hatte, daß sein Nachkomme sollte auf seinem Thron sitzen, hat er es vorausgesehen und geredet von der Auferstehung des Christus, daß Er nicht bei den Toten gelassen ist und Sein Fleisch die Verwesung nicht gesehen hat. Diesen Jesus hat Gott auferweckt; des sind wir alle Zeugen. Nun Er durch die Rechte Gottes erhöht ist und empfangen hat den verheißenen Heiligen Geist vom Vater, hat Er ausgegossen, was ihr hier seht und hört. Denn David ist nicht in den Himmel aufgefahren. Er spricht aber: »Der Herr hat gesagt zu meinem Herrn: Setze Dich zu Meiner Rechten, bis daß Ich Deine Feinde lege zum Schemel Deiner Füße.« So wisse nun das ganze Haus Israel gewiß, daß Gott diesen Jesus, den ihr gekreuzigt habt, zum Herrn und Christus gemacht hat.‹ (Apostelgeschichte 2,22-36)

›Hätten die Schüler dieses *Rabbis* auch zur Umkehr gefunden und wären in Scharen getauft worden, wenn sie heute die Botschaft des Petrus gehört hätten?‹ fragte ich mich. Eines aber wußte ich ganz sicher: je schlimmer die Verfolgung, desto stärker würden die messianischen Gemeinden wachsen.

Obwohl ich die religiöse Führungsschicht kritisiere, unterschätze ich dennoch nicht ihren herausragenden Beitrag zur Ausprägung jüdischer Tradition während der 2000 Jahre unserer Zerstreuung. Gott wußte, was wir brauchten, als wir aus unserem Land verbannt waren und in der Diaspora lebten. Genauso weiß Er, was heute das Beste für uns ist. Die Juden kehren jetzt nach *Zion* zurück, nachdem den Nichtjuden in der ganzen Welt das Evangelium gepredigt wurde. Damit schließt sich der Kreis. Gott hat uns gezeigt, daß wir ›alle wie Schafe in die Irre gegangen sind‹ – Juden wie Nichtjuden – und daß wir alle Seine Gnade in gleicher Weise brauchen. ›*Denn Gott hat alle beschlossen unter den Unglauben, auf daß Er sich aller erbarme.*‹ (Römer 11,32) Bezüglich der Juden sollten wir uns immer besonders daran erinnern: ›*Denn kam es schon zur Versöhnung der Völker mit Gott, als Er sich von Israel abwandte, wie herrlich muß es werden, wenn Gott sich Seinem Volk wieder zuwendet. Dann werden Tote zum Leben auferstehen!*‹ (Römer 11,15)

Ich möchte nicht den Eindruck erwecken, als ob messianische Glaubende an jedem *Shabbat* in Israel angegriffen und gesteinigt werden. Auch habe ich nicht die Absicht, die *orthodoxen* Juden als gemein und böse darzustellen. Aus Ehrlichkeit habe ich über diese Vorfälle berichtet, damit die Wahrheit ans Licht kommt; und damit es keine Mißverständnisse gibt und alles klar und deutlich ist, wenn Deine Augen, lieber Leser, durch die Gnade Gottes für die Wahrheit in Jeshua geöffnet werden, und Du Dich entschließen solltest, Ihm nachzufolgen. Ich möchte Dich nicht verleiten zu denken, daß Du in der Nachfolge des Messias ein Leben »voller Rosen« haben wirst. Jeshua sagte voraus, daß diejenigen verfolgt werden, die Ihm nachfolgen und in Gerechtigkeit leben!

Unterdessen übte auch meine Familie einen stärkeren Druck auf mich aus. Sie konnten einfach nicht verstehen, warum ich nicht härter arbeiten und mehr Geld anhäufen, mir ein Haus kaufen, eine nette jüdische Prinzessin heiraten und mich wie ein »zivilisierter« Mensch benehmen wollte. Ich hatte das Gefühl, daß sowohl meine Familie als auch meine Freunde aus der Nachbarschaft den alten Jakob, der hinter Röcken hergejagt war und Böses getan hatte, dem neuen Jakob, dem Botschafter des Messias, vorgezogen hätten!

Doch ich begann, Traktate zu drucken, die auf biblischen Prophezeiungen beruhten, und ging regelmäßig auf die Straßen der Stadt, um sie zu verteilen und das Evangelium ohne Furcht zu predigen. Für das jüdische Volk und den Ruhm Gottes war das eine äußerst wichtige Angelegenheit. Mein Herzenswunsch war, überall und gegenüber allen Menschen den Namen Jeshuas zu verherrlichen und zu lobpreisen – ›den Stein, den die Bauleute verworfen hatten, und der zum Eckstein geworden war.‹ Wenn wir das Evangelium treu verkündigen, werden wir erleben, wie die ›zerfallene Hütte Davids wieder aufgerichtet‹ wird.

Meine Eltern bemerkten, daß ich meine gesamte Freizeit entweder mit dem Lesen der Heiligen Schriften und Gebet oder mit Instandsetzungsarbeiten am Haus zubrachte. Allmählich erweichten sich ihre Herzen mir gegenüber. Nach und nach verstanden sie, daß ich nicht zu einer anderen Religion übergetreten, sondern nur ein »besserer Jude« geworden war. Es dauerte nicht allzu lange, bis meine Eltern gemeinsam den Neuen Bund in persischer Sprache lasen, den ich ihnen geschenkt hatte.

Josef und Yosef

Ich genoß es außerordentlich, jedem, der zuhörte, von Jeshua zu erzählen und von den wundervollen Dingen, die Gott durch Ihn tat, tut und noch tun wird.

Eines Tages lernte ich Yosef kennen. Yosef stammte aus einem völlig *säkularen* Elternhaus. Genauso wie viele andere weltliche *Sabres*, hielt er den *Tanach* für ein geschichtliches Dokument, das die antike Geschichte des Volkes Israel beschrieb. Er kannte auch die moderne Bibelkritik und war nicht bereit, die Bibel wörtlich zu nehmen. Lautstark ereiferte er sich über fast alles, was ich ihm erzählte. Ich bin sicher, daß die ganze Straße unsere lebhaften Diskussionen hören konnte.

»Sie können mich nicht überzeugen«, schrie er leidenschaftlich, »daß dieser Jesus im *Tanach* erwähnt ist! Das ist eine christliche Erfindung, die unser ›Altes Testament‹ für eine christliche Versinnbildlichung hält! Der *Tanach* ist ein rein jüdisches Buch, frei von jeder christlichen Lehrmeinung!«

»Natürlich ist es ein jüdisches Buch«, erwiderte ich. »Jeder Nichtjude, der gerettet werden will, muß dieses jüdische Buch und den jüdischen Messias anerkennen, über den es Weissagungen enthält! Erzählte ich Ihnen nicht, daß ich das Judentum nicht aufgab und auch nicht die Absicht habe, das zu tun? Ich war immer der Ansicht, daß es nichts Lächerlicheres gibt als die Vorstellung, ein Jude müsse zum ›Christentum‹ übertreten, um an den jüdischen Messias Israels zu glauben. Im Gegenteil, die Nichtjuden, die sich dazu entschließen, Jeshua nachzufolgen, übernehmen eine *Thora*, die ganz und gar jüdisch ist!«

Yosef verstand unter Christentum das, was er gesehen und gehört hatte: religiöse Gewänder, Kreuze und Orgelmusik. Er kannte

Jeshua und den Neuen Bund nicht, durch den Juden und Nichtjuden gerettet werden.

»Moment mal«, entgegnete er, »wollen Sie mir weismachen, daß diese Christen, die ihre Götzen in ihren prunkhaften Kathedralen zum Klang der Orgelmusik verehren, eigentlich Juden sind, die an eine jüdische Religion glauben? Wenn Sie tatsächlich dieser Meinung sein sollten, dann haben Sie weder vom Judentum noch vom Christentum eine Ahnung! Der Graben zwischen diesen beiden Religionen läßt sich niemals überbrücken!«

»In diesem Punkt muß ich Ihnen zustimmen, Yosef. Diese beiden Religionen sind völlig unterschiedlich; sie hassen und bekämpfen sich leidenschaftlich bis in den Tod. Jede Religion ist, von Natur aus, ihren Gegnern gegenüber feindlich eingestellt, weil sie sich für den alleinigen Wächter der göttlichen Offenbarungen hält. Es geht hier aber weder um das Juden- noch um das ›Christentum‹. Jeshua kam nicht in diese Welt und ging Seinen Weg bis zum Tod am Kreuz, um eine neue Religion zu stiften, die sich dann gegen ihre eigene Mutter auflehnen würde! Jeshua verurteilte sowohl jüdische wie nichtjüdische religiöse Rituale, die jeder inneren Aussage entbehren. Er lehrte uns, daß Gott Geist ist, und daß die wahren Anbeter Gott im Geist und in der Wahrheit anbeten müssen.«

»Sagen Sie mir«, wechselte Yosef das Thema, »legen Sie *Tefillin* an? Halten Sie den *Shabbat* ein? Was für eine Art Jude sind Sie überhaupt?«

»Ich möchte Ihre Frage auf die jüdische Art mit einer Gegenfrage beantworten: Tun Sie diese Dinge selbst? Nein, das tun Sie nicht, aber trotzdem nennen Sie sich einen Juden, oder? Sie sind Jude, weil Sie von einer jüdischen Mutter geboren wurden, stimmt das? Nun, das wurde ich auch. Verstehen Sie jetzt? Es ist weder das jüdische religiöse Ritual, das uns zu Juden oder Nichtjuden macht, noch ist es das kulturelle Erbe, das wir durch unsere Geburt erworben haben. Sie wurden *beschnitten*, als Sie acht Tage alt waren. Das wurde ich auch. Selbst der Ober*rabbiner* wurde *beschnitten*, als er acht Tage alt war, lange bevor er fähig war, auch nur ein Gebot zu halten. Niemand fragte uns bei der *Beschneidung*, ob wir an die jüdische Religion glauben oder nicht, stimmt es?«

»Sie behaupteten, daß der *Tanach* von Jeshua spricht«, sagte Yosef und wechselte das Thema erneut. »Können Sie mir zeigen, wo? Aber bitte, tun Sie mir einen Gefallen und beginnen Sie nicht mit Jesaja 53 …«

»Eigentlich wollte ich mit Ihnen über diese außerordentlich wichtige Prophezeiung sprechen, aber wir können uns auch über etwas anderes unterhalten. Sie kennen wahrscheinlich die Geschichte Josefs, des Sohnes von Jakob und Rachel.«

»Natürlich! Josef ist eine meiner liebsten biblischen Gestalten! Meine Eltern heißen Jakob und Rachel. Deshalb nannten sie mich Yosef!«

»Also sehen wir uns die Geschichte von Josef an. Diese Geschichte wird Ihnen mehrere Sachverhalte offenbaren, über die Sie staunen werden:

Jakob hatte Josef lieber als seine anderen Söhne, weil ihm dieser in seinem »gesetzten« Alter von seiner Lieblingsfrau Rachel geschenkt worden war. Er ließ ihm ein buntgestreiftes, kostbares Gewand machen. Weil Jakob Josef seinen älteren Brüdern vorzog, weckte er durch dieses Verhalten den Haß und Neid der Brüder. Jeshua wurde auch der ›geliebte Sohn des Vaters‹ genannt und wird von seinen jüdischen Brüdern bis zum heutigen Tag gehaßt!«

»Das ist Zufall«, lachte Yosef. »Das heißt wirklich nichts!«

»Warten Sie – die Geschichte ist noch nicht zu Ende!« entgegnete ich lachend.

Yosefs Neugier war geweckt. Er wollte sich die Geschichte anhören, und so fuhr ich fort:

»Josef hatte prophetische Träume, anhand derer er den Juden (seinen Brüdern) und den Nichtjuden (dem Pharao und seinen Dienern) enthüllte, was die Zukunft für sie bringen würde. Jeshua war auch ein Prophet, der Seiner Generation voraussagte, was geschehen würde. Das verstärkte deren Feindseligkeit Ihm gegenüber.

Jakob, Josefs Vater, schickte seinen Sohn zu dessen Brüdern, um ihnen Frieden zu wünschen. Obwohl Josef wußte, daß seine Brüder ihm gegenüber feindlich gesinnt waren, hörte er auf seinen Vater und befolgte dessen Anweisungen. Der Neue Bund berichtet uns, daß Gott der Vater Seinen geliebten Sohn Jeshua in diese Welt sandte, um Seine Brüder, die Juden, zu retten. Jeshua kannte die Konsequenzen Seines Kommens in diese Welt. Er wußte, daß Er den Nichtjuden ausgeliefert und gekreuzigt würde. Aber Er gehorchte Seinem himmlischen Vater freiwillig und aus Liebe.

Die Brüder Josefs nutzten die Gelegenheit und beschlossen, ihn zu töten. Doch dann änderten sie ihre Meinung und verkauften ihn für 20 Silberstücke an die nichtjüdischen Midianiter. Auch die jüdischen Führer hatten vor, Jeshua zu töten, und als einer Seiner Jünger Ihn schließlich für 30 Silberlinge an sie verriet, übergaben sie Ihn den Römern.

Josefs Brüder nahmen ihm seine Kleidung, die Vollmacht und Herrschaft symbolisiert, und warfen ihn in eine Grube. Auch Jeshua wurden vor Seiner Kreuzigung Seine Kleider genommen, und Er wurde danach in einer ›Grabesgrube‹ beigesetzt.«

»Das ist interessant!« rief Yosef aufgeregt. »Ich habe diese Geschichte noch nie aus diesem Blickwinkel heraus gesehen!«

»Aber das Wichtigste kommt erst noch!« versicherte ich ihm und fuhr fort:

»Bald nach seiner Ankunft in Ägypten wurde Josef einer starken Versuchung ausgesetzt. Die Frau des Potiphar wollte ihn verführen. Doch Josef widerstand ihr. Die Heiligen Schriften berichten uns, daß Jeshua gleich zu Beginn Seines öffentlichen Wirkens sehr stark von Satan versucht wurde, aber allem erfolgreich widerstand.

Potiphars Frau war wütend auf Josef und trachtete danach, ihn wegen dieser Demütigung zu bestrafen, obwohl er unschuldig war. Auch Jeshua war unschuldig und wurde an unserer Stelle für unsere Sünden bestraft.

Josef saß daraufhin zwei Jahre lang im Gefängnis, bevor er vom Pharao in die zweithöchste Stellung des Königreichs eingesetzt wurde. Auch Jeshua verbrachte zwei Tage im Grab, bevor Er von Gott auferweckt und mit Macht und Herrlichkeit an Seine rechte Seite gesetzt wurde.

Josef erhielt also in Ägypten die ranghöchste Stellung nach dem Pharao. Jeshua wurde zum König der Völker ernannt. Er sitzt nun auf dem Thron zur rechten Hand Gottes, wie geschrieben steht:

›*Der Herr sprach zu meinem Herrn: ›Setze Dich zu Meiner Rechten, bis Ich Deine Feinde zum Schemel Deiner Füße mache.*‹ ‹ (Psalm 110, 1)

Josef wurde zum ›Versorger‹ bestimmt, der nicht nur an die Ägypter Korn verteilte, sondern an die ganze Welt, die Hunger litt. Jeshua, ›das Brot des Lebens‹, versorgt die ganze Welt mit Seiner Gnade und barmherzigen Liebe.

Josefs Brüder reisten aufgrund der schweren Hungersnot, die damals in Kanaan herrschte, nach Ägypten, um Korn zu kaufen. Dort wurden sie zu Josef geführt. Heute leiden die Kinder Israels an einer geistlichen Hungersnot. Doch diejenigen, die zu Jeshua kommen, erhalten von Ihm das Brot des Lebens.

Josef erkannte seine Brüder sofort, sie ihn aber nicht. Jeshua kennt jeden Seiner jüdischen Brüder sehr gut, obwohl noch immer eine Decke über ihren Augen liegt und sie Ihn nicht erkennen können.

Josef verstellte sich vor seinen Brüdern und sprach barsch mit ihnen. Sie hielten ihn irrtümlicherweise für einen Ägypter und sprachen mit ihm durch die Hilfe eines Dolmetschers. Das jüdische Volk behandelt Jeshua noch immer, als sei Er ein Nichtjude. Sie weigern sich, Ihn bei Seinem jüdischen Namen zu nennen und als ihren Bruder anzuerkennen.

Josef behandelte seine Brüder sehr hart, bis er zu seiner völligen Genugtuung geprüft hatte, daß sie aufrichtig bereuten. Jeshua wartet noch immer darauf, daß Seine Brüder ihren Irrtum und ihre Sünde gegen Ihn einsehen und aufhören, Ihm für ihr Unglück die Schuld zu geben.

Josef gab sich seinen Brüdern zu erkennen und sagte: ›Ich bin Josef, euer Bruder, den ihr nach Ägypten verkauft habt.‹ (1. Mose 45, 4) Auch Jeshua wird bald Seinen eigenen Brüdern Seine wahre Identität offenbaren, nachdem Er über sie den Geist der Gnade und des Flehens ausgegossen hat. Dann werden sie ›*hinschauen auf Ihn, den sie durchbohrt haben.*‹ (Sacharja 12, 10) Sie werden erkennen, daß sie ihren Bruder, ihr eigenes Fleisch und Blut, an die Nichtjuden verkauft hatten!

Josef sagte zu seinen Brüdern: ›*Und nun bekümmert euch nicht und denkt nicht, daß ich darum zürne, daß ihr mich hierher verkauft habt; denn um eures Lebens willen hat mich Gott vor euch hergesandt. ... Ihr gedachtet es böse mit mir zu machen, aber Gott gedachte es gut zu machen, um zu tun, was jetzt am Tage ist, nämlich am Leben zu erhalten ein großes Volk.‹* (1. Mose 45, 5; 50, 20) Die Kinder Israels waren sich nicht bewußt, was sie taten, als sie Jeshua an die Römer auslieferten, damit Er hingerichtet wird. Aber am Kreuz rief Er: ›*Vater, vergib ihnen; denn sie wissen nicht, was sie tun!*‹ (Lukas 23, 34) Gott ließ etwas Wunderbares daraus entstehen: Dadurch, daß die Juden Jeshua abgelehnt hatten, brachte Er Seine Rettung zu den Nichtjuden.

Josef lud seine Brüder ein, wegen der Hungersnot zu ihm zu kommen und im Land Gosen zu leben. Auch Jeshua hält in Seinem Königreich Plätze für Sein Volk frei – für das jüdische Volk!«

Yosef schloß seine Augen und dachte nach. Ich sah, daß er sehr aufgewühlt war. Er schwieg einige Augenblicke und sagte dann: »Das ist wirklich interessant! Ich habe die Geschichte Josefs sehr oft gelesen, aber noch nie diese auffällige Ähnlichkeit zwischen seinem und dem Leben Jeshuas erkannt. Es fällt mir jetzt wirklich schwer, diese Ähnlichkeit als bloßen Zufall abzutun. Schließlich handelt es sich nicht nur um eine oder zwei Einzelheiten. So, wie Sie mir das alles darlegten, gewinne ich den Eindruck, daß die ganze Geschichte von Josef und seinen Brüdern die Einstellung Jeshuas zu seinen jüdischen Brüdern widerspiegelt!«

Meine Mutter kam mit einem Tablett ins Zimmer. Sie brachte uns zwei Gläser mit heißem Pfefferminztee und einen Teller mit Keksen. Unsere Unterhaltung war anscheinend zu einem Ende gekommen. Wir plauderten noch ein wenig, und dann verließ Yosef unser Haus. Ich sah ihn nie wieder.

Nachdem er gegangen war, betete ich für ihn und vertraute ihn dem Herrn an. Die Bibel sagt, daß das Wort Gottes, das wir anderen Menschen weitersagen, niemals leer zu Ihm zurückkehren wird. Es wird bestimmt seinen Zweck erfüllen.

›*Suchet den Herrn, solange Er zu finden ist; rufet Ihn an, solange Er nahe ist. Der Gottlose lasse von seinem Wege und der Übeltäter von seinen Gedanken und bekehre sich zum Herrn, so wird Er sich seiner erbarmen, und zu unserem Gott, denn bei Ihm ist viel Vergebung.*

Denn Meine Gedanken sind nicht eure Gedanken, und eure Wege sind nicht Meine Wege, spricht der Herr, sondern so viel der Himmel höher ist als die Erde, so sind auch Meine Wege höher als eure Wege und Meine Gedanken als eure Gedanken. Denn gleich wie der Regen und Schnee vom Himmel fällt und nicht wieder dahin zurückkehrt, sondern feuchtet die Erde und macht sie fruchtbar und läßt wachsen, daß sie gibt Samen, zu säen, und Brot, zu essen, so soll das Wort, das aus Meinem Munde geht, auch sein: Es wird nicht wieder leer zu Mir zurückkommen, sondern wird tun, was Mir gefällt, und ihm wird gelingen, wozu Ich es sende.‹ (Jesaja 55, 6-11)

Ich glaube, daß der Tag kommen wird, an dem auch Yosef Ihn erkennen wird, der »größer als Josef« ist. Das Volk Israel ist Gottes auserwähltes Volk, ob es sich dessen bewußt ist oder nicht. Es bleibt Gottes auserwähltes Volk, selbst wenn es sich weigert und es unterläßt, die Aufgabe zu erfüllen, für die es ausersehen wurde. Der Tag wird sicherlich kommen, an dem Jeshua sich Seinem Volk offenbaren wird. Dann wird es Ihn reumütig annehmen: *›Zu der Zeit werden das Haus David und die Bürger Jerusalems einen offenen Quell haben gegen Sünde und Befleckung.‹* (Sacharja 13, 1)

Das wird der Tag sein, von dem Paulus sprach: *›und alsdann wird das ganze Israel gerettet werden, wie geschrieben steht: ›Es wird kommen aus Zion der Erlöser, der da abwende das gottlose Wesen von Jakob. Und dies ist Mein Bund mit ihnen, wenn Ich ihre Sünden wegnehmen werde.‹‹* (Römer 11, 26-27) Was für ein herrlicher und segensreicher Tag erwartet uns!

Gerade im Hinblick auf diesen Tag rief und ruft Gott Sein Volk immer noch dazu auf, ein Königreich von Priestern und eine heilige Nation zu sein. Die Juden sollen sich nicht in *Jeschiwot* zurückziehen und ihre Zeit auf unwesentliche Dinge aus der Vergangenheit verschwenden. Ihre Bestimmung ist, der Welt ein Licht zu sein, damit die ganze Erde mit dem Wissen um den wahren und lebendigen Gott erfüllt wird – so wie das Wasser die Becken des Meeres bedeckt. Ich bete zu Gott, daß viele der Kinder Israels den Wunsch bekommen, treu gegenüber Gott zu sein und dem Messias zu dienen. Und das, bevor Er als brüllender Löwe von Juda wiederkommt, um die Lebenden und die Toten zu richten! Maranatha! Komm, Herr Jesus!

Dein Volk ist mein Volk, und dein Gott ist mein Gott

Die letzten zwei Jahrtausende jüdischer Geschichte enthalten zahllose Berichte über die entsetzlichen Taten, die sogenannte »Christen« und andere Antisemiten gegen das jüdische Volk begangen haben. Die Verfolgungen begannen, nachdem das Christentum als Religion eingeführt worden war – als die Lehren Christi allmählich Wurzeln faßten und sich unter den heidnischen Völkern ausbreiteten. Diese Völker hatten bis dahin keinerlei Monotheismus gekannt und nicht gewußt, wer der Gott Israels und Sein Messias war.

In der Apostelgeschichte des Neuen Bundes (Kapitel 10-11) wird uns berichtet, daß, als Jeshua Simon Petrus in einem Gesicht erschien und ihn anwies, nach Caesarea zu gehen und einer nichtjüdischen Familie das Evangelium zu predigen, Petrus kaum glauben konnte, daß er richtig gehört hatte und dies wirklich der Wille Gottes sein sollte. Für ihn war es undenkbar, das Haus eines Nichtjuden – und übrigens eines Römers – zu betreten und mit ihm zu essen. Später wurde er von den anderen Aposteln sehr kritisiert, weil er es gewagt hatte, das Evangelium von Gottes Rettung unbeschnittenen Nichtjuden zu bringen. Wie anders ist die Situation heute: nichtjüdische Christen wundern sich über jeden Juden, der zum Glauben an den Messias kommt.

Der schreckliche historische Fehler von uns Juden war, daß wir ein Monopol auf Gott angemeldet und gedacht hatten, daß Er nur uns gehöre. Später begingen viele Nichtjuden den gleichen Fehler, nachdem sie den Glauben an den Messias von Israel angenommen hatten. Sie versuchten, – bewußt oder unbewußt – uns von Ihm zu trennen und Ihn Seines Judentums zu entledigen. Dadurch trugen sie dazu bei, bereits sehr früh den Spalt zwischen *rabbinischem* und messianischem Judentum zu vertiefen.

Viele der götzendienenden Heiden übernahmen nur die äußeren Formen dessen, was sie für eine neue Religion hielten. Sie integrierten ihre alten heidnischen Rituale in diese neu erfundene Form von »Christentum«. So ist zum Beispiel die Verehrung der »Heiligen« in der römisch-katholischen Kirche nichts anderes als die Anbetung der alten griechischen und römischen Heidengötter in »christlichem« Gewand. Die römische Göttin Venus wurde zur Jungfrau Maria, und die übrigen heidnischen Götter wurden zu Aposteln, Heiligen, Engeln, Schutzheiligen, etc., die man als Standbilder in den Kathedralen aufstellte. Priester und Bischöfe ermutigten das unwissende und ungebildete Volk, diese Statuen anzubeten. Jedem dieser Heiligen wurde ein besonderer Tag im »christlichen« Kalender gewidmet. Auch für das Weihnachts- und Osterfest wurden heidnische Bräuche übernommen, für die es in den Heiligen Schriften keine Grundlage gibt.

Die Haltung einiger Kirchenväter gegenüber den Juden war grauenhaft. Sie bezeichneten die Juden als »Söhne des Teufels«, »Christusmörder« und »Hasser alles Guten«. Die Priester predigten die Abschlachtung der Juden, »um den zornigen Gott zu besänftigen« und »die Heiligen zu versöhnen«. Dieses Verhalten wurde ebenfalls aus dem Heidentum übernommen. Somit wird offensichtlich, daß unter solchen Umständen und in solch einer Atmosphäre das Christentum sich so schnell wie möglich vom Judentum lösen wollte. Das entsprach natürlich den Interessen von beiden Seiten.

Mehr als 1500 Jahre des Hasses und der Anfeindungen von Christen gegenüber Juden vergingen. Selbst die Reformation im 16. Jahrhundert hatte keine bedeutende Verbesserung der Situation zur Folge. Die Namen der großen Reformatoren, einschließlich Martin Luthers, wurden in der jüdischen Gemeinschaft mit antisemitischen Hetzschriften in Verbindung gebracht.

Viele protestantische Kirchen übernahmen von den Katholiken diese feindselige Haltung gegenüber den Juden. Obwohl sie die Bibel als ihren einzigen Maßstab in theologischen Dingen ansahen und auch trotz der vielen Verbesserungen, die sie einführten, hielten die Protestanten Abstand zu den Juden. Genau wie ihre Vorgänger glaubten sie, daß Gott Sein altes Bundesvolk verstoßen habe und sich stattdessen ein anderes Volk erwählte – die christliche Kirche. Diese ketzerische Lehre, die sogenannte »Enterbungstheorie«, behauptet, daß die Kirche durch den Neuen Bund in Jeshua, und wegen ihrer Treue und ihres Gehorsams gegenüber Gott, alle Segnungen erbe, die den Juden im *Tanach* verheißen wurden – während dem widerspenstigen Israel nur die Flüche des Gesetzes übrigblieben.

Selbst diejenigen Christen, die die Wahrheit in den Heiligen Schriften erkannten, sträubten sich, die Juden als das auserwählte Volk Gottes – aufgrund Gottes Bundestreue zu den Erzvätern – anzuerkennen. Diese Christen waren jedoch ehrlich genug um zuzugeben, daß die Juden irgendwann in der Zukunft noch ein herrliches Geschick erwartet, und daß sie dann eine wichtige Rolle im Königreich Gottes spielen werden – vorausgesetzt, sie treten alle zum Christentum über!

Zweifellos beinhalten alle diese falschen Lehren ein beträchtliches Maß an Überheblichkeit und Anmaßung vonseiten der nichtjüdischen Christen, die von sich selbst denken, daß sie vor Gott gerechter und Ihm gegenüber treuer und gehorsamer seien. Es braucht nicht gesagt zu werden, daß diese Überheblichkeit weder in der Bibel noch in der geschichtlichen Wirklichkeit Unterstützung findet.

Um das zu veranschaulichen, möchte ich in diesem Zusammenhang die Geschichte eines jungen arabischen Katholiken erwähnen. Thanus lernte ich in Jaffa kennen. Die vielen Gespräche, die ich mit ihm führte, hätten lustig sein können, wenn sie nicht so traurig gewesen wären. Einmal besuchte ich ihn zu Hause. An den Wänden hingen »Heiligenbilder« der Jungfrau Maria mit dem Jesuskind auf ihren Armen, des heiligen Georgs, der mit dem Drachen kämpft, eine Reproduktion von Leonardo da Vincis »Letztem Abendmahl« und ein silbernes Kruzifix auf einem hölzernen Kreuz. Ich mußte unwillkürlich an Thanus' jüdische religiöse »Gegenstücke« denken, die ihre Wände mit Bildern von *Rabbis* und jüdischen »Heiligen« behängen. Thanus hatte unter dem Kopfkissen seines Bettes ein kleines Kreuz als Zaubermittel und Glücksbringer gegen den »bösen Blick«. Genauso haben unsere jüdischen Brüder abergläubische

Talismane in ihren Häusern. Auf dem Regal in seinem Zimmer lag ein verstaubtes Neues Testament, das selten geöffnet wurde.

Als ich mit ihm über den Messias sprach, bestand Thanus felsenfest darauf, daß die Juden zum Christentum übertreten müßten, um gerettet zu werden. Ich fragte ihn, was genau er unter dem Begriff »zum Christentum übertreten« und »gerettet werden« verstehen würde. Manchmal verwendet man den gleichen Begriff und meint etwas völlig anderes. So wollte ich sicherstellen, daß wir einander richtig verstanden. Für ihn bedeutete »übertreten« und »gerettet werden« (er verwendete diese Begriffe bedeutungsgleich), der römisch-katholischen Kirche beizutreten. Mit anderen Worten: ein guter Katholik und vom Priester getauft zu werden, die Messe zu besuchen, etc.

»Denken Sie wirklich, daß ein Jude zum Christentum übertreten muß, um gerettet zu werden?« fragte ich ihn. »Jeshua war ein Jude, nicht wahr? Können Sie mir erklären, Thanus, warum ein Jude seine Religion ändern und konvertieren soll, um seinen jüdischen Messias anzunehmen?« »Es ist richtig, daß Jesus als Jude geboren wurde«, stimmte er mir zu. »Aber Er wurde ein Christ, als Er im Jordan getauft wurde!«

»Und was bedeutet das Kreuz, das Sie um Ihren Hals tragen? Warum tragen Sie es?«

»Das ist eine dumme Frage! Ich bin Christ, nicht wahr? Und das Kreuz ist das Symbol meiner Religion!«

»Nach den Weisungen Jeshuas müssen wir unsere selbstsüchtige Natur aufgeben, wenn wir mit Ihm gehen wollen. Wir müssen unser Kreuz auf uns nehmen und Ihm auf Seinem Weg folgen. Wenn jemand also das Kreuz nur als Schmuckstück um den Hals trägt, anstatt es in seinem täglichen Leben zu tragen, wird es für ihn Tod statt Leben bringen. Wußten Sie das?«

»Gott bewahre!« Thanus schlug gemäß katholischem Brauch schnell das Zeichen des Kreuzes auf seiner Brust. »Ich trage das Kreuz lediglich so, wie es meine Eltern und mein Priester tun. Alle Christen tragen Kreuze und machen keine große Sache daraus. Was fasziniert einen Juden wie Sie eigentlich an unserem christlichen Kreuz?«

»Thanus, es gibt viele Juden, die mir die gleiche Frage stellen. Sie können nicht verstehen, warum ein Jude wie ich an Jeshua glaubt – an einen Mann, der an ein Kreuz geschlagen wurde und einen entsetzlichen Tod starb. Und sie hätten recht, wenn Jeshua in Seinem Grab geblieben wäre. Wissen Sie aber, was am dritten Tag geschah?«

»Natürlich, Er ist von den Toten auferstanden!« prahlte Thanus mit seinem Wissen.

»Und was bedeutet Ihnen das?« fragte ich. »Wissen Sie sicher, daß Sie das ewige Leben haben, weil Jeshua, der von den Toten auferstand, in Ihnen lebt? Sind Sie von neuem geboren worden?«

»Natürlich! Ich wurde doch in der Kirche getauft, nicht wahr?«

»Nein, Thanus. Ich fragte Sie, ob Sie von neuem geboren wurden oder nicht. Glauben Sie, daß der Tod und die Auferstehung Jeshuas auch Ihr eigener Tod und Ihre Auferstehung sind, und daß Er allein – nicht die Kirche, nicht der Priester und nicht einmal der Papst – Sie retten und Ihnen wahre Vergebung der Sünden geben kann?«

Thanus machte einen verwirrten und verlegenen Eindruck. Er war sich nicht sicher, ob das, was ich ihm erzählte, bloße Ketzerei oder das Wort des lebendigen Gottes war. »Unser Priester hat mit uns nie über diese Dinge gesprochen«, gab er schließlich zu. »Wir glauben nicht daran. An so etwas glauben die *Mujadedin.*«

»Das sagt möglicherweise die Kirche. Was aber sagt Gott darüber? Haben Sie jemals das Neue Testament gelesen?«

»Nein, der Priester erlaubt uns nicht, das Neue Testament zu lesen. Er sagt, daß die Religion ausschließlich Sache der Theologen sei, und daß nur jemand, der Theologie studiert hat, die Bibel richtig verstehen könne. Am Sonntag erklärt er uns in der Kirche, was in der Bibel geschrieben steht. Er liest uns sogar aus dem Neuen Testament in lateinischer Sprache vor.«

»Dann müssen Sie also die lateinische Sprache sehr gut verstehen können, stimmt das? Können Sie verstehen, was der Priester vorliest?«

»Nun, das kann ich nicht. Ich bin kein besonders religiöser Typ. Normalerweise gehe ich nur an Feiertagen in die Kirche. Seit dem

Begräbnis meiner Mutter bin ich, ehrlich gesagt, auch an Weihnachten und Ostern nicht mehr zur Kirche gegangen. Ich bin kein religiöser Mensch. Ich bin ein ganz gewöhnlicher Mensch!«

»Wollen Sie damit sagen, daß Sie – Ihren eigenen Maßstäben zufolge – nicht Ihr Bestes tun? Wie können Sie dann wissen, wohin Sie gehen werden, wenn Sie sterben?«

»Niemand kann das wissen!« sagte Thanus nachdenklich. »Wenn ein Mensch ein gutes Leben führt, jeden Tag betet, getauft ist und die Messen regelmäßig besucht, dann besteht die Möglichkeit, daß er in den Himmel kommt; und die Kirche kann ihn sogar 50 Jahre nach seinem Tod noch heiligsprechen. Wenn er böse ist, wird er sicherlich in die Hölle kommen. Wenn er aber weder gut noch böse ist, wird er im Fegefeuer[20] landen.«

»Wissen Sie, Thanus, was das Neue Testament über die geistliche Neugeburt sagt?«

Thanus wußte es nicht. So konnte ich ihm die rettende Botschaft von Jeshua, dem Messias, erklären. Traurigerweise verhinderten seine Vorurteile und Hemmungen, daß er sein Leben dem Messias übergab und Ihn als den Herrn seines Lebens annahm. Ich konnte ihn nur bedauern, weil diese lebendige Verbindung mit Gott so viele Probleme in seinem Leben gelöst hätte. Es ist für einen Namenschristen genauso schwierig wie für einen Juden, in das Reich Gottes zu kommen. Beide müssen die Herrschaft Jeshuas und Seinen Anspruch auf ihr Leben anerkennen.

Auf einer meiner Reisen ins Ausland saß ich im Flugzeug zwischen einem israelischen Geschäftsmann und einem Franziskanermönch, der eine dicke braune Kutte trug. Ich kann mich deshalb noch so gut daran erinnern, weil ich das Evangelium ›zuerst dem Juden‹ predigte – aufgrund der Liebe zu meinem eigenen Volk und aus Gehorsam gegenüber der Anweisung der Schrift. So fing ich ein Gespräch mit dem Israeli an und erzählte ihm vom Messias. Irgendwie hatte ich das Gefühl, daß der Mönch nicht von neuem geboren war. Da der Israeli großes Interesse am Evangelium zeigte, entschloß ich mich, ihm anhand eines Beispiels aufzuzeigen, daß es nicht genügt, ein »Christ« zu sein, um in den Himmel zu kommen.

So wandte ich mich dem Mönch zu und fragte ihn: »Mein Herr, haben Sie die Zuversicht, daß Sie in den Himmel kommen?«

Seine Antwort war der von Thanus ziemlich ähnlich: »Ich hoffe es!«

Deshalb stellte ich ihm eine weitere Frage: »Wenn Sie nun vor der Himmelspforte stehen und der Herr Sie fragen würde: ›Was gibt dir den Glauben, daß du eintreten darfst?‹ Was würden Sie Ihm dann antworten?«

Seine Antwort war bezeichnend: »Ich tat mein Allerbestes, ein guter Mensch zu sein!«

»Warum mußte dann Jeshua als Opfer kommen, wenn es ausreicht, ein ›guter‹ Mensch zu sein, um in den Himmel zu kommen?«, machte ich es ihm schwer.

Genau wie Thanus, schien er sich niemals diese Fragen gestellt zu haben. So schlug ich die Bibel auf und bat ihn, folgende Stelle zu lesen:

›*Auch ihr wart tot in euren Übertretungen und Sünden, in welchen ihr vormals gewandelt seid nach dem Lauf dieser Welt, nach dem Mächtigen, der in der Luft herrscht, nämlich nach dem Geist, der zu dieser Zeit sein Werk hat in den Kindern des Unglaubens. Unter ihnen haben auch wir alle vormals unseren Wandel gehabt in den Lüsten unseres Fleisches und taten den Willen des Fleisches und der Sinne und waren Kinder des Zornes von Natur, gleichwie auch die anderen. Aber Gott, der da reich ist an Barmherzigkeit, hat um Seiner großen Liebe willen, mit der Er uns geliebt hat, auch uns, die wir tot waren in den Sünden, samt Christus lebendig gemacht, denn aus Gnade seid ihr gerettet worden. Und hat uns samt Ihm auferweckt und samt Ihm in das himmlische Wesen gesetzt in Christus Jesus, auf daß Er erzeigte in den kommenden Zeiten den überschwenglichen Reichtum Seiner Gnade durch Seine Güte gegen uns in Christus Jesus.* ***Denn aus Gnade seid ihr gerettet worden durch den Glauben, und das nicht aus euch: Gottes Gabe ist es, nicht aus den Werken, auf daß sich nicht jemand rühme.***‹ (Epheser 2,1-9)

Dann wies ich ihn auf den Vers hin: ›Denn aus Gnade seid ihr gerettet worden durch den Glauben, und das nicht aus euch: Gottes Gabe ist es.‹ Der Mönch war überrascht, als sei er zum ersten Mal in seinem Leben auf diese Bibelstelle gestoßen. So zeigte ich ihm einige weitere Schriftstellen:

›*Und das ist das Zeugnis, daß uns Gott das ewige Leben gegeben hat, und solches Leben ist in Seinem Sohn. Wer den Sohn hat, der hat das Leben; wer den Sohn Gottes nicht hat, der hat das Leben nicht. Solches habe ich euch geschrieben, die ihr glaubt an den Namen des Sohnes Gottes, auf daß ihr wißt, daß ihr das ewige Leben habt.*‹ (1. Johannes 5, 11-13)

Der israelische Geschäftsmann, der mein Gespräch mit dem Mönch verfolgte, schien ziemlich amüsiert – während der Mönch wirklich in Verlegenheit geriet. Dann schlug ich meine Bibel auf und zeigte dem Israeli die Weissagungen in Jeremia Kapitel 31 und Hesekiel Kapitel 36, in denen Gott uns Juden einen Neuen Bund der Vergebung, ein neues Herz und einen neuen Geist verheißen hat. Ich erklärte ihm, daß der gesamte messianische Glaube sich allein auf den *Tanach* stützt, und daß jeder, der das nicht versteht, weder Jeshua noch das Neue Testament kennt. Der Mönch diente hierfür als wunderbares Beispiel.

Angesichts des ausgeprägten Antisemitismus vonseiten der sogenannten »Christen« – sei er versteckt oder offen – ist das Phänomen der *zionistischen* Christen wie eine erfrischende Brise in einer drückendheißen Wüste. Ich habe diese messianischen Nichtjuden bereits erwähnt, die Israel von ganzem Herzen lieben und ständig für den Frieden und das Wohlergehen Israels und Jerusalems beten. Sie haben erkannt, daß sie keinesfalls besser sind als irgendein anderer Sünder auf der Welt – ob Jude oder Nichtjude – und nehmen die Worte des Apostels Paulus zu diesem Sachverhalt sehr ernst:

›*Euch Heiden aber sage ich ... und wenn die Wurzel heilig ist, so sind auch die Zweige heilig. Wenn aber nun etliche von den Zweigen ausgebrochen sind und du, der du ein wilder Ölbaum warst, bist unter sie gepfropft und teilhaftig geworden der Wurzel und des Saftes im Ölbaum, so rühme dich nicht wider die Zweige. Rühmst du dich aber wider sie, so sollst du wissen, daß nicht du die Wurzel trägst, sondern die Wurzel trägt dich. Nun sprichst du: Die Zweige sind ausgebrochen, auf daß ich hineingepropft würde. Ist wohl geredet! Sie sind ausgebrochen um ihres Unglaubens willen; du aber stehst durch den Glauben. Sei nicht stolz, sondern fürchte dich! Hat Gott die natürlichen Zweige nicht verschont, wird Er dich auch nicht verschonen. Darum schau die Güte und den Ernst Gottes: den Ernst an denen, die gefallen sind, die Güte Gottes aber an dir, sofern du bei Seiner Güte bleibst; sonst wirst du auch abgehauen werden. Und wiederum jene, sofern sie nicht bleiben in dem Unglauben, werden eingepfropft werden; Gott kann sie wieder einpfropfen. Denn wenn du aus dem Ölbaum, der von Natur wild war, bist abgehauen und wider die Natur in den guten Ölbaum eingepfropft, wieviel mehr werden die natürlichen Zweige wieder eingepfropft werden in ihren eigenen Ölbaum!‹* (Römer 11:13+16-24)

Und an anderer Stelle schreibt Paulus:

›*Darum gedenket daran, daß ihr, die ihr vormals nach dem Fleisch Heiden gewesen seid und die Unbeschnittenen genannt wurdet von denen, die genannt sind »die Beschneidung am Fleisch, die mit der Hand geschieht«, – daß ihr zu jener Zeit wart ohne Christus, ausgeschlossen vom Bürgerrecht in Israel und fremd den Testamenten der Verheißung; daher ihr keine Hoffnung hattet und wart ohne Gott in der Welt. In Christus Jesus aber seid ihr jetzt, die ihr vormals ferne gewesen seid, nahe geworden durch das Blut Christi. Denn Er ist unser Friede, der aus beiden eines gemacht und den Zaun abgebrochen hat, der dazwischen war, nämlich die Feindschaft, indem Er in Seinem Fleisch hat abgetan das Gesetz mit seinen Geboten und Satzungen, auf daß Er in sich selber aus den zweien einen neuen Menschen schüfe und Frieden machte und beide versöhnte mit Gott in einem Leibe durch das Kreuz, an dem Er die Feindschaft getötet hat. Er ist gekommen und hat verkündigt im Evangelium den Frieden euch, die ihr ferne wart, und Frieden denen, die nahe waren. Denn durch Ihn haben wir den Zugang alle beide in einem Geist zum Vater. So seid ihr nun nicht mehr Gäste und Fremdlinge, sondern Mitbürger der Heiligen und Gottes Hausgenossen, erbaut auf den Grund der Apostel und Propheten, da Jesus Christus der Eckstein ist.‹* (Epheser 2,11-14+19-20)

Diese messianischen Nichtjuden, die die Bedeutung der Botschaft des Neuen Bundes richtig verstanden haben, sind der Sache Israels sehr stark hingegeben. Sie kommen oft nach Israel zu Besuch, und stecken Geld, Zeit und Kraft in die Entwicklung des Landes. Sie schicken ihre Kinder als Volontäre in *Kibbuzim*, Krankenhäuser, Altenheime und sogar in die Armee. In ihren eigenen Ländern dienen sie Israel als sehr wirksame Lobby für die *zionistische* Sache. Viele von ihnen hatten beispielsweise auf die Regierung der ehemaligen Sowjetunion Druck ausgeübt, damit sie die jüdischen *Refuseniks* und Gefangenen *Zions* ziehen lassen. Berühmte Persönlichkeiten wie Nathan Scharansky, Ida Nudel, Yosef Bigun und andere verdanken ihre Freiheit und Einreise nach Israel hauptsächlich dieser Druckausübung.

Die *zionistischen* Christen sind sich nicht immer über alles einig. Über wesentliche Dinge bestehen Meinungsverschiedenheiten. Sie sind sich aber alle in ihrer uneingeschränkten Fürsprache für »das Existenzrecht Israels innerhalb seiner maximalen Grenzen« und in ihrem Glauben einig, daß Gottes Verheißungen an Sein altes Bundesvolk auch noch in unseren Tagen gültig sind – wobei sie aktiv gegen alle internationale Resolutionen protestieren, die Israel verurteilen.

Die religiösen Instanzen Israels mißbilligen oft die Aktivitäten der *zionistischen* Christen und deren Unterstützung des jüdischen Staates – entweder, weil sie selbst Antizionisten sind oder weil sie die Christen verdächtigen, andere Beweggründe und missionarische Absichten zu haben. Einige der religiösen Führer – mit Schlüsselpositionen in der Regierung – verhindern nach Kräften diese Aktivitäten. Sie verweigern den *zionistischen* Christen das Wohnrecht im Land oder machen ihnen das Leben in Israel unerträglich. Das ist sehr traurig, weil sie dadurch den Ast abschneiden, auf dem sie sitzen. Tatsächlich hat der Staat Israel nicht sehr viele Verbündete und Helfer in der Welt, die ihn so lieben und unterstützen wie diese Christen.

Ich glaube von ganzem Herzen, daß der Tag näherrückt, an dem sich Jesajas Weissagung über die *zionistischen* Christen wörtlich erfüllen wird:

›*Und die Heiden werden zu deinem Licht ziehen und die Könige zum Glanz, der über dir aufgeht ... wenn sich die Schätze der Völker am Meer zu dir kehren und der Reichtum der Völker zu dir kommt ... Sie werden kommen und Gold und Weihrauch bringen und des Herrn Lob verkündigen ... Fremde werden deine Mauern bauen, und ihre*

Könige werden dir dienen ... daß der Reichtum der Völker zu dir gebracht und ihre Könige herzugeführt werden ... Denn welche Völker und Königreiche, die dir nicht dienen wollen, die sollen umkommen und die Völker verwüstet werden ... und alle, die dich gelästert haben, werden niederfallen zu deinen Füßen und dich nennen »Stadt des Herrn«, »Zion des Heiligen Israels«.‹ (Jesaja 60, ausgewählte Verse)

Das Evangelium und sein Lohn

Nachdem ich mehrere Jahre bei meinen Eltern gelebt hatte, schenkte mir der Herr auf wunderbare Weise ein arabisches Haus in der Stadt Jaffa, in der Nähe des Strandes und des Glockenturms. Von dort sind es vier Minuten zu Fuß bis zu dem Ort, an dem Petrus vom Herrn die große Vision des Versöhnungsdienstes zwischen Nichtjuden und Juden empfangen hatte (siehe Apostelgeschichte, Kapitel 10). Ich hätte mir nicht träumen lassen, daß Gott so etwas für mich tun würde, aber so ist unser Herr. Er kennt die Bedürfnisse Seiner Kinder ganz genau, und Er gibt ihnen gerne und im Überfluß alles, was sie brauchen, damit sie Seinen Willen tun und Seinem Ruf folgen können. Es ist nicht der *Kibbuz*, von dem ich geträumt hatte. Das veranschaulicht eine Weisung aus der Schrift, die sagt: ›*In eines Mannes Herzen sind viele Pläne; aber zustande kommt der Ratschluß des Herrn.*‹ (Sprüche 19,21)

Eines Morgens klingelte das Telefon. Johan, ein lieber Freund aus Holland, war am Apparat.

»Jakob!« rief er erfreut, »ich bin gerade mit einigen Freunden aus dem Ausland am Ben Gurion Flughafen angekommen. Können wir kommen und dich besuchen?«

Johan ist einer dieser Menschen, die einen unwiderstehlichen Charme besitzen. Er akzeptiert kein »nein« als Antwort. Und wer kann schon »nein« sagen zu jemandem, der den Herrn und das jüdische Volk so sehr liebt?

Bald danach begrüßte ich meine neuen Freunde. Nach einer kurzen Vorstellung sangen wir dem Herrn Loblieder. Die Freude war groß! Wir beteten, lasen ermutigende Worte aus der Schrift, und ich erklärte ihnen die israelische Denkweise. Dann füllten wir unsere Taschen mit evangelistischen Traktaten, die wir an die Leute an den Straßenecken verteilen wollten. Als wir an der Kreuzung

Allenby Street/Rothschild Boulevard standen, kam es plötzlich zu einem Tumult auf der gegenüberliegenden Straßenseite.

Ein älterer *orthodoxer* Jude mit langem, weißem Bart zitterte vor Aufregung, fuchtelte mit den Händen und schrie aus vollem Hals: »Oh weh, Yeeden! (Juden) ... Hilfe! ... Gewalt! ... Missionare! ... Unzüchtigkeit! ...«

Innerhalb weniger Minuten versammelte sich eine aufgebrachte und zornige Menge um eines der Mädchen aus unserer Gruppe. Sie war Skandinavierin und sprach kein Wort Hebräisch, außer *Shalom.* Sie hatte nicht die geringste Ahnung, warum sie so viel Aufmerksamkeit auf sich zog. Die feindselige und wütende Menge fiel mit geballten Fäusten und haßerfüllten Augen über sie her:

»Du schmutzige Missionarin!«

»Geh nach Hause, du Nazischwein! Du bist noch schlechter als die Nazis! Die Nazis verbrannten unsere Körper, aber du vernichtest unsere Seelen!«

»Missionare – das hat uns hier gerade noch gefehlt!«

Als ich aus einiger Entfernung beobachtete, daß sie gerade dabei waren, sie zu lynchen, überquerte ich im Laufschritt die Straße und versuchte, die Aufmerksamkeit auf mich zu lenken.

»Leute!« rief ich der aufgebrachten Menge zu, »Juden, was tut ihr denn da, um Himmels willen? Habt ihr kein Herz in euch? Könnt ihr nicht sehen, daß sie kein Wort von dem versteht, was ihr sagt? Laßt sie in Ruhe, laßt sie gehen!«

Plötzlich wandte sich die Menge gegen mich:

»Sie ist eine Christin! Sie ist eine Missionarin! Sie bringt uns Jesus!« beschwerten sie sich.

»Na und?« fragte ich, »ist das gegen das Gesetz? Rechtfertigt das solche Gewalttaten? Es schickt sich nicht für Juden, sich so zu benehmen!«

»Aber sie predigt Jeshu und fordert uns auf, an ihn zu glauben!« Der alte Mann schüttelte sich vor Empörung.

»Mein Herr, beruhigen Sie sich. Sie hat mit niemandem über Jeshu gesprochen! Sein Name ist Jeshua. Er ist der Retter Israels!«

Der Tumult wurde lauter, und die wütende Menge bewarf mich mit Schimpfwörtern. Für sie war klar: Jeshua gehört zu den Nichtjuden und nicht zu uns Juden! So wurde es ihnen von den *Rabbis* gelehrt. Und sie dachten, daß es auch so sei. Die Beschimpfungen wurden immer wilder, und ich schrie ihnen entgegen: »Ihr tut genau das, was eure Vorväter früher mit den Propheten machten. Sie steinigten sie damals zu Tode. Heute schenkt auch ihr, ihre Kinder, dem Wort Gottes keine Beachtung! Heute, genau wie damals, schafft ihr euch euren Gott nach eurem eigenen Bild, so wie ihr ihn haben wollt ... Das ist ein Gott, der euch erlaubt, zu lügen, zu ehebrechen, zu stehlen und zu morden. Aber es ist nicht der Herr und Gott Israels! Der Gott Abrahams, Isaaks und Jakobs will mit Seinem Heiligen Geist in euch wohnen. Deshalb sandte Er Jeshua, um euch eure Sünden zu vergeben, wenn ihr an Ihn glaubt!«

Der Aufruhr zog eine Menge Schaulustige an, die wissen wollten, was vor sich ging und uns um unsere Traktate baten. Das machte die aufgebrachte Menge nur noch wütender:

»Zur Hölle mit euch und euren Propheten! Dieser euer Jesus Christus, verdammt sollt ihr sein und alle die Propheten!« fluchte einer von ihnen, zitternd vor Wut. »Wir glauben nur an Gott, verstehst du mich? An Gott allein!«

»Ja, ja! Allein an Gott!« wiederholte die vor Zorn kochende Menge und heizte das Feuer der Wut weiter an. »Wir brauchen euch nicht, euch stinkende Missionare! Geht, geht in euer Land! Erzählt den Nichtjuden von eurem Jesus!«

Die hitzige Auseinandersetzung zwischen mir und dem wütenden Mob von 50 Leuten, die mich einstimmig anschrien, ging weiter. Schließlich stellte ich fest, daß es unmöglich war, so vielen hitzköpfigen und aufgebrachten Leuten mit Logik und gesundem Menschenverstand zu begegnen. Deshalb versuchte ich, dem Griff der Menge zu entkommen und davonzueilen. Einige Männer verfolgten mich mehrere Häuserblöcke weit und beschimpften mich mit schlimmen Ausdrücken, deren Echo durch die Straßen hallte.

»Du Verräter, Unruhestifter in Israel! Du hast deine Seele an die Nichtjuden verkauft! ›Deine Zerstörer und Verwüster werden aus deinen eigenen Reihen kommen!‹« (Auslegung von Jesaja 49,17)

Angestiftet durch den Urheber des Tumults, schlugen mehrere

religiöse junge Männer auf mich ein und versuchten, die Tasche mit den Traktaten aus meinen Händen zu reißen. Ich leistete Widerstand und hielt die Tasche mit all meiner Kraft fest. Dann schlugen mich drei junge Männer zu Boden, während der alte Mann sich über sie beugte und ihnen Anweisungen erteilte: »Weiter so, reißt sie ihm aus den Händen! Sie muß mit ihrem gesamten Inhalt verbrannt werden!«

Ich krümmte mich am Boden und versuchte, meinen Kopf mit der Tasche zu schützen. Schließlich übermannten mich die jungen Männer und nahmen sie mir weg. Sie warfen die evangelistische Literatur auf den Gehsteig. Dann zündeten sie ein Streichholz an. In Sekundenschnelle fingen sämtliche Traktate Feuer. Plötzlich entdeckte einer ein Neues Testament auf dem Bürgersteig. Er hob es auf, schwenkte es triumphierend über seinem Kopf und brüllte: »He! Seht mal, was ich hier habe! Das hier will er uns also bringen!« Dann warf er das Buch ins Feuer.

Ich versuchte nicht einmal, sie daran zu hindern. Ich wußte, selbst wenn sie alle Bücher der Welt verbrennen würden, die von Jeshua berichten, so würde es ihnen doch nicht gelingen, Gottes Wahrheit zu vernichten. ›Des Herrn Plan wird durch Seine Hand gelingen!‹ Erst nachdem sie mir die Traktate abgenommen und ihre ganze Wut an dem Papierbündel ausgelassen hatten, ließen sie mich in Ruhe.

Dann stand ich auf. Am ganzen Körper hatte ich Prellungen und Verletzungen. Jemand mußte die Polizei gerufen haben. Als sie endlich kam, waren alle Beteiligten bereits verschwunden. Nur ein Mann mit einer *Kippa* war noch da, um sich an den »Erfolgen« des Aufruhrs zu erfreuen. Nach einer kurzen Befragung luden die Polizisten uns in das Polizeiauto und fuhren zum Revier.

Dort wurden wir vernommen. Nachdem sich der Polizist davon überzeugt hatte, daß der junge Mann aktiv an der Prügelei und der Verbrennung der Traktate beteiligt war, nahm er meine Klage gegen ihn auf und legte eine Strafakte an – Tatbestand: »Unruhestiftung« und »Körperverletzung«.

»Aber dieser Mann ist ein Missionar! Er predigt den Leuten von Jesus!« beharrte der junge Mann.

»Das ist in Israel nicht verboten. Die Verteilung von Schriften und Werbematerial verstößt nicht gegen das Gesetz, sofern sie nicht die Sicherheit des Staates gefährden oder pornographisches und anstößiges Material beinhalten. Im vorliegenden Fall kann die verteilte Literatur in keine dieser Kategorien eingeordnet werden.«

»Aber diese Traktate verleiten die Menschen zum Übertritt in eine andere Religion! Sie stellen ein Ärgernis für unsere religiösen Gefühle dar!«

»Wenn Sie der Ansicht sind, daß es sich hierbei um ein öffentliches Ärgernis handelte«, sagte der Polizist geduldig, »dann hätten Sie die Polizei anrufen müssen. Unter keinen Umständen dürfen Sie das Gesetz in die eigene Hand nehmen und Faustrecht üben!«

»Ich war aber nicht allein!« versuchte der junge Mann sich zu verteidigen. »Es waren mindestens 50 weitere Leute dort. Alle schrien durcheinander. Ich wußte nicht einmal, worum es ging!«

»Das entläßt Sie nicht aus der Verantwortung. Glauben Sie wirklich, ich nehme Ihnen ab, daß Sie einen Mann verprügeln, ohne zu wissen, was er tat und warum er angegriffen wurde? Na, na, ich hätte mehr Verstand von Ihnen erwartet!«

Der junge Mann tat mir wirklich leid. Nachdem die Aussagen protokolliert waren und ich die Höhe der Geldsumme realisierte, die er als Strafe zu bezahlen hatte, erklärte ich dem Polizeibeamten: »Hören Sie, ich bin zu einem Kompromiß bereit. Wenn sich dieser junge Mann bei mir entschuldigt, also seine Schuld eingesteht und um Verzeihung bittet, will ich die ganze Sache vergessen und die Klage fallenlassen.«

Vier Augen blickten mich erstaunt an. Sowohl der Polizist, der eine solche Reaktion von mir sicherlich nicht erwartet hatte, als auch der junge Mann trauten ihren Ohren nicht. Ersterer starrte mich neugierig an, während letzterer errötete und mit dem Kopf nickte. Ich sah ihm in die Augen und reichte ihm die Hand. Er zögerte einen Augenblick – dann schüttelte er sie.

Wir verließen den Raum, und der junge Mann bedankte sich bei mir: »Ich bin sehr froh, daß Sie das für mich getan haben. Ich hätte ernsthafte Schwierigkeiten bekommen können. Die ganze Sache tut mir leid.«

»Es ist nicht der Rede wert, ich habe Ihnen längst vergeben. Ich war nicht wütend auf Sie! An Ihrer Stelle hätte ich nicht anders gehandelt. Ich wollte nur, daß Sie sehen, wie schlimm diese Sache war. Gott sieht über unsere Sünden auch nicht hinweg. Er weiß, daß wir alle für unsere Schuld den Tod verdienen. Aber Er liebt Sie und mich so sehr, daß Er die Strafe für unsere Sünden auf sich genommen hat. Deshalb sandte Er Jeshua zu uns. Sie sind jetzt wahrscheinlich froh, daß Sie so gut davongekommen sind, aber Sie wissen noch nicht, was wahres Glück ist. Sie finden es nur in der Vergebung, die der Messias Ihnen für Ihre Sünden gewährt!«

Der junge Mann lächelte, winkte mit der Hand und lief weg.

Als ich mit meiner evangelistischen Arbeit begann, erlebte ich häufig, daß Menschen gewalttätig wurden. Im Lauf der Jahre nahmen diese Angriffe ab. Viele Juden erkennen inzwischen, daß die messianischen Juden wahre Juden sind. Bis vor kurzem dachten viele meiner Landsleute, daß das geheimnisvolle Gespenst der »Mission« seine Arme wie ein Tintenfisch über die ganze Welt ausgebreitet habe, und vor allem in unserem Heiligen Land darauf aus sei, Menschenseelen zu fangen. Grund und Ziel der Mission bestand in ihren Augen darin, ahnungslose und unwissende Juden einzuwickeln und zu zwingen, zum Christentum überzutreten. Diese Ansicht, die heute immer noch bei vielen religiösen Juden verbreitet ist, entstand vermutlich aus der falschen Haltung der Kirche gegenüber dem jüdischen Volk während der letzten zweitausend Jahre. Die Juden wurden früher unter Androhung der Todesstrafe gezwungen, zum Christentum überzutreten. Diese Zwangsmethoden widersprechen eindeutig dem Geist des Evangeliums. Erfreulicherweise erkennen heute viele Menschen in Israel, daß messianische Juden wie ich im Land leben, die die Verbreitung der Wahrheit über Jeshua den Messias als äußerst wichtige Aufgabe ansehen – weil den Israelis so die Tatsachen vor Augen geführt werden, und sie sich vernünftig damit auseinandersetzen können. Der messianische Glaube ist eine Sache der persönlichen Entscheidung. Man erhält ihn weder durch Geburt noch durch Zwang. Das Wort »Mission« bezeichnet eigentlich eine »Abordnung« von Menschen, die ausgesandt wurden, eine bestimmte, ihnen zugewiesene Aufgabe zu erfüllen. Aufgrund ihrer traurigen Vergangenheit haben die Juden diesem Begriff jedoch eine negative Bedeutung beigemessen.

Bedauerlicherweise bedient sich das *Rabbiner*tum aller möglichen Mittel, um die Menschen irrezuführen – einschließlich der Massenmedien, die es sonst strikt ablehnt. Diese Methoden erzeugen Angst und Abneigung gegenüber Jeshua, dem Sohn Davids. Gott aber sprach zu ihnen: ›*Beschließt einen Rat, und es werde nichts daraus; beredet euch, und es geschehe nicht! Denn hier ist Immanuel!*‹ (Jesaja 8,10)

Der Herr ist treu, und wir erleben, wie Er die Augen Seines Bundesvolkes öffnet, damit es zwischen der *rabbinischen* Religion und dem messianischen Glauben unterscheiden kann. Die wachsende Zahl messianischer Gemeinden, die im ganzen Land wie Pilze aus dem Boden schießen, zeugt davon. Es sieht so aus, als schließe sich der Kreis. Das Evangelium wurde von Israel aus an alle Enden der Erde getragen. Und nun, nachdem wir in unser Heimatland zurückgekehrt sind, kommt auch das Evangelium wieder zu uns zurück. Von Jaffa aus wurde das Evangelium dem ersten Nichtjuden, dem römischen Hauptmann Cornelius, der in Caesarea lebte, verkündet. Heute, 2000 Jahre später, wird es wieder hier gepredigt!

Ein anderes Mal wurde ich von vier Schülern einer *ultraorthodoxen Jeschiwa* auf einer Hauptstraße in der Innenstadt Jerusalems angegriffen. Sie sagten kein Wort, sondern schlugen einfach mit den Fäusten auf meinen Hinterkopf. Die Tasche fiel mir von der Schulter, und als ich mich bückte, schlugen sie mir ins Gesicht. Blut sikkerte mir aus dem Gesicht und beschmutzte meine Kleider. Ich schrie: »Polizei, Polizei!« Aber die vier waren verschwunden, als hätte sie der Erdboden verschluckt. Ich überquerte die Straße, enttäuscht und ärgerlich über mich selbst, weil ich nicht diese seltene Gelegenheit genutzt hatte, um Jeshuas Gebot zu erfüllen:

›*Selig seid ihr, wenn euch die Menschen hassen und euch ausstoßen und schmähen und verwerfen euren Namen als böse um des Menschensohnes willen. Freut euch an jenem Tag und frohlocket; denn siehe, euer Lohn ist groß im Himmel. Denn das gleiche haben ihre Väter den Propheten getan. … Ihr aber seht euch vor! Denn sie werden euch den*

Gerichten überantworten, und in den Synagogen werdet ihr geschlagen werden, und vor Fürsten und Könige werdet ihr geführt werden um Meinetwillen, ihnen zum Zeugnis.‹ (Lukas 6, 22-23; Markus 13, 9)

Hier hätte ich eine wunderbare Möglichkeit gehabt, in diesem Zustand vor den Schaulustigen Zeugnis über Jeshua abzulegen – aber ich versäumte es. Der ganze Vorfall ereignete sich sehr schnell, und die Leute verstanden nicht, was geschehen war. Hätte ich nur die Gelegenheit genutzt und ihnen mit blutendem Gesicht die Botschaft der Rettung gepredigt! Auf diese Weise hatte sich das Evangelium vor 2000 Jahren in den Straßen von Jerusalem verbreitet. Die Propheten, die Apostel und die ersten Jünger bezahlten mit ihrem Blut für das Vorrecht, Boten des Wortes Gottes zu sein. Genauso wird sich der Kreis vermutlich in der Endzeit schließen. Ich frage mich, wer von den Glaubenden das Privileg des Märtyrertums erleiden wird? Wer wird sich auf dem Altar für das geistliche Wiedererwachen Israels opfern?

Wenn ich solche Ereignisse erlebe, erfüllt das mein Herz mit Ehrfurcht und Staunen über die wunderbare Wahrheit Gottes:

›*... sondern freut euch, daß ihr mit Christus leidet, damit ihr auch zur Zeit der Offenbarung Seiner Herrlichkeit Freude und Wonne haben mögt. Selig seid ihr, wenn ihr geschmäht werdet um des Namens Christi willen; denn der Geist, der ein Geist der Herrlichkeit und Gottes ist, ruht auf euch.‹* (1. Petrus 4, 13-14)

An diesem Tag war mein Herz angesichts der Not mit Freude erfüllt. Als ich angegriffen wurde und mein Gesicht zu bluten begann, überkam mich ein wunderbares Gefühl der inneren Ruhe. Still blieb ich stehen und schlug nicht zurück. Ich fühlte mich in den ewigen Armen meines liebenden und allmächtigen Vaters geborgen. Er schenkte mir einen inneren Frieden, ungeachtet aller äußeren Umstände – einen Frieden, den die Welt nicht kennt. Diese starke innere Ruhe, die Freude und die Gegenwart der Herrlichkeit Gottes, die ich spürte, waren höher als meine Vernunft. Dann ging ich zum nächstgelegenen Krankenhaus, wo ich Erste Hilfe erhielt.

Es war eine ganz besondere Erfahrung, elend, geschlagen und zerschunden auszusehen und doch einen inneren Sieg errungen zu haben – nämlich nicht vergolten, sondern das Böse mit Gutem überwunden zu haben! Es ist die Kraft des Messias, die in den Erlösten wirkt!

Viele Gedanken beschäftigten mich in dieser Nacht. Ich betete für die Männer, die mich angegriffen hatten, und segnete sie mit den Worten Jeshuas:

›*Vater, vergib ihnen, denn sie wissen nicht, was sie tun!*‹ (Lukas 23,34) Ich empfand weder Zorn noch Haß. In Gedanken sah ich ihre wutverzerrten Gesichter vor mir. Sicherlich würden sie stolz zu ihrer *Jeschiwa* zurückkehren und sich vor ihren Freunden und dem *Rabbi* damit brüsten, einen Missionar erwischt und »zugerichtet« zu haben. Der *Rabbi* würde sie für ihre Tapferkeit loben und die anderen Studenten ermutigen, ebenfalls in den »Heiligen Krieg« gegen die »Missionare« zu ziehen.

Gott schenkte mir Trost. ›*Der Herr ist groß und sehr zu loben, und Seine Größe ist unausforschlich!*‹ ›*Die Toren werden an ihrer Torheit sterben!*‹ (Psalm 145,3; Sprüche 10,21) Über diese Verse aus der Schrift dachte ich in jener Nacht in meinem Bett nach. Ich mußte an eine messianische Konferenz denken, an der ich – zusammen mit jüdischen und arabischen Glaubenden – teilgenommen hatte. Diese Araber und Juden hatten viele Jahre in Feindseligkeiten und Mißtrauen gegeneinander gelebt. Durch den Geist Gottes wurden sie von neuem geboren und lernten einander zu lieben und zu vergeben. Sie veranstalten Konferenzen, die die Regierungen dieser Welt nicht zustande bringen, und für die sie ein Vermögen bezahlen würden. Die Juden bekannten, daß sie die Araber während ihrer Militärzeit schlecht behandelt hatten, und baten sie um Vergebung. Die Araber gestanden ihren fanatischen Haß gegen die Juden und ihren Drang nach Rache und Vergeltung – und baten die jüdischen Glaubenden um Vergebung.

Die Araber baten Gott, dem Terrorismus und der Gewalt ein Ende zu setzen. Sie beteten für den Frieden Jerusalems und die Rettung Israels. Die Juden wiederum beteten für ihre arabischen Geschwister, die sich in einer schwierigen Lage befinden, weil sie in unserem Land zwischen Juden und Moslems stehen. Wir baten Gott, in den Herzen der Juden zu wirken, damit sie fähig werden, die Fremdlinge freundlich und barmherzig zu behandeln. Nachdem wir unsere Bitten und Flehen vor Gott gebracht hatten, sangen wir gemeinsam Lobpreislieder und rühmten den Gott Israels. Diese Araber waren sich sehr wohl bewußt, daß sie den Gott anbeteten, der Israel unter allen Völkern auserwählt hat.

Ich lag mit geschwollenem Gesicht und blutunterlaufenen Augen im Bett und fragte: »Wie lange noch, Herr? Wir sind in unser Land wie aus dem Feuer errettet heimgekehrt. ›*Hätte uns der Herr Zebaoth nicht einen geringen Rest übriggelassen, so wären wir wie Sodom und gleich wie Gomorra!*‹ (Jesaja 1, 9) Wir brachten die Wüste zum Blühen und bauten die verwüsteten Städte wieder auf. Was aber ist mit unseren Herzen? Unsere Seelen sind immer noch trocken und durstig wie dürres Land. Wir sehnen uns nach Deiner Gegenwart, Herr! Gott, wir bitten Dich, nimm die Decke der Blindheit von uns weg, die uns zum Stolpern und Fallen bringt. Wo ist das Licht, das hell in unserem Leben leuchten soll? Nicht das vergängliche Rampenlicht und auch nicht das Licht der *Chanukka*-Kerzen, das nur eine schöne Tradition darstellt! Wir bitten Dich um das Licht Deiner Gegenwart, Herr! Wir wollen Deine Zeugen sein und nicht nur mit Worten oder unserer Existenz Zeugnis von Dir ablegen, sondern auch mit unserer Lebensweise. Laß Dein Angesicht über uns leuchten, Herr! Rette auch die Menschen, die uns angreifen! Führe sie zu wahrer und ganzer Umkehr durch den Glauben an Jeshua, den Messias, so daß ihr Tempel ein ›Gebetshaus für alle Völker‹ wird!«

Mit diesem Gebet auf meinen Lippen – und der Gewißheit, daß der lang ersehnte Tag der Erlösung kommen wird – schlief ich ein.

Festtage und Bündnisse

»Feiern messianische Juden die jüdischen Feste?«

Diese Frage wird uns oft gestellt. Damit werden wir in eine ständige Verteidigungshaltung gebracht, als ob wir uns vom Judentum losgesagt hätten.

Die messianischen Juden sind ein fester Bestandteil der israelischen Bevölkerung. Einige stammen aus einem völlig weltlichen Hintergrund, andere kommen aus religiösen oder gar *ultraorthodoxen* Familien. Wir leben in den Städten, in *Kibbuzim* und in *Moshawim.* Einige von uns dienten in der israelischen Armee, andere nicht. Das gleiche gilt für die jüdischen Feste. Einige von uns feiern den *Sederabend* in der vom Gesetz vorgeschriebenen Ordnung, andere nehmen an traditionellen messianischen Lesungen teil.

Die meisten messianischen Juden feiern die jüdischen Feste. Vielleicht sind wir uns der tiefen Bedeutung der Feste sogar stärker bewußt als viele andere Juden. Wir betrachten sie nicht als veraltete und überholte Bräuche. Vielmehr steht für uns *Jeshua Hamashiach*, auf den die ganze *Thora* letztendlich hinführt, im Mittelpunkt jedes Festes. Alle Feste weisen auf den Messias hin – wir müssen nur unsere Augen öffnen und Ihn erkennen!

Das *Pessach* soll als Beispiel dienen. Früher feierte ich *Pessach* immer zusammen mit meiner Familie. Seit dem Tod meiner Mutter ist der *Sederabend* jedoch nicht mehr das, was er einmal war.

Nun nahm ich zum ersten Mal an einem messianisch-jüdischen *Pessach-Seder* teil. Diese *Seder*feier fand in einer messianischen Gemeinde im Landeszentrum statt. Erwartungsvoll betrat ich den mit Blumen geschmückten Versammlungssaal, der für diesen Festtag neu gestrichen und gründlich gesäubert worden war. Die Tische waren mit Silberbesteck, Porzellantellern, Porzellanschüsseln, Weingläsern aus Kristall und Körben voller *Mazzot* festlich gedeckt. Die

Gäste betraten den Raum und nahmen an den Tischen Platz. Der Leiter der *Seder*feier und seine Frau saßen am Kopfende eines Tisches. Neben jedem Gedeck lag eine wunderschöne *Haggada*.

Dann stand der Leiter auf und sagte: »Das *Pessach*fest ist das Fest unserer Befreiung. Es erinnert an unseren Auszug aus der Sklaverei Ägyptens in die Freiheit des Volkes Gottes. Zum Gedenken an jenes erste *Pessach*[21] in Ägypten wird jetzt in ganz Israel dieses Fest gefeiert. Für uns messianische Juden gibt es aber doppelten Grund zur Freude und zum Feiern: unser ewiges *Pessach*lamm, unser Herr Jeshua, der Messias, wurde für uns geopfert und erlöste uns mit Seinem Blut von der Knechtschaft der Sünde, des Fleisches und des Teufels. Er hat den Sieg für uns errungen und schenkt uns ewiges Leben in Gottes Reich. ›*Wenn euch nun der Sohn frei macht, so seid ihr wirklich frei!*‹« (Johannes 8,36)

Dieser *Sederabend* wurde in traditioneller Weise gefeiert – wie in jedem frommen jüdischen Haus. Ab und zu unterbrach der Leiter die vorgegebene Ordnung, um den einen oder anderen Punkt im Licht des Neuen Bundes zu erläutern. Vor der Lesung der *Haggada* wuschen wir uns nicht die Hände, wie es üblicherweise geschieht, sondern lasen die Geschichte der Fußwaschung. Denn genau an dieser Stelle Seiner letzten *Seder*feier wusch Jesus vor dem *Pessach*mahl die Füße der Jünger. Als der Leiter den Segen über dem ungesäuerten Brot sprach, erklärte er, daß sich dieser Segen auf Jeshua bezieht. Denn Er ist das »Brot des Lebens, das vom Himmel herabkam« und den »die Erde wieder hervorbrachte«, als Er von den Toten auferstand. Als er danach den Segen über dem Wein sprach, sagte er, daß sich dieser Segen auf uns bezieht, die heutigen Jünger Jeshuas, die »Früchte des wahren Weinstocks«.

Jeshua sagte zu Seinen Jüngern: ›*Ich bin der wahre Weinstock, und ihr seid die Reben; wer in Mir bleibt und Ich in ihm, der bringt viel Frucht!*‹ (Johannes 15,5) Wir, die Jünger der Jünger, sind daher diese gesegnete »Frucht des Weinstocks«.

Ganz besonders beeindruckte mich der traditionelle *Afikoman*. Als ich noch bei meinen Eltern *Pessach* feierte, waren mir Ursprung und Bedeutung dieses Brauches mit dem seltsamen Namen unklar gewesen. Bei diesem messianischen *Seder* verstand ich zum ersten

Mal seinen Sinn. Die drei *Mazzot*, die auf den *Seder*tisch gelegt wurden, sollten nicht nur die drei Stände des jüdischen Volkes – die Priester, die Leviten und die Israeliten – verkörpern; sie standen auch für die Dreieinigkeit Gottes -Vater, Sohn und Heiliger Geist. Die mittlere *Mazza* – die den Sohn verkörpert – wird gebrochen; als Zeichen für den Leib des Messias, der für uns am Kreuz »gebrochen« wurde. Die eine Hälfte der gebrochenen *Mazza* wird bis zum Ende des Festessens versteckt, während die zweite Hälfte wieder an ihren ursprünglichen Platz zwischen die beiden anderen *Mazzot* gelegt wird. Ebenso war Jeshua kurze Zeit in Seinem Grab verborgen und nahm dann Seine göttliche Stellung beim Vater und Heiligen Geist wieder ein. Nach dem Essen dürfen die Kinder die versteckte Hälfte der *Mazza* suchen, und der glückliche Finder bringt sie dann dem Leiter, damit sie »erlöst« wird. Als Belohnung wird dem Finder ein Geschenk versprochen, das er allerdings erst an *Shawuot* (Pfingsten) erhält. Genauso wurde Jeshua, der Messias, aus dem Grab auferweckt. Und das Geschenk des himmlischen Vaters, der Heilige Geist, kam an *Shawuot.* Jeder, der zu Jeshua findet, erhält vom himmlischen Vater die Gabe des Heiligen Geistes – das neue Herz und den neuen Geist. An diesem Abend erkannte ich, daß die ganze Heilsgeschichte symbolisch in den alten *Pessach*bräuchen verborgen ist. Der Jude feiert das *Pessach* jahrein und jahraus, ohne daß er sich der tiefen Bedeutung dieser Bräuche bewußt ist!

Mir gefiel das alte Gebet, das so viele Male während der Feier aufgesagt wurde: »Ich bin bereit, die Gebote zu erfüllen ... zur Vereinigung des Namens des Heiligen, gelobt sei Er, und Seiner *Schechina* durch Ihn, der verborgen und versteckt ist; und im Namen des Hauses Israel!« Das ganze Haus Israel heiligt und vereinigt durch dieses Gebet den Namen des Vaters (hier als der »Heilige, gelobt sei Er« bezeichnet) und Seinen Geist (»Seine *Schechina*«) durch »Ihn, der verborgen und versteckt ist« – d. h. durch den Herrn Jeshua, den Messias, der ihren Augen noch immer verborgen ist!

An diesem besonderen *Sederabend* stellte ich fest, daß beim traditionellen jüdischen *Seder* etwas Wesentliches fehlt – nämlich das *Pessach*lamm. Heute feiern die Juden lediglich das Fest der *Mazzot*, weil sie das *Pessach*opfer nicht haben. Tatsächlich wurde die heutzutage übliche *Seder*feier nur als Ersatz für diese wesentliche Sache eingeführt. Nur wer Jeshua kennt – das wahre Lamm Gottes – versteht, daß das wahre *Pessach*lamm bereits geopfert worden ist. Was wir heute tun, geschieht in Wirklichkeit nur zu Seinem Gedächtnis: ›*Denn sooft ihr von diesem Brot eßt und aus dem Kelch trinkt, ... das tut, sooft ihr daraus trinkt, zu Meinem Gedächtnis.*‹ (1. Korinther 11:26, 25)

Ich kann die Bedeutung der *Pessach*bräuche im messianisch-jüdischen Denken an dieser Stelle nicht in allen Einzelheiten erläutern. Dem soll ein gesonderter Band vorbehalten sein. Eines ist dennoch klargeworden: Mose befreite uns aus der körperlichen Sklaverei und führte uns ins Verheißene Land. Jeshua errettete uns von der geistlichen Sklaverei der Sünde und führte uns in die Freiheit der Kinder Gottes. Er bereitete für uns den Weg in das ewige und herrliche Reich Gottes.

Shawuot ist das Fest, an dem die Erstlingsfrüchte nach 50 Tagen des Omerzählens[22] im Tempel dargebracht wurden. Nach *rabbinischer* Überlieferung ist *Shawuot* der Tag, an dem das Volk Israel die *Thora* am Berg Sinai erhielt. Das Neue Testament berichtet uns, daß an *Shawuot* der Heilige Geist über die ersten Jünger Jeshuas in Jerusalem ausgegossen wurde. An diesem Tag wurde die messianische Urgemeinde »geboren« und die Verheißung des Neuen Bundes erfüllt: ›*Und Ich will euch ein neues Herz und einen neuen Geist in euch geben ... Ich will Meinen Geist in euch geben ...*‹ (Hesekiel 36) An *Shawuot* wurden im Tempel zwei Laibe ungesäuertes Brot dem Gott Israels dargebracht. Sie symbolisieren die messianische Gemeinde, die sich aus Juden und Nichtjuden zusammensetzt.

An *Sukkot* feierte der Bauer das »Erntefest«, nachdem er die Ernte in die Scheune gebracht hatte. Während sich die biblischen Feste *Pessach* und *Shawuot* bereits erfüllt haben, ist *Sukkot* noch nicht vollendet. *Sukkot* wird erst vollendet werden, wenn Jeshua zum Schall der letzten Posaune – wird dies das letzte *Schofar* sein, das am Ende eines *Jom Kippurs* geblasen wird? – vom Himmel kommen wird, um Seine Auserwählten zu sich zu ziehen und in den Himmel zu holen. Das wird dann das wahre »Erntefest« sein. Alle Nationen, die den letzten Krieg überstehen und nach diesem großen Ereignis noch auf der Erde leben, werden dann jedes Jahr nach Jerusalem hinaufziehen, um den Herrn und Gott der Heerscharen anzubeten und das Laubhüttenfest nach der Weissagung Sacharjas (Kapitel 14) zu feiern.

Ich möchte in diesem Zusammenhang auch den Versöhnungstag *Jom Kippur* erwähnen, der in 3. Mose 16 ausführlich beschrieben ist. Es besteht jedoch ein gewaltiger Unterschied zwischen dem *Jom Kippur*, wie er heute nach den Weisungen des *Talmud* gefeiert wird, und dem biblischen Versöhnungstag. Heute gibt es keinen Tempel und keine Opfer mehr. Deshalb hat das Volk Israel keine Versöhnung, denn es gibt keine Versöhnung ohne Blutvergießen. »Gebet, Reue und Wohltätigkeit (Almosen)« sind der Ersatz, den die *Rabbis* ersonnen haben, um den Fluch des Gesetzes aufzuheben. Das bringt sehr deutlich zum Ausdruck, wie groß ihre Frustration ist. Nur wer Jeshua kennt, weiß, daß die endgültige und vollkommene Versöhnung bereits stattgefunden hat – ein für allemal, weil Jeshua in den himmlischen Tempel und das himmlische Allerheiligste eingetreten ist, indem Er Sein Blut vergossen hat. Er schenkt allen, die Ihm vertrauen, ewiges Heil. Die messianischen Juden haben die Gewißheit, daß ihre Namen im Buch des Lebens stehen und versiegelt sind. Alle anderen Juden wünschen sich lediglich »G'mar hatimah tovah« (»Möge dein Name ins Buch des Lebens eingeschrieben werden«) und setzen ihr ganzes Vertrauen auf ihr Gebet und Fasten, die jedoch nach der *Thora* keine Mittel zur Sühnung von Sünde sind.

Häufig wird mir auch eine andere Frage gestellt: »Feiern und heiligen Sie den *Shabbat* nach der *Halacha*?«

Auch hier lautet die Antwort sowohl »ja«, als auch »nein«. Wir halten den *Shabbat* dem Herrn heilig. Wir betrachten jedoch die überlieferten *rabbinischen* Verbote nicht als bindend. Jeshua bezeichnete sich selbst als »Herr des *Shabbats*« und ist somit nicht dessen Sklave. Es ist wahr, daß wir an diesem heiligen Tag von der Alltagsarbeit ruhen und uns am Herrn, unserem Gott, erfreuen sollen. Aber was ist, wenn wir dazu mit dem Auto fahren müssen? Ich bin mir sicher, daß selbst Mose, würde er heute leben, mit dem Auto zum Gemeindesaal fahren würde, falls es nötig wäre. Wenn die

Freude an der *Shabbat*ruhe die Heilung leidender Menschen oder den Empfang und die Verköstigung weit gereister Besucher beinhaltet, dann tun wir das gerne für den Herrn. Jeder von uns wird eines Tages für seine Taten und Verfehlungen vor Gott Rechenschaft ablegen müssen. Schließlich »sind das die Festzeiten des Herrn zu ihrer festgesetzten Zeit« – und nicht unsere eigenen! (Siehe 3. Mose 23)

Die biblischen Feste, die wir nach dem Gebot des Herrn einhalten sollen, weisen deutlich auf den Messias hin – ebenso wie die drei Bündnisse, die Er mit uns geschlossen hat:

1. Der Bundesschluß mit Abraham [23]:

›*Und der Herr sprach zu Abram: Geh aus deinem Vaterland und von deiner Verwandtschaft und aus deines Vaters Haus in ein Land, das Ich dir zeigen will. Und Ich will dich zum großen Volk machen und will dich segnen und dir einen großen Namen machen, und du sollst ein Segen sein. Ich will segnen, die dich segnen, und verfluchen, die dich verfluchen; und in dir sollen gesegnet werden alle Geschlechter auf Erden.*‹ (1. Mose 12,1-3)

Dieser Bund beinhaltet drei sehr wichtige, bedingungslose Verheißungen:

1. Die Landverheißung – Gott verheißt Abram das Land, das Er ihm und seinen Nachkommen zum ewigen Besitz geben wird.

2. Die Verheißung einer Nachkommenschaft – Gott verheißt Abram, daß Er seine Nachkommen zu einem großen Volk machen wird.

3. Die Verheißung des Segens – Abrams Kinder werden ein Segen für alle Geschlechter der Erde sein (ein Licht den Nationen).

In Jeshua, dem Messias, sind die geistlichen Kinder Abrahams – alle jüdischen und nichtjüdischen Glaubenden – ein Segen für alle Geschlechter der Erde geworden. Gott erfüllte einen weiteren Punkt dieser Verheißung buchstäblich: Er macht Israel, die Nachkommen Abrahams, zu dem Maßstab, an dem Er alle Nationen mißt. Die Völker, die Israel segneten und auf seinem Leidensweg beistanden, wurden von Gott gesegnet. Doch alle anderen Nationen, die Israel Leid zufügten, traf Gottes Fluch und harte Strafe.

Was ist unter einem Bundesschluß zu verstehen? Der Bund ist ein Vertrag zwischen zwei oder mehreren Parteien. Nachdem Gott

Abram die obengenannte Verheißung machte, besiegelte Er sie mit zwei Bündnissen: »Den Bund zwischen den Partnern« in 1. Mose 15 und den »Bund der *Beschneidung*« in 1. Mose 17, 10-14. Mit beiden Bündnissen schenkte Er Abraham mehrere bedingungslose Verheißungen. Abraham mußte nichts tun, damit Gott diese Verheißungen einhielt, außer Ihm Tiere opfern und gehorsam alle männlichen Nachkommen seines Hauses beschneiden. Hieraus geht klar hervor, was bei den Tieropfern und der *Beschneidung* wesentlich war: es mußte Blut vergossen werden. Jeder Bund mit Gott muß Blut beinhalten.

Bündnisse wie Friedensverträge, Verteidigungspakte, Brüderschaften usw. wurden auch zwischen Menschen geschlossen.

Jedes Bündnis beinhaltete ein Fest und ein Festmahl, das ein untrennbarer Teil davon war. Die Bündnispartner stellten ihre Bedingungen, und der unterzeichnete Bund mußte mit Blut besiegelt werden, um ihn rechtsgültig und für beide Seiten bindend zu machen. Wenn ein *beschnittener* Mann zum Judentum übertritt, muß das deshalb auch mit »Bündnisblut« besiegelt werden[24].

2. Der Bundesschluß am Sinai

Mose schloß mit Gott einen Bund für das Volk Israel, am Fuß des Berges Sinai. Darüber steht geschrieben:

›*und [Mose] sandte junge Männer von den Israeliten hin, daß sie darauf dem Herrn Brandopfer opferten und Dankopfer von jungen Stieren. Und Mose nahm die Hälfte des Blutes und goß es in die Becken, die andere Hälfte aber sprengte er an den Altar. Und er nahm das Buch des Bundes und las es vor den Ohren des Volkes. Und sie sprachen: Alles, was der Herr gesagt hat, wollen wir tun und darauf hören. Da nahm Mose das Blut und besprengte das Volk damit und sprach: Seht, das ist das Blut des Bundes, den der Herr mit euch geschlossen hat aufgrund aller dieser Worte.*‹ (2. Mose 24, 5-8)

Gott hatte einen bedingungslosen Bund mit Abraham geschlossen. Er forderte lediglich Glaubensgehorsam von ihm. ›*Abram glaubte dem Herrn, und das rechnete Er ihm zur Gerechtigkeit.*‹ (1. Mose 15, 6) Im Gegensatz dazu war das am Sinai geschlossene Bündnis an eine sehr wichtige Bedingung geknüpft – kompromißloser, völliger Gehorsam gegenüber Gottes *Thora*:

›*Wenn du nun der Stimme des Herrn, deines Gottes, gehorchen wirst, daß du hältst und tust alle Seine Gebote, die ich dir heute gebiete, so wird dich der Herr, dein Gott, zum höchsten über alle Völker auf Erden machen, ... Wenn du aber nicht gehorchen wirst der Stimme des Herrn, deines Gottes, und wirst nicht halten und tun alle Seine Gebote und Rechte, die ich dir heute gebiete, so werden alle diese Flüche über dich kommen und dich treffen: ...*‹ (5. Mose 28:1+15)

Die Bedingung, die Gott im Sinaibund stellte, war somit völliger Gehorsam gegenüber der *Thora.* Israel verpflichtete sich, das Gesetz buchstabengetreu zu befolgen. Und zwar nicht nur die Gesetze, die uns gefallen, und nicht nur diejenigen, die leicht einzuhalten sind oder die uns logisch und sinnvoll erscheinen – sondern jedes einzelne Gesetz! Gott sagte, daß Er jeden mit Seinem Fluch – dem »Fluch der *Thora*« – belegen wird, der das Gesetz nicht buchstabengetreu bis in die kleinste Einzelheit befolgt!

›*Verflucht sei, wer nicht alle Worte dieses Gesetzes erfüllt, daß er danach tue! Und alles Volk soll sagen: Amen.*‹ (5. Mose 27, 26)

Gibt es einen Menschen, der von sich behaupten kann, daß er die ganze *Thora* stets buchstabengetreu eingehalten und kein einziges Mal in seinem Leben eine Verfehlung begangen oder gesündigt habe? Wer so etwas behauptet, macht Gott zum Lügner. Denn die Schrift sagt: ›*Sie sind alle Sünder und mangeln des Ruhmes, den sie bei Gott haben sollten!*‹ (Römer 3, 23) Mit anderen Worten, jeder Mensch auf dieser Erde scheitert erbärmlich daran, die *Thora* zu befolgen!

Das Volk Israel betrachtet sich immer noch durch den Sinaibund an Gott gebunden. In Gottes Augen jedoch hatte Israel diesen Bund bereits gebrochen, bevor er überhaupt geschlossen wurde! Mose befand sich noch auf dem Weg abwärts vom Berg Sinai mit den Bundestafeln in der Hand, als das Volk unten bereits wild und lärmend um das goldene Kalb tanzte und somit das erste Gebot brach, das Götzendienst untersagte!

Und nun frage ich Dich, lieber Leser: War das eine einmalige Verfehlung, ein Ausnahmefall in der Geschichte des jüdischen Volkes? Oder gab es einen Zeitabschnitt in der langen Geschichte unseres Volkes, in dem wir nicht die Götzen verehrten – Götter aus

Holz und Stein, Gold und Silber, den Materialismus und die Religion, usw.? Schließlich wurden wir wegen »Götzendienst, Unzucht und Blutvergießen« aus unserem Land verbannt.

Man könnte denken, daß Gott absichtlich ein Problem stellt, für das es anscheinend keine Lösung gibt. Einerseits verhieß Er uns im Bund mit unserem Erzvater Abraham, daß Er uns zu einem Segen für alle Geschlechter der Erde machen wird. Und Er gebot uns, ein Licht für die Nichtjuden zu sein. Andererseits gab Er uns eine *Thora* der Rechtschaffenheit und Wahrhaftigkeit, die keiner von uns halten kann. Und somit unterwirft Er uns alle Seinem Fluch. Es gibt jedoch einen Weg aus diesem Dilemma: Gott hatte nicht die Absicht, uns mit einem Fluch zu belegen. Er hat Sein Bundesvolk Israel niemals verlassen! Bereits bevor Er uns aus unserem Land wegführte und die Zerstörung Seines ersten Tempels zuließ, hatte Er durch den Propheten Jeremia verheißen, daß Er noch einmal zu Seinem Volk Israel kommen und einen neuen Bund mit ihm schließen wird.

3. Der Neue Bund

Wie wir bereits gesehen haben, ist der Neue Bund keine christliche Erfindung. Er ist vielmehr eine Verheißung, die Gott Seinem Volk machte, weil das Volk – und nicht Gott – den Bund vom Sinai gebrochen hatte:

›*Siehe, es kommt die Zeit, spricht der Herr, da will Ich mit dem Haus Israel und mit dem Haus Juda einen neuen Bund schließen, nicht wie der Bund gewesen ist, den Ich mit ihren Vätern schloß, als Ich sie bei der Hand nahm, um sie aus Ägyptenland zu führen, ein Bund, den sie nicht gehalten haben, obwohl Ich ihr Herr war, spricht der Herr; sondern das soll der Bund sein, den Ich mit dem Haus Israel schließen will nach dieser Zeit, spricht der Herr: Ich will Mein Gesetz in ihr Herz geben und in ihren Sinn schreiben, und sie sollen Mein Volk sein, und Ich will ihr Gott sein. Und es wird keiner den andern noch ein Bruder den andern lehren und sagen: »Erkenne den Herrn«, sondern sie sollen Mich alle erkennen, beide, klein und groß, spricht der Herr; denn Ich will ihnen ihre Missetat vergeben und ihrer Sünde nimmermehr gedenken.*‹ (Jeremia 31:31-34)

Offensichtlich wird der Neue Bund zwischen Gott und Seinem Volk, dem Haus Israel und dem Haus Juda, geschlossen und besiegelt werden, um den Sinaibund zu ersetzen, der gebrochen wurde. Gott sagt sehr deutlich, daß die Israeliten Seinen Bund gebrochen hatten, obwohl Er ihr Herr war. Wenn ein Partner das Bündnis bricht, ist der andere Partner frei von allen Verpflichtungen, die diesen Vertrag betreffen. Deshalb verspricht Gott Israel nicht, den Alten Bund zu erneuern, der aufgrund seiner »unmöglichen« Bedingungen sowieso nicht gehalten werden kann. Er verheißt ihnen vielmehr einen völlig Neuen Bund auf der festen Grundlage Seiner Treue und Liebe.

Der Sinaibund dagegen war auf einer Grundlage geschlossen, die nicht nur unsicher war, sondern unmöglich Bestand haben konnte. Kein Mensch ist jemals in der Lage gewesen, die *Thora* vollkommen und ohne Fehltritte zu befolgen. Das war auch der Grund, weshalb Gott durch das Opfersystem einen Weg aus diesem Dilemma schuf. Der Anspruch des heutigen Judentums, daß man ohne einen Mittler zu Gott kommen kann, ist völlig falsch und zeigt einen Mangel an grundlegendem Verständnis für das Amt der Priesterschaft. Gott verheißt durch den Propheten Jeremia: ›Ich will ihnen ihre Missetat vergeben und ihrer Sünde nimmermehr gedenken!‹ Wie aber kann uns Gott Vergebung der Sünden versprechen, ohne daß zuvor ein Opfer gebracht wurde? Der *Thora* zufolge muß ein Opfer gebracht werden, um schuldige Menschen von ihren Sünden reinzuwaschen. Deshalb bitten die Juden heute Gott, ihre Gebete und ihr Flehen so anzunehmen, als ob sie Ihm Opfer nach den Weisungen der *Thora* darbringen würden. Gott aber will nicht von uns, daß wir unsere Opfer durch Gebete ersetzen, weil Er einen solchen Ersatz nicht anerkennen kann. Er verlangt lediglich von uns, Seinen Bund anzunehmen, den Er mit dem Blut des Lammes Gottes, des ewig gültigen Opfers, besiegelt hat. Wir müssen nur im Glauben annehmen, was Er uns in Seiner Gnade durch den Neuen Bund geschenkt hat – ein neues Herz und einen neuen Geist. Das führt dann dazu, daß wir Ihm aus Liebe nachfolgen, weil Er uns zuerst geliebt und unsere Sünden vergeben hat. Alle diese Segnungen schenkt Er uns im Neuen Bund, durch den Tod und die Auferstehung Jeshuas des Messias, weil Sein Blut ›für viele zur Vergebung der Sünden‹ vergossen wurde.

Die Tragödie des Volkes Israel kann auf diesen Grundsatz zurückgeführt werden – durch alle Jahrtausende seiner Geschichte. Das Geschenk der *Thora* war für uns das Zeichen unserer Einzigartigkeit als Volk Gottes. Aber wir erkannten unsere Berufung nicht: nämlich ein Heer von Evangelisten und ›ein Königreich von Priestern und eine heilige Nation‹ zu sein, um das Zeugnis von Gott an die Enden der Erde zu tragen. In Jeshua dem Messias erfüllte Gott Seine Verheißung, daß Israel ein Segen für alle Geschlechter der Erde und ein Licht für die Nichtjuden werden würde. Die Tatsache, daß viele Nichtjuden das Wort Gottes verdrehten und verzerrten, ändert nichts an diesem Tatbestand; darin zeigt sich lediglich erneut die sündige Natur des Menschen. Versteckten wir nicht ebenfalls die Wahrheit des Mose und der Propheten hinter verschlossenen *Jeschiwas, ultraorthodoxen Ghettos* und Sonderrechten?

Aber Gott läßt sich nicht in eine Schachtel sperren! Er kam als Mensch in diese Welt und schenkte uns den Neuen Bund durch das Blut des Messias, wie Er es verheißen hatte. Wir Juden überließen den Christen die Arbeit, die für uns vorgesehen war und von uns getan werden sollte. Sie übersetzten unsere hebräische Bibel in mehr als 1400 Sprachen und Dialekte und machten sie fast jedem Volk auf dieser Erde zugänglich! Wir Juden müssen uns bewußt werden, daß Gott uns nicht auserwählte, weil wir besser oder heiliger als andere Völker sind. Wir sollten besser aufhören zu glauben, daß es zwei Wahrheiten gäbe – eine für die Juden und eine andere für den Rest der Welt – oder, daß unterschiedliche Heilspläne für Juden und Nichtjuden bestünden. Das Gegenteil ist der Fall! Es gibt nur eine Wahrheit Gottes. Sie ist ewig und absolut und gilt der ganzen Menschheit.

Gott schuf alle Menschen nach Seinem Ebenbild. Er will, daß alle Menschen zur Erkenntnis der Wahrheit finden und gerettet werden. Jeshua ist ›der Weg, die Wahrheit und das Leben‹. Anstatt die Nichtjuden zu zwingen, sich der komplizierten und schmerzhaften Feuerprobe des Übertritts zum Judentum zu unterziehen, sollten wir sie lehren, was Gott uns durch Abraham lehrte. Abraham war der ›Vater vieler Völker‹ und ›vertraute dem Herrn, und das rechnete Er ihm zur Gerechtigkeit.‹

Oh Michael!

Eines Morgens stand Michael vor meiner Tür. Ich hatte nichts mehr von ihm gehört, seit ich Amerika verlassen hatte. So wunderte ich mich, wie er mich ausfindig machen konnte. Jedenfalls stand dieser junge Mann vor mir, der vor vielen Jahren von seinen Eltern nach Jerusalem geschickt worden war, um ein berühmter *Rabbi* zu werden; dessen Sinn aber nach den süßen Vergnügungen der Nachtclubs und Kneipen stand. Es war derselbe Michael, der mit seinem Freund in Brooklyn Karate übte, um sich an den aggressiven Nichtjuden zu rächen. Inzwischen war er zu Reichtum gekommen. Es gelang ihm, mich genauso zu überraschen, wie ich es vor 15 Jahren tat, als ich an seine Tür geklopft hatte. Dieser liebe Freund war nur zu einem einzigen Zweck nach Israel gekommen: er wollte »vernünftig« mit mir sprechen und mich überreden, diesen ganzen Unfug mit Jeshua und dem messianischen Glauben aufzugeben. Sein ganzes Bestreben war, mich in den Schoß des Judentums zurückzubringen.

»Bitte komm mit mir zu einer bestimmten *Jeschiwa* in Jerusalem«, forderte er mich auf. »Komm und sprich mit einem *Rabbi.* Erklär' ihm, warum du glaubst, daß Jeshu der Messias ist! Zeig' ihm in der Bibel alle Weissagungen, die du mir damals gezeigt hast. Ich möchte sehen, wie er auf deine Behauptungen reagiert – und wie er auf deine Argumente antwortet, wenn du ihm das messianische Judentum als das wahre Judentum darstellst.«

Ich mußte an die hitzigen Debatten denken, die wir geführt hatten. Michael, der den »alten Jakob« ziemlich gut gekannt hatte, war von der Veränderung, die sich in mir vollzogen hatte, stark beeindruckt. Aber er weigerte sich noch immer einzusehen, daß diese Veränderung von meinem Glauben an Jeshua herrührte. Für ihn war es unvorstellbar, daß ich Frieden und Freude durch den Messias des Gottes Israels gefunden hatte, ohne mich vor den *Rabbis* zu beugen, von denen er Tag und Nacht in seinem religiösen Elternhaus gehört hatte. Seit diesen Debatten waren viele Jahre vergangen, aber Michael konnte offensichtlich nicht vergessen, was er von mir über den Glauben gehört hatte. Hatte mein Zeugnis sein besorgtes Herz aufgewühlt? Wer weiß? Möglicherweise wollte er sein Gewissen erleichtern, und durch einen gelehrten *Rabbi* sich selbst beweisen, daß ich unrecht hatte.

»Möchtest du, daß ich mich mit einem *Rabbi* duelliere?« antwortete ich begeistert. »Das wird interessant! Das ist ganz nach meinem Geschmack!« Michael sah mich bestürzt an. Anscheinend hatte er eine andere Reaktion von mir erwartet – daß ich meinen Standpunkt verteidigen und davor zurückschrecken würde, mir andere Meinungen anzuhören.

»Wenn der *Rabbi* dich überzeugen könnte, zum Judentum – so wie es das ganze israelische Volk versteht – zurückzukehren, wärst du dann bereit, deinen Glauben an Jeshu aufzugeben? Würdest du zugeben, daß dir ein Fehler unterlaufen ist und diese Sache mit Jeshu nur eine Verrücktheit war?« fragte er mich verwirrt.

»Zuallererst möchte ich klarstellen, daß nicht das ganze israelische Volk das Judentum so versteht, wie die *Rabbis* es darstellen. Aber ich verspreche dir – und das kann ich dir schriftlich geben – daß ich sicherlich meinen Fehler eingestehen werde, wenn der *Rabbi* mich überzeugen sollte, daß das *rabbinische* Judentum recht hat und das messianische Judentum irrt. Außerdem versichere ich dir, daß ich dann meinen Irrtum in einem Artikel in der Tagespresse bekanntgeben werde, damit andere nicht den gleichen Fehler begehen. Diejenigen, die bereits zum Glauben gekommen sind, können diesem Glauben dann wieder abschwören und zum *rabbinischen* Judentum zurückkehren. Ich denke, das ist ein fairer Handel. Was meinst du?«

»Dann laß uns keine Zeit mehr verlieren – wir fahren sofort zu dieser *Jeschiwa*!« rief Michael aus. Er befürchtete wohl, daß ich meine Meinung wieder ändern könnte.

Wir stiegen in den eleganten Mercedes, den er bei seiner Ankunft in Israel gemietet hatte, und fuhren nach Jerusalem. Michael parkte das Auto vor der *Jeschiwa*, ganz in der Nähe von »Mea Shearim«, dem *ultraorthodoxen* Viertel von Jerusalem. Die Mauern der halbverfallenen Häuser waren mit mehreren Schichten von Plakaten beklebt. Sie ermahnten die Öffentlichkeit, die *Shabbat*verbote einzuhalten oder warnten vor Frauen in »unzüchtiger Kleidung«, die den Nacken, die Armgelenke oder Fußknöchel nicht bedeckt. Außerdem warnten sie vor dem *Rabbi* aus der Nachbarschaft und seinem Einflußbereich. Sie forderten die Gläubigen auf, in Scharen zu den Erweckungsversammlungen zu kommen; oder ermutigten diese, einen »Heiligen Krieg« gegen die Pathologen, gegen die unreinen Wahlen für die *Knesseth*, gegen das sündige Fernsehen, gegen die seelenfangenden Missionare – egal gegen was – zu führen.

Michael war jetzt ein sehr reicher Mann. Und ich konnte nicht begreifen, was ihn dazu brachte, mich zu diesem *Rabbi* zu führen. Machte er sich ernsthafte Sorgen um das ewige Schicksal meiner armen Seele – oder hörte er den Ruf der leisen Stimme Gottes: ›Mein Sohn, wo bist du?‹

Plötzlich zog Michael zwei weiße *Kippot* aus der Tasche. Eine setzte er auf, die andere gab er mir und sagte: »Ich hoffe, es macht dir nichts aus, die *Kippa* zu tragen?«

Ich sah ihm in die Augen und erwiderte: »Michael, wenn ich tatsächlich glauben würde, daß das einen *koscheren* Juden ausmachte, würde ich sogar einen *Streimel* aufsetzen! Es tut mir leid, ich bin nicht bereit zu heucheln und eine Maske zu tragen!«

Verwundert und enttäuscht über meine Ablehnung, steckte Michael die *Kippa* in seine Tasche zurück und fragte mich entschuldigend: »Aber was müssen wir dann tun, um uns von den Nichtjuden zu unterscheiden?« Ich schwieg und warf ihm einen Blick zu, der für sich selbst sprach. Er verstand ihn sehr gut.

Wir betraten die *Jeschiwa* durch ein hohes, eisernes Tor mit der Inschrift: ›Dies ist das Tor des Herrn, die Gerechten dürfen eintreten‹. Auf dem großen Innenhof standen kleine Gruppen von *Jeschiwa*studenten und führten belanglose Gespräche. Michael, der einen dreiteiligen Anzug nach der letzten New Yorker Mode und eine elegante *Kippa* trug, betrat das Gebäude, als sei es sein Privateigentum. Da er seine Kindheit und Jugend in den New Yorker *Jeschiwot* verbracht hatte, fühlte er sich auch hier zu Hause. Obwohl er sich aus der religiösen Arena bereits zu einem frühen Zeitpunkt seines Lebens zurückgezogen hatte, glaubte er ganz fest, daß ich meinen Platz innerhalb der *Jeschiwa* mauern sehr schnell finden würde: schließlich hatte ich bereits Buße getan, glaubte an Gott und verabscheute die »Eitelkeiten dieser Welt«. Er konnte nicht verstehen, daß ich in der *säkularen* Welt lebte und dem Rest der Welt sehr ähnlich war, aber dennoch einen völlig anderen Lebensstil führte. Es war ihm ein Rätsel, wie man den vielen Versuchungen, die an jeder Ecke lauerten, widerstehen konnte, ohne sich in ein *Ghetto* zurückzuziehen. Mönche und Einsiedler ziehen sich in Klöster zurück. *Orthodoxe* Juden verstecken sich in *Jeschiwot* und *Ghettos* vor der feindlichen Welt. Es war Michael unbegreiflich, daß ein Mensch, der von den Vergnügungen dieser Welt umgeben ist, Buße tun konnte, ohne daß sich seine äußerliche Erscheinung veränderte.

Wir gingen langsam durch den breiten Flur des *Jeschiwa*gebäudes. Die Studenten saßen sich in Zweiergruppen gegenüber und bewegten ihre Oberkörper, über dicke *Gemara*bücher gebeugt, rhythmisch vor und zurück. Jeder Sachverhalt wurde aus allen möglichen Blickwinkeln gründlich untersucht. Schließlich kamen sie zu dem Ergebnis, daß diese Welt nur noch durch das Verdienst der *Rabbis* und ihrer Schüler existierte.

Michael wirkte ein wenig nervös, als wir vor der Tür zum Büro des *Rabbis* standen. Er lächelte mich an und klopfte dann vorsichtig an die Tür. Sogleich hörten wir eine Stimme, die uns einlud, hereinzukommen. Wir betraten das Büro mit feierlich-ernstem Gesichtsausdruck. Der *Rabbi* war sehr höflich und bat uns freundlich, Platz zu nehmen. Auf seinem Schreibtisch türmten sich Stapel von Papier, und an den Wänden standen riesige Bücherregale mit Hunderten von dicken Bänden »heiliger« Literatur.

Da saßen wir nun vor dem *Rabbi* und tauschten belustigte Blicke aus. Fünfzehn Jahre waren vergangen, seit Michael und ich dem religiösen *Establishment* den Rücken gekehrt hatten. Und nun fanden wir uns in einer Jerusalemer *Jeschiwa* unter merkwürdigen Umständen wieder. Offen gesagt, hatte ich keine Ahnung, was mich erwartete. Vielleicht würde sich eine hitzige Debatte entwickeln.

Möglicherweise würde der *Rabbi*, nachdem er mir seine Meinung kundgetan hatte, die Schüler auffordern, mich zu verfluchen und die Treppe hinunterzuwerfen. Ich war auf das Schlimmste gefaßt.

»Ehrwürdiger *Rabbi*«, begann Michael in erstaunlich fließendem Hebräisch mit New Yorker Akzent, »Jakob ist ein lieber Freund von mir. Aber im Augenblick glaubt er an Jeshu. Ich bin mit ihm hierher gekommen, damit Sie ihn zur Vernunft bringen. Vielleicht können Sie ihn zum Judentum zurückführen.«

»Gewiß! Es ist eine sehr große *Mizwa* (gerechte Tat), einen im Irrtum befindlichen Juden zu seinen ursprünglichen Wurzeln zurückzuführen!«

Ein beklommenes Schweigen breitete sich im Zimmer aus. Dann hob der *Rabbi* seine Augen und sah mich mitleidig und verständnisvoll an. Er fragte mich sachverständig, als kenne er mein Herz und meine Überzeugungen besser als ich selbst: »Was veranlaßt Sie zu denken, daß das nichtjüdische Neue Testament die Wahrheit aussagen würde, und unser jüdischer *Tanach* irrt?«

»Ehrwürdiger *Rabbi*«, entgegnete ich höflich, »erlauben Sie mir bitte, Ihre Aussage zu berichtigen. Ich bin nicht der Ansicht, daß das Neue Testament, wie Sie es bezeichnen, nichtjüdisch ist – oder daß es den Nichtjuden gehört. Ich glaube, daß der Neue Bund genau wie unser jüdischer *Tanach* ein heiliges jüdisches Buch ist. Außerdem bin ich der Meinung, daß beide Bücher die Wahrheit berichten. Warum müssen wir sie einander gegenüberstellen? Sie sind ergänzende Teile heiliger Literatur; beide sind das vom lebendigen Gott inspirierte Wort!«

Das war eine Provokation, wie wir an der Reaktion des *Rabbis* erkennen konnten! Seine Augen wurden finster, und sein Tonfall änderte sich. »Wie können Sie es wagen, unsere heilige *Thora*, die Mose am Berg Sinai erhielt, mit diesem unreinen, verachtenswerten Neuen Testament zu vergleichen? Wie können Sie behaupten, daß es ein jüdisches Buch ist? Hören Ihre Ohren, was Ihr Mund sagt?«

»Es tut mir leid, ehrwürdiger *Rabbi*«, antwortete ich, »ich stimme Ihnen zu, daß Mose am Berg Sinai die heilige *Thora* von Gott überreicht wurde. Ich lehne nicht einen einzigen Buchstaben davon ab. Aber was den Neuen Bund angeht, so ist er weder unrein noch verachtenswert. Er ist in einer einfacheren Sprache als der *Tanach* geschrieben, weil Gott Seine Botschaft jedem Menschen auf der Erde verständlich machen wollte. Der Neue Bund wurde aber nicht geschlossen, um den *Tanach* zu verändern oder ihn zu ersetzen – Gott bewahre! Er bezeugt die Treue unseres Herrn, des Gottes Israels, der uns einen Messias verheißen hatte und diese Verheißung erfüllte!

Erlauben Sie mir, *Rabbi*, Ihnen eine persönliche Frage zu stellen: haben Sie sich jemals mit dem Neuen Bund befaßt? Haben Sie eine Vorstellung, was darin geschrieben steht?«

»Natürlich nicht!« Der *Rabbi* war entsetzt, so als hätte ich ihm vorgeschlagen, ein Brot mit Käse und Schweinefleisch an einem *Jom Kippur* zu essen, der auf einen *Shabbat* fällt[25]. »Ich habe mich niemals mit einer solchen Schande beschmutzt! Es ist ein unreines und verachtenswertes Buch. Und es wurde geschrieben, um die Nichtjuden zu lehren, wie grausam und schrecklich das Verbrechen der Juden gewesen sei, die Jeshu ablehnten. Jeshu und das Buch, das er schrieb, waren die Hauptursache für alle unsere Probleme und Leiden in dieser Welt! Im Namen ›dieses Mannes‹ metzelten die Nichtjuden uns in den letzten 2000 Jahren nieder! Jeder Jude, der dieses Buch liest, riskiert sein Leben!«

Die ermüdende Unterhaltung ging weiter. Ich entsinne mich nicht mehr an alle Einzelheiten, aber die Argumente wurden immer heftiger. Ich zitierte viele Weissagungen über den Messias, der bei Seinem ersten Kommen als das Lamm Gottes für die Sünden der Welt starb und bei Seinem zweiten Kommen als der Löwe von Juda zurückkehren wird. Im Gespräch mit *ultraorthodoxen* Juden ist es aber ziemlich schwierig, die Aussagen des *Tanach* gegen die Schriften der Weisen einzusetzen, weil die Macht und Autorität der *rabbinischen* Kommentare von den *Ultraorthodoxen* höher eingeschätzt werden als die des *Tanach*. Wir waren uns einig, daß mehrere Bibelstellen von einem leidenden Messias sprechen. Nach Ansicht des *Rabbis* kann heute jedoch niemand wissen, wer dieser *Messias Ben Josef* ist.

»Aber wie können wir Ihn dann erkennen, wenn Er kommt?« fragte ich. Der *Rabbi* war auf diese Frage vorbereitet: »Der *RAM-*

BAM war die einzige und endgültige Autorität, was das Erkennen des Messias betrifft.« Dann nahm er einen dicken, beeindruckenden Band der *Mishne Thora – Hayad hahazakah* aus seinem Bücherregal, schlug fachmännisch das entsprechende Kapitel auf und sang laut aus der »Herrschaft der Könige« im Kapitel *Shoftim*:

»Wenn ein König aus dem Haus Davids hervorgeht, über die *Thora* nachdenkt und wie sein Stammvater David die Gebote erfüllt, sowohl der schriftlichen wie der *mündlichen Thora*, und das ganze Volk Israel veranlaßt, nach der *Thora* zu leben und an ihr festzuhalten, und die Kämpfe des Herrn kämpft – dann ist er unter Umständen der Messias; wenn er all das erfolgreich tut, und den Tempel an seinem angestammten Ort baut, und das zerstreute Volk Israel heimführt – dann ist er mit Sicherheit der Messias!«

Energisch versuchte ich, dem *Rabbi* den gewaltigen Unterschied zwischen der Beschreibung *RAMBAMS* und der der Heiligen Schrift zu erklären, die den wahren Messias porträtiert. Die Lehrmeinung der Weisen unterscheidet zwischen zwei Gesalbten: zuerst wird der *Messias Ben Josef* kommen und im Krieg sterben. Danach wird der *Messias Ben David* siegreich als erobernder König kommen. Dieser Theorie zufolge muß es zwei verschiedene messianische Gestalten geben, während der *Tanach* von nur einem Messias spricht, der zweimal erscheinen wird: bei Seinem ersten Kommen nimmt Er durch Seinen Tod die Sünden der Menschen weg und errettet sie von der ewigen Verdammnis. Durch Seine Auferstehung öffnet Er die Türen des Heils – auch für die Rettung der Nichtjuden. Später wird Er dann als der siegreiche »König aller Könige« wiederkommen. Der *Tanach* schließt die Möglichkeit eines zweiten Messias aus. Es gibt auch keine biblische Begründung für die Ansicht, daß der Messias dann kommt, wenn das ganze Volk Israel zwei aufeinanderfolgende *Shabbat*tage exakt nach den Weisungen des Gesetzes einhält!

»Im Gegenteil, ehrwürdiger *Rabbi*«, rief ich aus, »Jeshua allein ist die Antwort auf alle biblischen Anforderungen in Bezug auf den *Messias Ben Josef*. Denn der Ehemann von Jeshuas Mutter, Maria, hieß Josef. Außerdem ähnelt Jeshuas ganze Lebensgeschichte derjenigen des gerechten Josef, des Sohnes unseres Erzvaters Jakob. Er wird auch bald alle Weissagungen bezüglich des *Messias Ben David* erfüllen, wenn Er in den Wolken des Himmels mit Ehre und Herrlichkeit zurückkommt, um Gottes ›Königreich auf Erden‹ zu errichten.«

Als ich dem *Rabbi* die Prophezeiungen auf messianische Weise erläuterte, folgte er meinen Ausführungen mit sichtlich zunehmendem Interesse. Allmählich unterließ er es, mich mit Gegenargumenten zu unterbrechen.

Schließlich fragte mich der *Rabbi*, ob ich nicht das Seminar über »Werte« für neue »Bußfertige« (der religiöse Begriff für weltliche Menschen, die *orthodox* werden) besuchen möchte, in dem ich Antworten auf alle meine Fragen erhalten würde. Es war ihm offensichtlich entgangen, daß ich ihm nicht eine einzige Frage gestellt hatte!

»Einverstanden, *Rabbi*«, sagte ich, »aber das werde ich nur unter der Voraussetzung tun, daß die *Jeschiwa* für meine Auslagen aufkommt. Denn ich bin nicht bereit, auch nur einen Shekel für so ein Seminar auszugeben!«

Der *Rabbi* sah mich wegen dieser unverschämten Forderung etwas beleidigt an. Weil es ihm aber die einzige Chance zu sein schien, mich zu Verstand zu bringen, erklärte er sich bereit, meine Bedingung anzunehmen. So fuhr ich zu dem Hotel nach Netanya, in dem das Seminar stattfinden sollte.

Das Seminar war ein klassisches Beispiel für intensive Methoden der Gehirnwäsche, um unwissende, ahnungslose Opfer hinters Licht zu führen. Etwa 200 weltliche Menschen, viele von ihnen entwurzelte *Kibbuzniks*, die über Religion im allgemeinen – oder vom Judentum im besonderen – nichts wußten, hörten von frühmorgens bis spätabends aufmerksam einem Marathon von Vorträgen zu. Piloten der Luftwaffe, Künstler, Doktoren und Universitätsprofessoren – alle mit der Vorsilbe »ex« – bestiegen das Podium und schilderten den leichtgläubigen Hörern, wie das Einhalten der *Thora*gebote ihr Leben völlig verändert habe. Andere erzählten von aufregenden Erfahrungen, die sie bei Séancen und spiritistischen Sitzungen gemacht hatten. Sie schienen vom Okkultismus so sehr fasziniert zu sein, daß sie sich unbewußt mit dämonischen Mächten befaßten. Je tiefer sie in die Esoterik eingeweiht waren, desto stärker gewannen sie die Sympathie der wißbegierigen Menge.

Die meisten Vorträge waren nichts anderes als ein »Feldzug systematischer Einschüchterungen und Drohungen« mit den Schrekken der Hölle, die auf diejenigen Menschen warten, die mit ihrer weltlichen Lebensweise fortfahren. Einigen Aussagen konnte ich von ganzem Herzen zustimmen, weil niemand mir die Existenz Gottes und Satans bzw. des Himmels und der Hölle beweisen mußte. Ich sträubte mich jedoch mit aller Kraft gegen den Druck und die Methoden der Gehirnwäsche, die hier angewandt wurden. Während des gesamten Seminars wurde die Bibel kein einziges Mal aufgeschlagen. Niemand bezog sich auf sie, auch nicht indirekt!

Die Teilnehmer waren einem enormen psychologischen Druck ausgesetzt. Auf den Korridoren wurden religiöse Artikel verkauft – Flaschen mit »heiligem Wasser« aus den Hähnen von »Baba Sali« (einem sephardischen *Rabbi*, dem nachgesagt wird, daß er übernatürliche Heilkräfte besitze), »heilige« Porträts und Kassetten berühmter *Rabbis*, Musikkassetten religiöser Solisten und Chöre, *Kippot* aus schwarzem Samt, Gebetsschals und *Tzitzijot*. Und die Leute kauften tatsächlich alle diese Dinge!

Am letzten Abend dieser langen Woche gingen die meisten der Teilnehmer nach vorne zum Podium und berichteten von ihren Erfahrungen. Sie versicherten mit Tränen in den Augen, künftig die Gebote zu halten – besonders die *Shabbat*- und *Kashrut*gesetze. Zum Schluß blieben nur noch ein ehemaliger *Kibbuznik* und ich übrig, die nicht nach vorne gingen!

Ich blieb sitzen und dachte darüber nach, was die Seminarteilnehmer in der nahen Zukunft erwarten würde. Sie werden ihr Bestes versuchen, die Gebote und Traditionen zu halten. Bald jedoch würden sie erkennen, wie unzulänglich und unfähig sie sind, Gott durch Werke zu besänftigen. Bei meinen evangelistischen Einsätzen lernte ich viele solcher »Seminarabsolventen« kennen, die enttäuscht und desillusioniert waren. Sie fragten sich, warum sie falsch gehandelt hatten, weshalb sie dieses oder jenes Gebot nicht einhalten konnten, und warum sie es überhaupt richtig zu befolgen hätten. Ihnen wurde jedoch wiederholt eingetrichtert, weder Zweifel aufkommen zu lassen noch Fragen zu stellen! Einigen von ihnen war befohlen worden, sich von ihren Frauen scheiden zu lassen, wenn diese keine »Bußfertigkeit« zeigten. Sie brachen alle Verbindungen zu ihren Kindern ab. Sie lehnten es sogar ab, ihre Eltern zu besuchen und an deren »beschmutzten« Tischen zu essen. Damit brachen sie das ausdrückliche Gebot, Vater und Mutter zu ehren.

Dann kam der Seminarleiter, *Rabbi* Peretz persönlich, zu mir und fragte mich, warum ich so widerspenstig sei und mich weigere, zum Podium zu kommen, um meine Sünden zu bekennen und zu bereuen und vor der versammelten Menge Buße zu tun.

Ich blieb ihm die Antwort schuldig. Wie konnte ich mit Worten ausdrücken, was in meinem Herzen vorging.

Rabbi Peretz blickte mich an, als könne er meine Gedanken lesen, und bat mich: »Wie wäre es, wenn Sie am Ende der Tagung mit *Rabbi* Yitzak Amnon sprechen?«

Rabbi Amnon, »der große Löwe«, fand erst um zwei Uhr morgens Zeit, um mit mir zu sprechen. Wir saßen mit mehreren anderen *Rabbis* zusammen. Auf ihre Bitte hin erläuterte ich die Grundsätze des messianischen Glaubens. Ich erklärte, daß dieser Glaube auf der *Thora* und den Schriften der Propheten basiere, und wie er mit dem Bedürfnis des Menschen zusammenhängt, Sündenvergebung und Versöhnung mit dem heiligen Gott zu finden. Soweit stimmten sie mir von ganzem Herzen zu und waren erwartungsvoll. Als ich jedoch begann, Schriftstellen zu zitieren, die sich auf den Messias und den Neuen Bund bezogen, wurde die Atmosphäre plötzlich düster und bedrückend.

Einstimmig lehnten sie den Neuen Bund mit deutlichen Aussagen ab.

»Ich muß ihn nicht lesen!« sagte der *Rabbi* mit Bestimmtheit. »Meine Vorväter haben entschieden, ihn anzuzweifeln, und das genügt mir. Außerdem erhielten meine Vorfahren die *Thora* auf dem Sinai und überlieferten sie treu von einer Generation zur anderen bis zum heutigen Tag. Von wem aber erhielten Sie das Neue Testament? Von Ihren Vätern oder von den Nichtjuden?«

»Der Neue Bund wurde von meinen jüdischen Vorvätern geschrieben«, antwortete ich, »sie trugen die rettende Botschaft bis zu den Enden der Erde. Es ist wahr, daß Jeff, der mich mit der Frohen Botschaft bekanntmachte, ein Nichtjude war. Das neue Herz und den neuen Geist erhielt ich jedoch weder von Jeff, noch von meinen Vätern oder Vorvätern, sondern vom Herrn und Gott Israels. Unsere jüdischen Vorväter waren sündige Menschen wie wir alle es sind; mehr als einmal haben sie das Ziel verfehlt und das Volk irregeführt, so wie es auch heute noch geschieht!

›*Darum sprich zum Haus Israel: So spricht Gott der Herr: Macht ihr euch nicht unrein in der Weise eurer Väter und treibt Abgötterei mit ihren Greuelbildern?*‹ (Hesekiel 20,30)

Ehrwürdiger *Rabbi*, was erwarten Sie von mir? Soll ich meinen Vorvätern und den alten *Rabbis* Ehrerbietung und heilige Gefühle entgegenbringen, nur, weil sie mir geschichtlich vorausgingen? Wollen Sie wirklich, daß ich ihre Worte heiliger halte als das Wort des lebendigen Gottes? Die religiösen und geistlichen Führer Israels lehnten die wahren Propheten stets ab, wenn sie ihnen eine göttliche Botschaft übermittelten. Ist es nicht denkbar, daß Jeshua, von dem gesagt wurde, ›*Siehe, dein König kommt zu dir, ein Gerechter und ein Helfer, arm und reitet auf einem Esel, auf einem Füllen der Eselin*‹ (Sacharja 9,9) bei Seinem Kommen ebenfalls abgewiesen wurde, weil Er den gängigen und unbiblischen Erwartungen nicht entsprach?« Dann sah ich dem *Rabbi* in die Augen und fragte ihn: »Was an Jeshua lehnen Sie ab? Welche Sünde hat Er begangen, daß Sie Ihn so leidenschaftlich hassen? Wann werden Sie Ihn in Seinem wahren Licht sehen wollen?«

Heute, genau wie im Altertum, warten die religiösen Führer Israels auf einen imaginären und nicht identifizierbaren jüdischen Messias, der das Volk Israel von seiner Knechtschaft durch die unreinen Nichtjuden befreien soll. Gott läßt uns aber deutlich wissen, daß Er Sein Volk zuerst vom Schmutz ihrer unreinen und sündigen Herzen befreien will. Wem soll ich glauben? Soll ich meinen Vorvätern und den *rabbinischen* Weisen gehorchen, oder dem heiligen Wort des lebendigen Gottes?

Wann wird der herrliche Tag kommen, an dem die *Rabbis* endlich die göttliche Wahrheit anerkennen und ihren eigenen Ruhm und ihr eitles Prestigedenken unter das Kreuz des Messias bringen?

Wann werden sie aufhören, Jeshua anzuklagen und Ihn für alle Bedrängnisse und Verfolgungen des jüdischen Volkes verantwortlich zu machen? Wann werden sie und das ganze Haus Israel ausrufen: ›Gelobt sei, der da kommt im Namen des Herrn‹?« (Psalm 118, 26; Matthäus 23, 39)

Es war eine aufregende, aber traurige Nacht. Im Morgengrauen verabschiedeten wir uns und gingen unserer Wege. Sie blieben dabei, daß meine Auslegungen nicht gültig seien, weil ich die *mündlich* überlieferte *Thora* ablehnte. Deshalb waren sie fest davon überzeugt, daß ich das Christentum angenommen habe, das ihrer Ansicht nach eine nichtjüdische Religion ist. Dagegen war ich überzeugt, daß sie den ursprünglichen Glauben der Bibel gegen eine von Menschen gemachte, und deshalb falsche, Religion eingetauscht hatten. Trotz hitziger Debatten blieb die Atmosphäre höflich und würdevoll. Ich muß einräumen, daß das meine erste Auseinandersetzung mit *Rabbis* war, die meine Ansichten würdigten und mir nach unserem Gespräch sogar Gutes wünschten. Mein Herzenswunsch ist, daß das Wort Gottes, das sie so reichlich von mir gehört haben, zu ihren Herzen sprechen wird!

Der steinerne Löwe und der Löwe von Juda

Wenn ich nun auf die vielen Jahre meines Dienstes im Reich Gottes zurückblicke, kann ich nur über den langen Weg staunen, den der Junge von Kirjat Shmona ging. Einst hatte er Gedanken der Rache und des Zornes gegen die Nichtjuden, damals vor dem steinernen Denkmal des »brüllenden« Löwen auf *Tel-Chai.* Gott aber machte ihn zu einem Mann mit Worten des Trostes und des Heils – in erster Linie für das Volk Israel, aber auch für die Nichtjuden. Diese Berufung kam nicht von mir selbst. Weder bat ich darum, noch suchte ich nach dem geistlichen Amt eines Evangelisten. Es war auch nicht die Frucht meiner Phantasie. Ich könnte dieses Amt nicht einen einzigen Tag ausführen, wenn ich nicht das Leben in seiner ganzen Fülle zu Füßen des Löwen von Juda, meines Herrn und Messias Jeshua, leben würde.

Der Weg war lang und beschwerlich, voller Hindernisse und Niederlagen, Leid und Stolpersteine, Sünden und Siege. Mein Leben ist nicht einfach, auch heute noch nicht. Der Messias versprach uns niemals einen Rosengarten. Jeder, der meint, daß Jeshua uns eine *Thora* gab, die leichter zu befolgen sei als die von Mose, kennt die Wahrheit nicht! Aber ich würde die *Thora* Jeshuas gegen nichts auf dieser Welt eintauschen. Wenn Du von neuem geboren wurdest, weißt Du, was ich meine!

In den Wirbeln und Stürmen dieser Welt, wenn ich durch tiefes Wasser und reißende Ströme gehe, oder in das Feuer der Trübsale und Verfolgungen gerate, habe ich die feste Zusage Gottes, daß Er mich niemals weder verläßt noch aufgibt. Er wird immer bei mir sein, bis ans Ende der Welt. Wenn ich stolpere und falle, steht Er mir zur Seite, streckt Seinen starken und mächtigen Arm nach mir aus und stellt meine Füße wieder auf den festen Grund. Gott hielt Seine Zusagen immer treu ein, obwohl ich Ihn so oft enttäuscht habe!

Manchmal, wenn ich meine Augen schließe und nachdenke, sehe ich das Bild eines Vaters mit seinem Sohn vor mir – ein Bild aus ferner Vergangenheit, wie aus einer anderen Welt. Ich sehe einen zwölfjährigen Jungen, wie er neben seinem Vater in der *Synagoge* der persischen und irakischen Juden in Kirjat Shmona steht. Der Vater beugt sich über seinen Sohn und zeigt liebevoll auf die Stelle im Gebetbuch, die der Kantor gerade liest. Für den jungen Knaben ist es schwierig, dem schnellen Lesen der Beter zu folgen, aber er tut sein Bestes, um seinen Vater in der Öffentlichkeit nicht zu blamieren – Gott bewahre! Er lernt von seinem Vater, was es heißt, ein Jude zu sein. Er ist stolz auf sein Judentum!

Und dann, plötzlich, ändert sich das Bild. Es ist ein herrlicher Frühlingstag. Die Szene spielt sich während einer festlichen Feier am Berg Karmel, in einer messianischen Tagungsstätte, ab. Der Junge, der nun viele Jahre älter ist, steht an der Seite seines alten Vaters. Der Prediger hinter dem Pult liest aus den Schriften. Der Sohn hält ein Buch in seiner Hand – nicht den *sephardischen Siddur*, sondern die Bibel, das Wort des lebendigen Gottes – und folgt den Worten des Predigers. Er deutet mit seinem Finger auf den Text und erklärt seinem Vater, was es heißt, ein messianischer Jude zu sein. Er ist stolz auf sein Judentum!

Die Tage sind vergangen, und auch die Jahre,
seit meiner frühen Kindheit.
Damals ging ich hinauf nach *Tel-Chai*,
um dort meine Jugend zu verstehen.
Bin ich ganz allein hier, in meinem Heimatland?
Nein, mein Bruder,
du bist nicht allein
im jüdischen Kampf ums Überleben!
Am *Holocaust*-Gedenktag
kommen sie alle hierher,
um ihre Flaggen zu hissen.
Zuerst auf halbmast,
und dann – ganz nach oben.

Jemand spricht vom Blut der Gefallenen,
jeder vergießt Tränen.
Und dann, wenn alles vorbei ist,
wirbeln die Tänzer im Kreis herum;
später findet alles zum Gewohnten zurück,
und wie alle anderen Völker
dienen wir weiterhin unseren eigenen Göttern:
Nicht mehr dem *Baal* und der *Astarte*,
oder von Menschenhand gemachten Götzenbildern,
sondern vielmehr dem Menschen selbst
und der Schöpfung Gottes,
und dem wertvollen Vaterland;
denn der Herr,
der uns dieses Land gab,
war schon vor langer Zeit zur Sage geworden,
an die keiner glaubt!

Zu Füßen des steinernen Löwen
bereiten Väter ihre Kinder darauf vor,
ihr Leben dem Land zu weihen –
als Gefallene, Tote, Kriegsopfer!
Nein, mein Bruder,
du bist nicht allein
im jüdischen Kampf ums Überleben!
»Durch Blut und Feuer fiel Juda!«
Das war von Gott vorherbestimmt.
Er bringt uns hierher zurück,
jahrein und jahraus.
Das Volk Israel aber kann nicht sehen!
Gott ruft uns immerzu,
aber wir antworten nicht!
Von frühester Kindheit an
bin ich mit der Liebe zu *Trumpeldor* aufgewachsen;
ich bereitete mein Blut
und das Feuer meiner Seele
für das Bestehen des jüdischen Volkes vor.

Gott aber verbarg Sein Gesicht vor mir,
und wie alle anderen
fragte ich mich:
›Was heißt es, ein Jude zu sein?‹
Die Antwort, die ich erhielt,
war eine Botschaft von hoch oben:
Das Blut wurde vergossen, der Bund geschlossen,
ewiger Friede mit Gott gemacht!
Nicht mehr der tote, steinerne Löwe;
der wahre Löwe von Juda lebt!
In Ihm ist ewiges Leben,
Ihm seien Ehre, Preis und Dank!

Israel ist eine Nation, die wie keine andere an ihre Religion gebunden ist und darum ringt, ihre Identität zu finden – eine Identität, die nicht mehr klar zu sein scheint und die der dringenden Klärung bedarf. Bis heute hat es die israelische Regierung nicht geschafft, zu definieren, wer als Jude gilt. Die meisten Israelis verbindet nur noch das Gefühl des nationalen Stolzes, und nur die Bedrohung der nationalen Sicherheit hält das Volk zusammen. Damit haben die meisten Juden keine wirkliche Verbindung mehr zu ihrem jüdischen Erbe, weil der Gott der Heiligen Schrift ignoriert und vergessen wird und menschliche Traditionen verehrt werden.

Der lebendige Gott hat mir einen neuen Geist und ein neues Herz geschenkt, so daß ich nicht mehr fragen muß »Warum gerade ich, Herr? Warum wurde ich als Jude geboren?«. Ich weiß jetzt, daß Gottes Plan für mein Leben vollkommener ist, als ich es mir jemals hätte vorstellen können. Nun sehne ich den Tag herbei, an dem mein Volk und alle Völker dieser Erde ihre wahren jüdischen Wurzeln entdecken werden. Dafür gebe ich freudig mein Leben als lebendiges Opfer (Römer 12,1).

Mein Gebet ist, daß Juden aller Richtungen – *orthodoxe* und konservative, reformierte und weltliche, *chassidische* und messianische – eines Tages zusammen singen, tanzen und das lebendige Wasser mit Freude aus den ewigen Quellen des Heils schöpfen! Das bedeutet natürlich nicht, daß wir nicht mehr die *Shabbat*kerzen anzünden und den *Kiddush* über dem Wein sprechen; oder daß wir an *Sukkot* keine Laubhütte mehr bauen – Gott bewahre! Das bedeutet auch nicht, daß wir nun gesäuertes Brot am *Pessach*fest essen, öffentlich den *Shabbat* brechen oder an *Jom Kippur* nicht mehr fasten! Im Gegenteil, wir schöpfen weiterhin Wasser aus den Quellen des Judentums. Wir halten die Feste nach den Überlieferungen unserer Väter ein, sofern diese Traditionen nicht dem Wort Gottes widersprechen. Wir tun das alles in dem Bewußtsein, daß es nicht die Mittel für unsere ewige Errettung sind. Gott allein ist unser Retter. Er hat uns Seine Rettung geschenkt. Sie basiert nicht auf menschlichen Traditionen, sondern auf dem Opfertod und der Auferstehung Seines Sohnes Jeshua, des Messias!

Wenn es mir gelang, ein glaubwürdiges Zeugnis von den wunderbaren Dingen abzulegen, die der König der Könige und der Herr der Herren in meinem Leben getan hat – so soll das mein Lohn sein. Gott und Seinem Messias gebühren Ehre und Herrlichkeit in Ewigkeit, Amen!

Epilog
»Dem Juden zuerst ...«

Lieber Leser, und besonders meine jüdischen Brüder: Dieses Buch wurde mit sehr viel Liebe und aufrichtiger Sorge geschrieben, um die Wahrheit ans Licht zu bringen. Ich tat mein Bestes, um den messianischen Glauben mit Zitaten aus dem Wort Gottes zu begründen. Dabei ist mir besonders eine Schriftstelle wichtig, die ich mit Dir teilen möchte:

›*Denn ich schäme mich des Evangeliums von Christus nicht; denn es ist eine Kraft Gottes, die da selig macht alle, die daran glauben, die Juden vornehmlich und auch die Griechen.*‹ (Römer 1,16)

Die Ausführungen in diesem Buch sind jedoch nur ein winziger Teil aus dem großen Schatz von Gottes heiligem Wort. Jeder ist eingeladen, von dem frischen und lebendigen Wasser des Lebens zu trinken, bis sein Durst nach der Wahrheit gestillt ist. Diese Wahrheit ist weder allein für Weise und Gelehrte bestimmt, noch für *Kabbalisten* und Mystiker – sie ist für Menschen wie Du und ich. Du wirst sie finden, wenn Du sie suchst!

›*Siehe, Ich stehe vor der Tür und klopfe an. So jemand Meine Stimme hören wird und Mir die Tür auftun, bei dem werde Ich einkehren und das Abendmahl mit ihm halten und er mit Mir.*‹ (Offenbarung 3,20)

Ich habe nicht die Illusion, daß die Lektüre dieses Buches einen Jünger Jeshuas aus Dir machen wird. Es kostet Überwindung, sich dafür zu entscheiden, Jeshua nachzufolgen.

Mit diesem Buch wollte ich Dir die Person vorstellen, die ich am meisten liebe: den Messias Israels, Jeshua von Nazareth. Er befreite mich vom Zwang der Sünde und führte mich in die wunderbare Freiheit der Kinder Gottes. Ich wollte Dir ein Zeugnis geben von den herrlichen Dingen, die Gott in meinem Leben getan hat. Ich behaupte nicht, alle Antworten auf alle Fragen zu kennen. Eines aber weiß ich: Er kennt alle Antworten!

Wenn Du Fragen, Zweifel oder Gedanken hast, die Dir keine Ruhe lassen, – und ich bin sicher, Du hast welche – dann möchte ich Dich ermutigen, Dich mit dem Wort Gottes, dem Neuen und Alten Testament zu befassen. Dort wirst Du die Antworten auf Deine Fragen finden. Und Du wirst unseren Gott und Sein Rettungswerk besser verstehen lernen. Jeshua, der Messias, sagte:

›*Kommt her zu Mir, alle, die ihr mühselig und beladen seid; Ich will euch erquicken. Nehmt auf euch Mein Joch und lernt von Mir; denn Ich bin sanftmütig und von Herzen demütig; so werdet ihr Ruhe finden für eure Seelen. Denn Mein Joch ist sanft, und Meine Last ist leicht.*‹ (Matthäus 11, 29-31)

Wende Dich mit allen Deinen Fragen, Zweifeln, Problemen und besonders mit Deinen Sünden an Jeshua. Er kennt Dich sehr genau – Deine Vorwände, Deine Sünden und Fehler, Deinen Mangel und Deine Not.

Egal ob Du der Sohn eines Königs oder das nichteheliche Kind eines Straßenkehrers bist – Er liebt jeden Menschen in gleicher Weise. Es ist Ihm nicht wichtig, ob Dein Vater ein *Rabbi* oder ein Pfarrer ist, der Geschäftsführer eines großen Unternehmens oder ein arbeitsloser Alkoholiker, ein angesehener Professor oder ein Strafgefangener, – Gott hat Dich geschaffen! Er will Dein himmlischer Vater sein und Dir das neue Herz und den neuen Geist schenken. Deshalb sandte Er Seinen einzigen Sohn zu Deiner Errettung in diese Welt. Er kennt Dich viel besser, als Du Dich jemals selbst kennen kannst – und Er liebt Dich mehr, als jemals eine andere Person in diesem Universum Dich lieben kann!

Du kannst für einen Augenblick Deine Augen schließen und nachdenken über das, was Du gelesen hast – vielleicht sogar beten. Denke an die Wunder, die Jeshua im Leben eines jeden Menschen tun kann, ganz egal, wer er ist: ob er ein großer und mächtiger König wie David ist, oder ein verachteter und gehaßter Steuereintreiber wie Matthäus Ben Levi, der Zöllner und Apostel. Denke an das, was Er im Leben eines gewöhnlichen Menschen tun kann und will, wenn wir zulassen, daß Er der Herr über unser Leben wird und uns nach Seinem Willen formt und gebraucht.

Ich weiß, daß es eine schwere Entscheidung ist, zu kapitulieren und sich der göttlichen Wahrheit zu unterwerfen. Deine bisherige religiöse Lebensweise – oder aber Dein gottloser und vergnügungssüchtiger, weltlicher Lebensstil – will Dich daran hindern, eine Entscheidung für Dein Leben zu treffen. Aber bedenke, daß Gott weder Deine religiösen Überzeugungen, noch die Traditionen, in denen Du erzogen wurdest, wichtig sind. Er will Dein Herz gewinnen!

Was, denkst Du, wird Er mit Deinem Herzen machen, wenn Du es Ihm gegeben hast? Er wird es ansehen, es von jeder Seite prüfen und zu dem unvermeidlichen Schluß kommen: ›*Es ist das Herz ein trotzig und verzagt Ding; wer kann es ergründen?*‹ (Jeremia 17,9) Dann wird Er dieses verdorbene und sündige Herz aus Deiner Brust nehmen, es in den Abfalleimer werfen und Dir ein neues Herz schenken, so wie Er es durch den Propheten Hesekiel verheißen hat:

›*Und Ich will euch ein neues Herz und einen neuen Geist in euch geben und will das steinerne Herz aus eurem Fleisch wegnehmen und euch ein fleischernes Herz geben.*‹ (Hesekiel 36,26)

Das ist die geistliche Neugeburt, von der ich in diesem Buch schrieb. Gott bietet sie Dir in Seiner Gnade kostenlos an. Es liegt an Dir, Ihn darum zu bitten. Es wird ein Neuanfang sein – der Beginn eines neuen Kapitels in Deinem Leben!

Vielleicht war das für Dich die erste Begegnung mit der Geschichte von Jeshua. Möglicherweise hat Dir bereits jemand von Ihm erzählt. Vielleicht hast Du auch schon etwas über Ihn gelesen oder andere, wahre Glaubende kennengelernt.

Wenn das der Fall ist, möchte ich Dir ein Gebet vorschlagen. Du brauchst es nicht zu beten, wenn Du es nicht ernst meinst. Es liegt keine magische Kraft in den Worten dieses Gebets. Wenn Du nicht tief im Innern Deines Herzens davon überzeugt bist, wird es keine Veränderung in Deinem Leben bewirken. Wenn Du Jeshua noch nicht kennengelernt hast, Ihn aber kennenlernen möchtest, und wenn Du von Seiner Wahrheit überzeugt bist, kannst Du das folgende Gebet mit Deinen eigenen Worten sprechen:

Gott und Vater, Gott Abrahams, Isaaks und Jakobs!

Bis heute wußte ich nichts von der Wahrheit Deiner *Thora*, noch war ich mir Deiner großen Liebe für mich bewußt. Im Licht Deines Wortes ist mir Deine Wahrheit deutlich geworden. Du bist heilig, und ich bin durch und durch unrein. Ich kann mich nicht selbst erlösen. Im Glauben möchte ich die Vergebung meiner Sünden annehmen, die Du mir zugesagt hast.

Es fällt mir jedoch schwer zu glauben, und Du weißt weshalb. Du weißt, wie ich aufgewachsen bin, und was mir über Jeshua erzählt wurde. Herr, ich möchte der Mensch sein, der zu sein Du von mir erwartest. Hilf mir durch Deinen Heiligen Geist, das zu tun, was ich mit meiner eigenen Kraft nicht tun kann. Zeige mir die Wahrheit des ewigen Opfers Jeshuas, des Messias, der stellvertretend für meine Sünden starb und von den Toten auferstand, um mich vor Dir zu rechtfertigen. Hilf mir, Ihn im Glauben als meinen Messias anzunehmen. Herr, bewirke diese Veränderung in meinem Herzen. Amen!

Möglicherweise warst Du bisher keinen negativen Lehrmeinungen über Jeschua ausgesetzt. Vielleicht bist Du schon einmal mit wahren Glaubenden in Kontakt gekommen und hast dann ein Traktat oder Buch über Jeshua gelesen, das Dir gegeben wurde. Die Sachverhalte, die Du gelesen hast, sind Dir bereits deutlich und verständlich. Du hast die göttliche Wahrheit erkannt und nimmst sie ohne Vorurteile und Zweifel an. Es ist Dir bewußt, daß Gott für die ganze Welt – für Juden und für Nichtjuden – nur einen Weg der Rettung hat. Du verstehst, warum Jeshua zunächst als das Lamm Gottes kommen mußte, um die Sünden der Welt wegzunehmen; und daß Er später als der Löwe von Juda wiederkommt und Seine Füße auf dem Ölberg vor Jerusalem stehen werden. Du kannst aus der Schrift entnehmen, daß Du in den Augen Gottes ein verlorener Sünder bist, der verzweifelt Seine Vergebung braucht, und bist bereit, darum zu bitten und durch wahre und aufrichtige Umkehr von neuem geboren zu werden. Wenn das der Fall ist, kannst Du das folgende Gebet sprechen:

Gott Israels!

Ich komme zu Dir, wie ich bin, und nehme im Glauben das

Opfer Jeshuas an, der am dritten Tag von den Toten auferstand. Durch die Thora, die Propheten und die Psalmen läßt Du mich wissen, daß Er für mich gestorben ist – für die Vergebung meiner Sünden und die Versöhnung mit Dir. Ich glaube von ganzem Herzen, daß Du durch Sein Blut meine Sünden von mir genommen, mich gereinigt und gerechtfertigt, mein Leben geheiligt und mir ein neues Herz und einen neuen Geist geschenkt hast.

Herr, ich danke Dir für das Geschenk des ewigen Lebens und die Führung Deines Heiligen Geistes. Hilf mir nun, den Fußstapfen Jeshuas zu folgen, sein treuer Jünger zu sein, so daß ich viel Frucht zu Deiner Ehre bringen kann. Amen!

Wenn Dir nicht nach Gebet zumute ist – dann ist das in Ordnung. Es wird der Tag kommen, an dem Du mit Deinem lieben Retter sprechen willst. Das Gespräch mit Ihm ist der Sinn des Gebets.

Wenn Du Dich für das erste Gebet entschieden hast, empfehle ich dir, das Neue Testament zu lesen und eine lebendige Gemeinde zu besuchen. Dort wirst Du liebe Geschwister finden, die Dir bei Deinen Fragen helfen werden.

Wenn Du das zweite Gebet gewählt hast, kannst Du sicher sein, daß Dir alle Deine Sünden vergeben wurden. Die schwere Last der Sünden, die Du bis heute mit Dir herumgetragen hast (selbst wenn Du Dir ihrer nicht bewußt warst), ist für immer weggenommen und belastet Dein Gewissen nicht mehr. Du wirst nun das wunderbare Leben führen, das der Herr für Dich durch den Neuen Bund, den Er mit Dir geschlossen hat, bereithält. Einer der bedeutendsten Beweise der geistlichen Neugeburt ist die Freude und das Glück, die Dein Herz erfüllen werden. Der Friede Gottes, der alle Vernunft übersteigt, wird Dich auch in schweren Zeiten begleiten. Du wirst die Liebe Gottes erfahren, die durch den Heiligen Geist in Dein Herz kommen wird. Der Herr wird Dich in einen lebendigen Tempel verwandeln, in dem Sein Heiliger Geist wohnt, und Du wirst den lebendigen Gott mit Liedern des Lobes und der Anbetung preisen. Gott wird Dir das Verlangen schenken zu tun, was in Seinen Augen richtig und angenehm ist. Du wirst die Welt, dieses Leben und Deine Mitmenschen aus der Sicht Gottes sehen!

Ein weiteres klares Zeichen im Leben eines neugeborenen Kindes Gottes ist: ein großer Hunger nach Seinem Wort und ein Gespür für die Dinge, die dem Herrn nicht gefallen und vermieden werden sollten. Du wirst auch feststellen, daß Dich der Heilige Geist auf das hinweist, was getan werden muß. Wenn wir andere so behandeln, wie wir behandelt werden möchten, dann werden wir kaum noch Gelegenheiten haben, falsch zu handeln.

Auch wirst Du das Verlangen bekommen, mit Deinen wahren Brüdern und Schwestern Gemeinschaft im Glauben zu haben, selbst wenn sie Dir zunächst vielleicht nicht sympathisch sein sollten. Ich bin sicher, ihr werdet zumindest eine Sache gemeinsam haben: den Wunsch, den Herrn gemeinsam anzubeten und euch Seinem Dienst zu widmen. Diese Geschwister werden Dir bei Deinen ersten Schritten im Glauben zur Seite stehen. Sie werden mit Dir und für Dich beten, liebevoll auf Sünden hinweisen, die Dir zur Falle werden könnten, und Dich auf dem schmalen Weg begleiten, der zu einer engeren Beziehung mit Deinem himmlischen Vater führt.

Es kann sein, daß Deine früheren Freunde Dich nicht verstehen werden und den Schritt, den Du unternommen hast, als Übertritt in eine andere Religion oder in einen falschen Glauben deuten. Wenn Du Jeshuas nachfolgst, wird es Menschen geben, die Dich ablehnen und hassen werden. Das ist sehr schmerzhaft und verletzend. Laß aber nicht zu, daß diese Ablehnung Dich zum Wanken bringt und Dir die Freude über Deine Rettung nimmt. Erlaube diesem Druck nicht, Dich davon abzuhalten, Jeshua nachzufolgen. Du hast die beste Entscheidung getroffen, die ein Mensch treffen kann. Du hast Dich entschieden, dem einzig wahren und lebendigen Gott gehorsam zu sein, dem Schöpfer des Universums, der gegen jede Übermacht auf Deiner Seite steht.

Willkommen in der großen, wahren Gemeinde Jeshuas, die alle Familien dieser Erde umfaßt und die Welt mit dem Licht Gottes bekanntmacht! Nun weißt Du, was es heißt, ein wahrer, vollendeter Jude oder Nichtjude zu sein. Gesegnet ist, wer nicht an Jeshuas Anstoß nimmt.

Ich danke Dir, daß Du mir etwas von Deiner wertvollen Zeit gewidmet hast, um dieses Buch zu lesen. Wenn Du weitere Literatur zu diesem Thema lesen möchtest, werde ich Dir gerne Vorschläge machen. Wenn Du eine lebendige Gemeinde an Deinem Wohnort oder Kontakt zu wahren Glaubenden suchst, will ich Dir gerne dabei behilflich sein. Gerne erwarte ich Deine Antwort und Deine Meinung oder Deine Kritik zu diesem Buch. Laß von Dir hören! Du kannst mich am besten unter meiner Adresse in Israel erreichen, die in diesem Buch vorne und hinten angegeben ist. Das Leben mit dem Messias ist eine unerschöpfliche Quelle der Freude und der Ermutigung, und ich möchte diese Freude mit Dir teilen.

Ein Wort für den Leib Christi

Die jüdische Nation – Feind oder Freund?

Für viele Christen ist diese Frage ein Stein des Anstoßes. Doch die Bibel sagt uns klar und deutlich:

›*Im Blick auf das Evangelium sind sie zwar Feinde um euretwillen; aber im Blick auf die Erwählung sind sie Geliebte um der Väter willen. Denn Gottes Gaben und Berufung können Ihn nicht gereuen.*« (Römer 11, 28-29)

›*Hat denn Gott Sein Volk verstoßen? Das sei ferne!*‹ (Römer 11, 1)

Diese Antwort des Paulus zeigt, daß Gott ein Herz der Liebe und des Erbarmens für das jüdische Volk hat. Obwohl sie Ihm untreu waren, steht Er doch treu zu Seinem Bund, den Er mit den Stammvätern Israels geschlossen hat.

Wenn es aber um Errettung geht, ›*gibt es keinen Unterschied zwischen Jude und Nichtjude; es ist über sie allzumal der eine Herr, reich für alle, die Ihn anrufen*‹. (Römer 10, 12) Der einzige Weg der Rettung für Juden und Nichtjuden besteht darin, den Namen Jeshuas anzurufen. Dabei müssen wir über folgende Fragen aus der Schrift nachdenken: › *Wie sollen sie aber den anrufen, an den sie nicht glauben? Wie sollen sie aber an den glauben, von dem sie nichts gehört haben? Wie sollen sie aber hören ohne Prediger?*‹ (Römer 10, 14)

Gott hat die messianischen Glaubenden beauftragt, das Evangelium zu allen Völkern zu bringen (Markus 16, 15), ›*dem Juden zuerst, und auch den Griechen*‹. (Römer 1, 16) Es genügt nicht, die biblischen Wahrheiten über Israel und die Juden zu verstehen, umd diesen Auftrag zu erfüllen. Diese Wahrheiten müssena uch ein Bestandteil unseres Lebens werden. Paulus schriebt uns in diesem Zusammenhang: ›Hier ist nicht Jude noch Grieche, hier ist nicht Knecht noch Freier, hier ist nicht Mann noch Frau; denn ihr seid allzumal einer in Christus Jesus‹. (Galater 3, 28)

Und Jeshua, unser Messias, sagte: ›*Ich bin nur gesandt zu den verlorenen Schafen des Hauses Israel*‹. (Matthäus 15, 24) Einen nichtjüdischen Glaubenden mögen diese Worte unseres Herrn vielleicht beunruhigen oder verwirren. Du mußt aber verstehen, daß Jeshua zum jüdischen Volk kommen mußte, weil es von Gott darauf vorbereitet wurde, Ihn zu empfangen. Gott hatte Seinem auserwählten Volk viele Verheißungen und Prophezeiungen über das Kommen Seines Sohnes gegeben – daß Er zunächst als das *Pessach*lamm kommen und danach als der König wiederkommen werde.

Mit diesem Buch wollte ich dazu beitragen, daß Dein Herz offen wird, den Anteil Deines geistlichen Erbes zu empfangen, der Dir bisher vielleicht verborgen war. Halte Dir dabei folgende Schriftstelle vor Auben:

›*Aber nicht sage ich solches, als ob Gottes Wort nun aus sei. Denn nicht alle sind Israeliten, die von Israel stammen; auch nicht alle, die Abrahams Nachkommen sind, sind darum auch Kinder. Sondern nur ›was von Isaak stammt, soll dein Geschlecht heißen‹, das heißt: nicht das sind Gottes Kinder, die nach dem Fleisch Kinder sind; sondern nur die Kinder der Verheißung werden als Sein Geschlecht gerechnet.*‹ (Römer 9, 6-8)

Als Du Jeschua als Deinen Herrn und Retter angenommen hast, wurdest Du in den edlen Ölbaum Israel eingepfropft (Römer 11, 17). Damit wurdest Du von unserem himmlischen Vater in Seine Familie aufgenommen (Galater 4, 5-6). Du wurdest ein Kind der Verheißung (Galater 4, 28) und ein Nachkomme Abrahams (Römer 4, 16) – mit anderen Worten, Du bist nur ein geistlicher Jude. Folglich warst Du eines der verlorenen Schafe des Hauses Israel, zu deren Rettung Jeshua in diese Welt kam.

Als gebürtigem Israeli erging an mich 1977 der Ruf Gottes, meinen Landsleuten zu verkündigen, daß Jeshua nicht nur der Retter der Christen ist, sondern auch der langerwartete Messias der Juden. Seit 1984 leite ich das Evangelisationswerk »Posaune der Rettung Israels«. Mit Teams aus örtlichen israelischen Gemeinden und aus dem Ausland verkündige ich das Evangelium in ganz Israel und den Juden in der Diaspora.

Durch die Kraft des Heiligen Geistes wurde ich bevollmächtigt, die Gute Nachricht unseres auferstandenen Herrn Jeshua den verlorenen Schafen des Hauses Israel zu predigen. Neben meiner Verkündigungsarbeit in Israel besuche ich Gemeinden in den Vereinigten Staaten, Europa und Asien. Dort spreche ich über Themen wie Evangelisation in Israel, die messianische Bewegung in Israel, Gottes Zeitplan für Israel, Gottes Verheißungen für Israel, Jeshua im Alten Testament, Jeshua in den Festen Israels und die Bündnisse. Falls Deine Gemeinde mehr über diese wichtigen Themen und das Zeugnis gegenüber Juden erfahren möchte, kannst Du mich gerne unter der in diesem Buch angegebenen Adresse in Israel kontaktieren, um mich zu Vortragsterminen oder Kurzeinsätzen in Deiner Region einzuladen.

Bitte prüfe im Gebet, ob Du die »Posaune der Rettung Israels« unterstützen solltest, sei es durch Deine Gebete, durch finanzielle Hilfe oder durch Teilnahme an unseren evangelistischen Einsätzen.

Falls Du weitere Informationen über unsere Arbeit in Israel möchtest, kannst Du unseren Rundbrief, unser Video oder das Buch »Jude und Christ – wer braucht wen?«, das wichtige Antworten hinsichtlich des Heilsplans Gottes für Israel und die Völker gibt, bei unserer deutschen Kontaktadresse bestellen.

Zum Schluß möchte ich Dir ein Zitat von Charles Spurgeon weitergeben. Es beschreibt die Motivation meines Herzens für die Mission, in die Gott einen jeden von uns gerufen hat:

Wenn Du nach wahrer Freude suchst, so bin ich davon überzeugt, daß weder die Freude, Reichtümer anzusammeln, noch die Freude, Wissen anzuhäufen, noch die Freude, Einfluß über deine Mitmenschen auszuüben, noch irgendeine andere Freude vergleichbar ist mit der tiefen Freude, eine Seele vom Tod zu erretten und dazu beizutragen, die verlorene Familie unseres himmlischen Vaters zurück in Sein Haus zu führen.

Mein Gebet ist, daß Du froh mit Jeshua verkünden kannst: ›*Wißt ihr nicht, daß Ich sein muß in dem, was Meines Vaters ist?*‹ (Lukas 2,49)

Sacherklärungen

1 Gemeint ist die babylonische Gefangenschaft (um 500 v. Chr.)

2 »Grundloser Haß« ist ein Ausdruck aus dem traditionellen Judentum. Gemeint ist ein Mangel an brüderlicher Liebe zu den Mitjuden. Viele *Rabbis* erklärten, daß Gott wegen diesem grundlosen Haß das Volk Israel solange strafen wird, bis es lernt, die Brüder zu lieben.

3 Eine Aussage aus dem traditionellen Judentum, die das Land Israel als ein Land beschreibt, in dem das Volk nicht seßhaft werden kann. Das Volk Israel wurde oft aus dem Land Israel verbannt und verfolgt. Es konnte nie für lange Zeit friedlich in seinem Land leben. Deshalb die Bezeichnung: ein Land, das seine Bewohner verzehrt.

4 Das *Amida*-Gebet wird mit drei Schritten vorwärts begonnen, dann bleibt der Beter stehen und geht zum Schluß wieder drei Schritte rückwärts.

5 Unter »unreiner Nahrung« sind Speisen zu verstehen, die nach den biblischen Speisevorschriften nicht zum Verzehr genehmigt sind (u. a. 1. Mose 32,33; 2. Mose 23,19; 3. Mose 11; 3. Mose 17,10; 3. Mose 17,15; 5. Mose 14).

6 Der *Shabbat* ist der Tag der Ruhe, zur Erinnerung an das Ruhen Gottes nach der Erschaffung der Welt. Deshalb gilt am *Shabbat* strenges Arbeitsverbot, und es darf kein Feuer angezündet werden. Den Israeliten ist befohlen, den *Shabbat*, ein Bundeszeichen Gottes mit Israel, einzuhalten, dessen Verbote zu hüten und seiner Gebote zu gedenken (2. Mose 20,8; 2. Mose 31,16; 2. Mose 35,2; 5. Mose 5,12).

7 Der *Shabbat* beginnt am Freitagabend nach Einbruch der Dämmerung und endet am Samstagabend nach Erscheinen von drei Sternen am Himmel. Erst dann darf nach dem Gesetz wieder Feuer angezündet werden.

8 Jüdische Pioniere, die 1920 bei arabischen Angriffen auf *Tel-Chai* ums Leben kamen. Sie opferten ihr Leben für die Verteidigung der jüdischen Siedlungen und das nationale Wiedererwachen.

9 Sinnbildlich gemeint ist die *Thorarolle*. Sie wird zusammengerollt und mit einem bestickten *Thora*mantel umhüllt im *Thora*schrank aufbewahrt. Auf die aus dem *Thora*mantel herausragenden Stabenden sind silberne Granatäpfel mit Glöckchen aufgesetzt, die beim »Ausheben« und »Einheben« der *Thora* in der *Synagoge* feierlich erklingen.

10 Nach dem Auszug der Kinder Israels aus Ägypten bahnt Gott für sie einen Weg durch das Meer (2. Mose 14).

[11] Jeshua
Hebräischer Name für Jesus. Vom hebräischen Stammwort »Jeshu'ah«, das »Rettung« bedeutet.

[12] Jeshu
Aus den Anfangsbuchstaben der hebräischen Redewendung »Mögen sein Name und Gedenken ausgelöscht werden!« zusammengesetztes, entwürdigendes Schimpfwort.

[13] Messias
von hebräisch »Mashiach« (Gesalbter; griech. Bezeichnung »Christus«).

[14] Todesengel oder Würgeengel: bezug genommen wird auf den Auszug des Volkes Israel aus Ägypten (2. Mose 12).

[15] Versöhnungstag
An diesem Fastentag erwirkte der Hohepriester aufgrund vorgeschriebener Opfer einmal im Jahr Vergebung für seine eigenen Sünden und für die des ganzen Volkes Israel (3. Mose 16).

[16] Gemeint ist *Rabbi* Schneerson, der in Brooklyn lebte und 1994 starb. Er war der geistliche Leiter der Chabadbewegung und wurde von seinen Anhängern als Messias verehrt.

[17] Halljahr oder Erlaßjahr
Nach 7 x 7 (49) Jahren, sollte in jedem 50. Jahr nach den Weisungen der *Thora* in Israel ein allgemeiner Schuldenerlaß durchgeführt werden (3. Mose 25, 8-55).

[18] Bezug genommen wird auf Jakobs Kampf am Jabbok, bei dem er von einem Mann auf die Hüfte geschlagen wurde und dann den neuen Namen »Israel« erhielt (1. Mose 32). »›*Ich habe Gott gesehen, und trotzdem lebe ich noch!*‹, rief Jakob. Darum nannte er den Ort ›Pniel‹ (Gesicht Gottes).« (1. Mose 32, 31)

[19] In der hebräischen Bibel beginnen die Abschnitte von Psalm 119 in der Reihenfolge der Buchstaben des hebräischen Alphabets.

[20] Fegefeuer
Nach römisch-katholischem Dogma ein zeitweiliger Ort, an dem die Seelen der Toten gereinigt werden, bis sie für den Himmel würdig sind. Diese Lehrmeinung hat keine Grundlage in der Bibel.

[21] Erstes *Pessach*
Bezug genommen wird auf den Auszug der Israeliten aus Ägypten (2. Mose 12).

[22] Ab dem 2. *Pessach*tag beginnt das Omerzählen. Es werden die sieben Wochen bis zum 50. Tag gezählt, d. h. bis hin zum Wochenfest *Shawuot*. Das Omerzählen ist ein Gebot aus der *Thora* (3. Mose 23, 10+15).

23 In diesem Abschnitt erscheint sowohl der Name Abram als auch Abraham. Gott benannte Abram um in Abraham. (1. Mose 17) Abram bedeutet »erhabener Vater«; Abraham bedeutet »Vater vieler Völker«.

24 Selbst wenn ein beschnittener Mann zum Judentum übertritt, wird das mit Bündnisblut besiegelt: durch einen Schnitt wird ihm eine kleine Menge Blut genommen.

25 Nach den Geboten der *Thora* ist Schweinefleischgenuß verboten, Milchiges darf nicht zusammen mit Fleisch gegessen werden, und *Jom Kippur* ist ein Fasttag.

Glossar

Adon Olam
»Der Herr des Universums«.

Afikoman
»Nachtisch«; (griech. Epikomon). Die mittlere von drei *Mazzot* wird bei der *Seder*feier an *Pessach* gebrochen. Die eine Hälfte dieser *Mazza* (*Afikoman*) wird versteckt und erst am Schluß des *Seder*mahles verzehrt.

Alenu
»An uns ist es« (zu preisen den Herrn des Universums).
Nach dem Anfangswort benanntes Gebet, das die Einzigartigkeit Gottes, die Auserwählung Israels und das Vertrauen auf das Kommen des Reiches Gottes enthält.

Amida
»Stehen«; Gebet, das während des Gottesdienstes stehend gesprochen wird.

Aron Hakodesh
Schrank in der Synagoge, in dem die *Thorarollen* aufbewahrt werden.

Ashkenasim
Die aus Deutschland, Mittel- und Osteuropa stammenden Juden.

Astarte
Westsemitische Fruchtbarkeitsgöttin.

Baal
Syrisch-kanaanäische Wetter- und Fruchtbarkeitsgottheit.

Bar Mizwa
»Sohn des Gebots«; religiöse Volljährigkeit von jüdischen Knaben im 13. Lebensjahr.

Beschneidung, beschnitten
Brit Mila = »Bund der Beschneidung«; Entfernung der Vorhaut bei jüdischen Knaben acht Tage nach der Geburt als Zeichen des Bundes mit Abraham. (1. Mose 17)

Bima
»Bühne«; erhöhter Platz in der *Synagoge*, von dem aus die Schrift verlesen wird.

Brit Hachadasha
»Der Neue Bund«; das sog. Neue Testament.

Chaim Weizmann (1874-1952)

Zionistenführer, erster Präsident des Staates Israel 1948-1952. Erwirkte 1917 die *Balfour*-Erklärung und schuf damit die Voraussetzung für das britische Mandat im Heiligen Land als Vorstufe eines Judenstaates.

Challa, Challot (pl.)

Weißbrot, häufig in Zopfform gebacken, für *Shabbat* und Feiertage.

Chanukka

»Einweihung«; achttägiges Lichterfest zur Erinnerung an die Wiedereinweihung des Tempels unter Judas Makkabäus 165 v. Chr. Als das Land Israel unter griechischer Oberherrschaft stand, entweihten die Griechen den Tempel in Jerusalem, indem sie dort dem Zeus Schweine opferten und Bilder des Halbgottes aufstellten. 165 v. Chr. gelang es den jüdischen Freiheitskämpfern unter Judas Makkabäus den Tempel zurückzuerobern und von den Spuren des heidnischen Kultes zu reinigen. Bei der Reinigung des Tempels ereignete sich das *Chanukka*-Wunder: es war nur noch ein einziger Krug mit *koscherem* Öl da, der für den Tempelleuchter einen Tag ausgereicht hätte. Der Leuchter brannte mit dem Öl aber acht volle Tage, bis man wieder neues Öl für den heiligen Tempelleuchter hergestellt hatte. (1. Makkabäer 4,52-59)

Chasan

Kantor, Vorsänger, Vorbeter in der *Synagoge*.

Chassidim, chassidisch

»Fromme«; Anhänger einer religiös-mystischen Strömung der osteuropäischen Juden.

Chmielnicki

Der Kosake *Chmielnicki* führte Mitte des 17. Jh. in Polen und Rußland grausame Pogrome (Massaker) durch, bei denen ungezählte Juden ums Leben kamen.

Chuzpe

Frechheit, Dreistigkeit.

David Ben Gurion (1886-1973)

* 16. 10. 1886 in Plonsk/Polen. Immigrierte 1906 als Landarbeiter nach Palästina. 1935-1948 Leitung der *Jewish Agency*. Suchte im *Zionismus* eine umfassende Lösung der jüdischen Frage.

1948 rief er als erster Ministerpräsident Israels den neuen Staat Israel aus. Amtsjahre als Ministerpräsident: 1948-1953, 1955-1963.

Erez Israel
»Land Israel«; biblische Bezeichnung für das Land, das Gott Israel zum Besitz gab.

Establishment
(engl.); etablierte Führungsgruppen in Staat und Gesellschaft. Schlagwort während der Studentenrevolten von 1968.

Falafel
Israelische Spezialität – Fladenbrot gefüllt mit in Öl ausgebackenen Kichererbsenbällchen und Salat.

Ganeffs
»Diebe« (jidd.).

Gemara
»Vervollständigung« des Lernens. Erläuterung der Überlieferung (v.a. aus der *Mishna*) im *Talmud*.

Ghetto
Judenviertel. Anfangs wohl freiwillige, später erzwungene Absonderung in manchen Ländern. Die Bezeichnung stammt aus Venedig (1516), wo im »Ghetto nuovo« (neue Gießerei) Juden ihren Wohnsitz nehmen mußten.

Golanhöhen
70 km lange und 24 km breite Hochlandschaft im Norden Israels. Seit 1967 wieder im Besitz Israels. Das Gebiet wurde in biblischer Zeit von Mose auf Befehl Gottes dem Stamm Manasse zugeteilt. (5. Mose 3)

Goy, Goyim (pl.)
»Volk«; steht für alle nichtjüdischen Völker. Allgemein ist damit der Nichtjude gemeint.

Haftara
Text der Prophetenlesung am *Shabbat* in der *Synagoge*.

Haggada
»Erzählung«; während der häuslichen *Pessach*feier (*Seder*) Erzählung des Auszugs aus Ägypten mit Gebeten, Liedern und Zitaten.

Halacha, Halachot (pl.)
»Lebenswandel«; Wegweisung, Richtschnur. Die verbindliche religionsgesetzliche Weisung im *Talmud* regelt das tägliche Leben des gesetzestreuen Juden.

Hanoar Ha-Oved
»Arbeitende Jugend«; Jugendbewegung, die heute mit der Arbeiterpartei politisch verbunden ist.

Hashomer Hatzair
»Die Junge Wache«; Jugendbewegung des politisch linken Flügels.

Hatikwa
»Die Hoffnung«; israelische Nationalhymne.

Hermon
Höchster Berg Israels, 2814 m.

Holocaust
Bezeichnung für die nationalsozialistische Judenvernichtung im Dritten Reich.

Hule-Tal
40.000 ha große fruchtbare Ebene im Norden Israels. 1951-1957 wurde das jahrtausendelang malariaverseuchte Sumpfgebiet von den Israelis trockengelegt.

Jajin
»Wein«.

Jamim Noraim
Die »zehn Tage der Ehrfurcht« (oder Bußtage) zwischen *Rosh Hashana* und *Jom Kippur.*

Jeschiwa, Jeschiwot (pl.)
»Sitz«; Bildungseinrichtung zum Studieren der *Thora* und des *Talmuds.*

Jeshua Hamashiach
»Jesus der Messias« oder Jesus Christus.

Jewish Agency
Jüdische Einwanderungsbehörde.

Jom Kippur
»Tag der Versöhnung«, des »Bedeckens« (so von Sünde und Schuld). Höchster jüdischer Feiertag und Fasttag im Herbst zehn Tage (die 10 Bußtage) nach dem jüdischen Neujahrsfest *Rosh Hashana.*
Vor der Zerstörung des 2. Tempels betrat der Hohepriester einmal im Jahr – am Versöhnungstag – das Allerheiligste im Tempel und brachte Gott ein Sühneopfer für das ganze Volk Israel, das für ein Jahr wirksam war. (3. Mose 16)

Jored

»Emigrant«; ehemaliger Israeli.

Kabbala, kabbalistisch

»Überlieferung; Empfang«; mystische Schriften aus dem mittelalterlichen Judentum (13. Jh.).

Kaddish

»heilig« (aram.). Verkündigung der Heiligkeit Gottes. Dieses Gebet wird bei der Beerdigung, während der ersten 11 Monate nach dem Tod naher Verwandter sowie an den Jahrestagen des Todes gesprochen.

Kashrut

Nach den Gesetzen der *Thora* zusammengestellte Speise- und Reinheitsvorschriften.

Kibbuz, Kibbuzim (pl.)

Landwirtschaftliche Kollektivsiedlung.

Kibbuznik

Mitglied einer landwirtschaftlichen Kollektivsiedlung (*Kibbuz*).

Kiddush

»Heiligung«; Segensspruch über dem Becher Wein zu Beginn des *Shabbat*- oder Festtagsmahles.

Kippa, Kippot (pl.)

Kleines, rundes auf dem Hinterkopf getragenes Käppchen. Kopfbedeckung der religiösen Juden.

Knesseth

»Versammlung«; seit 1949 Israels Parlament mit Sitz in Jerusalem.

Koscher

»tauglich« (jidd.); dem religiösen Gesetz entsprechend zubereitete Speisen.

Lag baOmer

Der 33. Tag der Omerzeit. Omer = »Garbe«, die erste Garbe der Ernte, die dem Priester gebracht wurde. Ab dem 2. *Pessach*tag beginnt das Omerzählen – es werden die 7 Wochen bis zum 50. Tag gezählt, d. h. bis *Shawuot*. Das Omerzählen ist ein Gebot der *Thora* (3. Mose 23, 10+15).

Lag baOmer

gilt in Israel als Tag der Gelehrten. *Rabbi* Shimon bar Jochai lehrte während des Bar Kochba-Aufstandes (132-135 n.Chr.) unermüdlich die

Thora, obwohl es ihm die römischen Besatzer verboten hatten. Als die Besatzer von seinem Widerstand erfuhren, mußte er fliehen.

Lord Balfour
Der britische Außenminister *Lord* Arthur *Balfour* sprach sich 1917 in einem offiziellen Schreiben an Baron Lord Rothschild für die Errichtung einer jüdischen Heimstätte im Heiligen Land aus (»*Balfour* Declaration«).

Magen Avraham
»Beschützer Abrahams«.

Maimonides
Rabbi Moshe ben Maimon (Abkürzung: *RAMBAM*).
1135-1204; größter jüdischer Religionsphilosoph und Arzt, verfaßte die 13 Glaubenssätze und Kommentare zur *Mishna*.

Mazza, Mazzot (pl.)
Ungesäuertes Brot für das *Pessach*fest, zur Erinnerung an den Auszug aus Ägypten. (2. Mose 12, 15)

Messias ben David
Der Messias aus Davids Stamm.

Messias ben Josef
Der Messias aus Josefs Stamm.

Mikwe
»Ansammlung« (von Wasser). Rituelles Reinigungsbad, in dem sich Juden völlig untertauchen. Das Untertauchen von Frauen in der *Mikwe* nach dem Ende ihrer Menstruation ist feste *halachische* Regel. (3. Mose 15)
Urchristliche Taufe.

Minim
»Abtrünnige«; aus den hebräischen Anfangsbuchstaben der Bezeichnung »Gläubige an Jesus von Nazareth« zusammengesetztes Wort.

Mishna
»Wiederholung«; die um 200 n. Chr. vollendete, verbindliche Sichtung und Sammlung der mündlichen Überlieferung. Nach der hebräischen Bibel wichtigstes Dokument des Judentums.

Mishne Thora
Systematischer Kodex der *Halacha* in 14 Büchern von Maimonides.

Mizwa, Mizwot (pl.)
»Gebot«; Vorschrift.

Moshaw, Moshawim (pl.)
Landwirtschaftliche Siedlung auf kooperativ-genossenschaftlicher Basis.

Mündliche Thora
Nach *rabbinischer* Ansicht am Sinai nur im Kopf behaltene und später in der *Mishna* schriftlich festgelegte *Thora.*

Mujadedin
Arabisch für von neuem geboren.

Negev
Wüste im Süden Israels zwischen Beersheba und Elat. In biblischer Zeit das Siedlungsgebiet des Stammes Simeon.

Orthodox
Gesetzestreu; die jüdischen Richtungen, die strikt an der traditionellen Frömmigkeit und weitgehend auch Lebensweise festhalten.

Oseh Shalom
»Schaffe Frieden«.

Peijot
»Ecken«; Schläfenlocken der männlichen *orthodoxen* Juden (nach 3. Mose 19, 27).

Pessach
»Überschreitung«; achttägiges Fest im Frühjahr zur Erinnerung an den Auszug des Volkes Israel aus Ägypten. Auch als »Fest der ungesäuerten Brote« bezeichnet. (2. Mose 12)

Pharisäer
Der Name bedeutet wohl »die Abgesonderten«. Es handelt sich dabei um eine große und einflußreiche Gruppe jüdischer Gelehrter und Laien, die mit großem Eifer über die Einhaltung des Gesetzes wachten.

Pilpul
von hebr. pilpel = »Pfeffer«.
Scharfsinnige Erörterung religionsgesetzlicher Probleme.

Proselyt
»Beisaß« (griech.); Bezeichnung für Nichtjuden, die zum Judentum übertreten und die Gebote der *Thora* auf sich nehmen.

Purim
»Lose«; Fest im Frühjahr zur Erinnerung an die Errettung der Juden vor der Vernichtung in Persien zur Zeit Königin Esthers. (Esther 9, 21-22+26)

Rabbi, Rabbiner
»Mein Lehrer«; ursprünglich jüdischer Gelehrtentitel; später geistiger Führer, Prediger und Seelsorger der jüdischen Gemeinde.

Rabbinisches Judentum
Die jüdischen Gesetzesgelehrten der *pharisäisch-talmudischen* Tradition bis zur Gegenwart.

RAMBAM
siehe unter Maimonides.

Refusenik
Juden in der ehemaligen UdSSR, die in »Verweigerung« (vom engl. re fuse = *Refusenik*) gelebt hatten. Ihnen wurde das Recht auf Immigration nach *Erez Israel* verweigert. Viele von ihnen mußten lange Jahre im Gefängnis zubringen, weil sie nach Israel einwandern oder ihren Landsleuten etwas von der jüdischen Geschichte, der hebräischen Sprache und der religiösen Herkunft vermitteln wollten.

Rosh Hashana
»Haupt des Jahres«; jüdisches Neujahrs- und Posaunenfest, an dem Gott durch Posaunenschall das Gericht über die Menschen ankündigt. Auftakt zu den Hohen Feiertagen bis *Jom Kippur.* (4. Mose 29,1)

Sabra, Sabres (pl.)
»Kakteenfrucht«; Bezeichnung für im Land Israel geborene Juden.

Sadduzäer
Die Sadduzäer bildeten etwa seit dem 2. Jh. v. Chr. eine religiöse Partei in Israel. Ihr gehörten überwiegend höhergestellte Familien, Priester und Adlige an.

Säkulare, säkular
Weltlich, verweltlicht.

Sanhedrin
Oberste gerichtliche Instanz in Israel zur Zeit der römischen Herrschaft, bestehend aus 71 Gelehrten unter Vorsitz des Hohepriesters.

Schechina
»Einwohnung«; Bezeichnung für die gnädige Gegenwart Gottes.

Schiwa
»Sieben«; die auf die Beerdigung folgenden sieben Tage der Trauer mit dem »Schiwe«-Sitzen.

Schofar

»Widderhorn« der vorgesehenen Opferung des Isaak; wird zu verschiedenen Anlässen, v. a. zu *Rosh Hashana* und *Jom Kippur*, geblasen.

Seder

»Ordnung«; insbesondere liturgische Ordnung für den ersten Abend des *Pessach*festes (*Sederabend*).

Sederabend

Erster Abend des *Pessach*festes.

Sephardim

Juden aus dem Mittelmeerraum und dem mittleren Osten.

Shabbat

Jüdischer Ruhe- und Feiertag am Samstag, dem 7. Tag der Woche. Zur Erinnerung des Ruhen Gottes nach der Erschaffung der Welt. Er beginnt am Freitagabend nach Einbruch der Dämmerung und endet am Samstagabend nach Erscheinen von drei Sternen am Himmel. (2. Mose 20, 8; 2. Mose 31, 16; 2. Mose 35, 2; 5. Mose 5, 12)

Shalom

»Frieden«; jüdischer Gruß.

Shawuot

Fest der »Wochen«; wird 7 Wochen nach *Pessach* gefeiert. Erntedankfest und Fest der Gabe der *Thora* am Sinai. Nach dem biblischen Gebot in 3. Mose 23, 15-22 soll man nach dem ersten *Pessach*tag »sieben volle *Shabbate*« zählen, d. h. 7 x 7 = 49 Tage plus 1 Tag, und dann ein »neues Speiseopfer dem Herrn darbringen«. Das ist das Ende des Omerzählens. (2. Mose 34, 22; 5. Mose 16, 10)

Neben diesem Aspekt wurde nach *rabbinischer* Auslegung *Shawuot* zum Freudenfest, das an die Übergabe der *Thora* am Berg Sinai (2. Mose 19-20) durch Mose erinnert.

Urchristliches Pfingsten.

Shir Hakkavod

Die »Ruhmeshymne«.

Shoftim

»Richter«.

Siddur

Tägliches Gebetbuch.

Sohar

»Glanz«; Hauptwerk der mittelalterlichen *Kabbala*, im 13. Jh. verfaßt.

Streimel

Pelzbesetzter Hut, der von *chassidischen* Juden an Feiertagen getragen wird.

Sukkot

»Laubhüttenfest«; siebentägiges Fest im Herbst zur Erinnerung an die Wüstenwanderung des Volkes Israel. (3. Mose 23,33-44) In einer unvollkommen gedeckten Hütte (»sukka«) wird unter freiem Himmel die Zeit der Wüstenwanderung vergegenwärtigt, als das Volk keine feste Bleibe besaß und ganz auf die Fürsorge und Wegweisung Gottes angewiesen war. Das Fest wird auch »Erntefest« genannt, weil es in die Zeit fällt, in der das Getreide geerntet wird. Das In-den-Hütten-Sitzen erinnert uns daran, daß wir immer noch auf dem Weg zum eigentlichen Ziel sind – damals zum verheißenen Land und heute zum ewigen Reich Gottes hin. In der Zeit des Tempels wurden Dankopfer zum Fest dargebracht und das Volk pilgerte aus ganz Israel hinauf nach Jerusalem. In Sacharja 14 lesen wir, daß das Laubhüttenfest in Zukunft ein Universalfest für die Nationen sein wird, in der das jüdische Volk als Priesterschaft den Nationen dient.

Synagoge

»Versammlung« (griech.); jüdisches Gotteshaus, Treffpunkt der Gemeinde.

Tachanun

»Flehen«; Bittgebet.

Tallit

Gebetsmantel, Gebetsschal in rechteckiger Form mit Quasten an den Enden (nach 4. Mose 15,38-40).

Talmud, talmudisch

»Lehre«, v. a. Kompendium der *mündlichen Thora*, bestehend aus *Mishna* und *Gemara*.

Tanach

Hebräische Bibel, Abkürzung von »*Thora* - Newiim - Ketuwim« (5 Bücher Mose - Propheten - übrige Schriften), sog. Altes Testament.

Taschlich

»Du wirst werfen«; der Brauch an *Rosh Hashana* zu einem fließenden Gewässer zu gehen und die Sünden des ganzen Jahres symbolisch ins Wasser zu werfen.

Tefillin

»Gebetsriemen«; zwei Lederkapseln mit Bibelversen, die zum Morgengebet an Werktagen an der Stirn und am linken Arm befestigt werden. (5. Mose 6, 8)

Tel-Chai

»Hügel des Lebens«; jüdische Pioniersiedlung, in der 1920 acht Mitglieder bei arabischen Angriffen ermordet wurden. Heute steht auf *Tel-Chai* ein Museum als Denkmal für die frühen jüdischen Pioniersiedler.

Theodor Herzl (1860-1904)

»Vater« des modernen *Zionismus.* Jüdischer Journalist und Schriftsteller aus Österreich. Hauptwerk: »Der Judenstaat« (1986). Ein Jahr nach Erscheinen seines Buches »Der Judenstaat« berief er 1897 den 1. Zionistenkongreß nach Basel ein. Im Anschluß an diesen Kongreß proklamierte er: »In 50 Jahren haben wir den Judenstaat«. Tatsächlich wurde das Heilige Land 1947 per Resolution der Vereinten Nationen in einen jüdischen und arabischen Teil geteilt.

Thora

»Weisung, Gesetz«;
die schriftliche *Thora* (5 Bücher Mose);
die *mündliche Thora* (siehe unter *mündliche Thora*).

Thorarolle

Pergamentrolle, auf der die 5 Bücher Mose von Hand geschrieben sind. Sie wird im *Thora*schrank der *Synagoge* aufbewahrt. Aus ihr wird am *Shabbat* ein bestimmter Wochenabschnitt vorgelesen.

Trumpeldor

Yosef; Anführer der jüdischen Pioniere, die 1920 auf *Tel-Chai* den arabischen Angriffen Widerstand leisteten. Er opferte sein Leben für das nationale Wiedererwachen Israels.

Tzitzijot

»Quasten«; nach 4. Mose 15, 38 - 40 sollten die Israeliten an den vier Zipfeln des aus einem rechteckigen Stück Tuch bestehenden Gebetsmantels Quasten anbringen, um sich an die Gebote Gottes zu erinnern.

Ultraorthodoxe

Streng gesetzestreue jüdische Gruppierungen.

Unabhängigkeitstag

Am 14. Mai 1948 proklamierte *David Ben Gurion* im Hauptsaal des Tel Aviver Museums die »Wiedergeburt des jüdischen Staates«. Daraufhin erklärten die arabischen Nachbarstaaten Israel den Krieg. Der Unabhängigkeitskrieg Israels dauerte bis Januar 1949. Unter größten Opfern wurde der Staat Israel gegründet. Der Krieg der arabischen Armeen gegen Israel hat vielen Juden das Leben gekostet.

Zion

1. Symbolisch für Jerusalem – Gottes ewige Wohnstatt und Sehnsucht der Juden – und das Land Israel.
2. Zentraler Berg im historischen Jerusalem, der dadurch besondere Bedeutung erlangte, daß König David Jerusalem zur Hauptstadt des Volkes Israel machte. In der Zeit, als nach 70 bzw. 135 n. Chr. das von Gott versprochene Land fast 2000 Jahre lang endgültig verloren schien, entstand die *Zions*sehnsucht.

Zionismus, zionistisch

Bewegung mit dem Ziel der Gründung eines »Judenstaates«.
Knüpft an die *Zions*sehnsucht an. Als sich im 19. Jh. die neuzeitliche Form des Antisemitismus herausbildete, wurde vielen Juden das Fehlen einer Heimat und die Verbundenheit mit dem Land der Väter verstärkt bewußt. Das Ziel der *zionistischen* Bewegung war, den Juden zur Selbstachtung und zum Selbstbewußtsein eines eigenständigen Volkes zu verhelfen sowie die Achtung der Nichtjuden zu gewinnen. Eine völkerrechtlich abgesicherte Heimstätte der Juden sollte das ermöglichen.

Kontaktadressen und Bankverbindungen für Leser des Buches, die Kontakt mit uns aufnehmen wollen:

Israel:	Jakob Damkani P.O.Box 8355 – Jaffa 61082 Tel: 00972-3-518 1888 Fax: 00972-3-681 0096 email: jdamkani@netvision.net.il homepage: www.wp.com/trumpsal
Deutschland:	Posaune der Rettung Israels postlagernd – 91174 Spalt Tel / Fax: 09175-1320 E-mail: 091751320-0001@t-online.de Für Spenden aus Deutschland: Raiffeisenbank Mötzingen e.G. Posaune der Rettung Israels Kontonummer: 87 911 000 Bankleitzahl: 600 698 17
Schweiz:	Posaune der Rettung Israels P.O.Box 3 – 5246 Scherz Für Spenden aus der Schweiz: Posaune der Rettung Israels Postscheckkonto: 70-69486-1 (CH)
Österreich:	Für Spenden aus Österreich: Postsparkasse Posaune der Rettung Israels Postscheckkonto: 78-388-888 Bankleitzahl 60 000

In Deutschland und in der Schweiz ist die »Posaune der Rettung Israels« als gemeinnütziger Verein anerkannt, Spenden können steuerlich abgesetzt werden. Wenn Sie auf dem Überweisungsformular Ihre Adresse angeben, senden wir Ihnen gern eine Spendenbescheinigung.